BLUE BOOK

智 库 成 果 出 版 与 传 播 平 台

黑龙江蓝皮书

BLUE BOOK OF HEILONGJIANG

黑龙江社会发展报告
（2024）

ANNUAL REPORT ON SOCIAL DEVELOPMENT OF
HEILONGJIANG (2024)

主　　编／王爱丽　黄　红

执行主编／王建武

副 主 编／王欣剑　张斐男　刘明明

社会科学文献出版社
SOCIAL SCIENCES ACADEMIC PRESS (CHINA)

图书在版编目（CIP）数据

黑龙江社会发展报告．2024／王爱丽，黄红主编；
王建武执行主编．--北京：社会科学文献出版社，
2024.9. -- （黑龙江蓝皮书）. --ISBN 978-7-5228
-4138-0

Ⅰ.D673.5

中国国家版本馆 CIP 数据核字第 2024UK4661 号

黑龙江蓝皮书

黑龙江社会发展报告（2024）

主　　编／王爱丽　黄　红
执行主编／王建武
副 主 编／王欣剑　张斐男　刘明明

出 版 人／冀祥德
组稿编辑／任文武
责任编辑／丁　凡
文稿编辑／王　敏　尚莉丽
责任印制／王京美

出　　版／社会科学文献出版社·生态文明分社（010）59367143
　　　　　地址：北京市北三环中路甲 29 号院华龙大厦　邮编：100029
　　　　　网址：www. ssap. com. cn
发　　行／社会科学文献出版社（010）59367028
印　　装／天津千鹤文化传播有限公司

规　　格／开　本：787mm×1092mm　1/16
　　　　　印　张：17.5　字　数：258 千字
版　　次／2024 年 9 月第 1 版　2024 年 9 月第 1 次印刷
书　　号／ISBN 978-7-5228-4138-0
定　　价／138.00 元

读者服务电话：4008918866

主要编撰者简介

王爱丽　黑龙江省社会科学院东北区域发展研究院院长，二级研究员。黑龙江省省级领军人才梯队社会学专业带头人，省文化名家，省高级人才，享受国务院政府特殊津贴专家。担任中国社会学会副会长、中国社会学会生活方式研究专业委员会常务副会长兼秘书长、黑龙江省社会学学会会长等职。主持国家社科基金项目1项，国家社科基金重大项目子课题2项、省社科基金项目3项（重大委托1项），省部级项目20余项。出版学术著作20余部，在《社会学研究》等国家级、省级刊物上发表论文60余篇。曾获黑龙江省社科优秀科研成果一等奖3项、二等奖4项，国家级学会一等奖1项。

黄　红　黑龙江省社会科学院党组成员、副院长、教授，省级重点培育智库"黑龙江省社会发展与地方治理研究院"院长、首席专家，民政部首批专业社会工作领军人才、国家首批高级社会工作师，全国慈善事业和社会工作标准化技术委员会委员、国家社科基金同行评议专家、民政部社会工作者职业水平评价专家；兼任中国社会工作学会常务理事，中国社会工作教育协会副秘书长、社会工作督导专业委员会和医务社会工作专业委员会副主任，中国社会学会生活方式研究专业委员会副主任、黑龙江省社会工作协会会长、黑龙江省社会学学会副会长。主持国家社科基金项目、省部级项目10余项。荣获省部级以上奖励成果5项。参与编著学术著作多部，在国家级、省级学术期刊发表论文30余篇。20多项智库研究成果获各级批示和采纳。

王建武　黑龙江省社会科学院社会学研究所负责人、副研究员，社会学博士，硕士生导师，中国社会学会理事、黑龙江省社会学学会秘书长，中国社会工作教育协会企业社会工作专业委员会副秘书长，中国社会学会生活方式研究专业委员会理事，黑龙江省青少年研究学会常务理事，主要研究领域为互联网与社会发展、社会心态、社会治理。公开发表论文10余篇，主持和参与省级以上课题多项，获得省级社科优秀科研成果奖3项，完成研究报告30余篇，其中3篇获得省级领导批示，10余篇获得有关部门采纳。

王欣剑　毕业于俄罗斯圣彼得堡国立技术大学，现为黑龙江省社会科学院社会学研究所副研究员，硕士生导师，研究室主任。长期从事社会福利、社会组织和应用社会学领域的研究工作。主持黑龙江省社科规划项目"完善社区社会服务机制研究"、黑龙江省社会科学院重点课题"关于加快大小兴安岭生态功能区建设研究"、黑龙江省残疾人联合会委托项目"社会主义新农村建设中惠及残疾人的政策研究"、民盟中央课题"我国养老产业发展问题研究"等多项省级及院厅级研究项目。代表成果包括学术专著《新福利社会学》《北方生态明珠城——中国百县市社会经济跟踪调查（海林卷）》，学术论文《城市社区的社会保障功能》《东北地区城镇社会保障的改革试点与模式构建》等。研究成果曾获黑龙江省社科优秀科研成果一等奖、三等奖和佳作奖等。

张斐男　黑龙江省社会科学院边疆发展研究所副研究员，社会学博士。中国社会学会生活方式研究专业委员会理事、中国环境社会学专业委员会理事。主要从事环境社会学研究工作。代表论文有《中国城乡居民环境关心的地区差异研究》《当代中国环境问题研究的理论范式》等12篇，其中多篇被《中国社会科学文摘》、中国人民大学复印报刊资料《社会学》转载。独立主持国家社科基金规划项目1项，黑龙江省社科规划项目2项，参与"黑龙江省屯垦史·知青口述史"等国家级、省级课题7项，完成调研报告15篇，其中2篇获得时任省长、副省长批示。

刘明明　黑龙江省社会科学院社会学研究所助理研究员，社会学博士。中国社会学会城市社会学专业委员会理事、中国社会学会社会建设研究专业委员会理事。主要从事历史社会学和城市社会学研究工作。代表论文有《本体·认识·方法：社会学本土化的三重反思》《社会融入与身份认同：后知青时代的集体记忆》等 10 余篇，其中多篇获得中国人民大学复印报刊资料《社会学》转载。独立主持国家社科基金项目 1 项、黑龙江省社科基金项目 2 项，参与国家级、省级课题 15 项。完成研究报告 30 余篇，其中 3 篇获得时任省部级领导批示、10 篇获省相关部门采纳。

摘　要

本报告是黑龙江省社会科学院"黑龙江社会形势分析与预测"课题组主持编撰的年度分析报告，由黑龙江省社会科学院社会学研究所组织研究机构专家、高校学者以及有关政府研究人员共同完成。

2023 年是东北振兴战略实施 20 周年，在此之际，习近平总书记赴黑龙江考察，20 年来，黑龙江从转型发展的阵痛中逐渐走出，一步步迈入全面振兴蓄势待发的新阶段。本报告以黑龙江高质量发展和可持续振兴为主题，全面分析黑龙江社会发展面临的新形势、新任务、新挑战，并提出对策建议。本报告包括总报告、东北振兴二十年·社会建设龙江实践专题、社会调查篇、社会发展篇、社会问题篇和社会治理篇六个部分。总报告系统分析了2023 年黑龙江社会发展总体情况，研判了 2024 年及今后一段时期黑龙江高质量发展和可持续振兴面临的新形势和新任务，系统提出了推进黑龙江全面全方位振兴发展的政策建议。东北振兴二十年·社会建设龙江实践专题由 3篇报告组成，主要梳理和总结东北振兴战略实施 20 年来黑龙江社会建设领域的成就与实践经验。

社会调查篇由社会形势公众调查报告、专家调查报告、党政干部调查报告、廉政建设状况调查报告以及社会质量调查报告等组成，基于省内公众、专家、党政干部调查数据，分析了不同领域的社情民意，反映了省内各群体对黑龙江经济社会发展的看法。社会发展篇由与居民收入与消费状况、社会保障及就业状况、人口发展状况、生态环境建设及发展状况、医疗卫生事业发展状况等相关的五篇报告组成，较为全面地梳理了黑龙江过去一年在上述领域取得的成就、存在的问题并提出相应政策建议。社会问题篇由与高等院校师范生融合教育素养调查研究、黑龙江省农村妇女经济参与状况研究以及黑龙江省民营企业家精神研究相关的三篇报告组成，围绕教育、经济等领域的发展状况，提出了建设性的对策建议。社会治理篇由与推进文明城市创建、慈善组织发展、建立完善法规政策性别平等评估机制研究相关的三篇报告组成，探析了当前黑龙江治理能力建设成效及经验。

关键词： 振兴发展　社会心态　社会治理　黑龙江

Abstract

This report is an annual analysis report of the "Analysis and Forecast of the Social Situation in Heilongjiang Province" research group of the Heilongjiang Academy of Social Sciences. It was written by experts from research institutions, university scholars and relevant government researchers organized by the Sociology Research Institute of the Heilongjiang Academy of Social Sciences.

On the occasion of the 20th anniversary of the implementation of the Northeast Revitalization Strategy, General Secretary Xi Jinping visited Heilongjiang for inspection. Heilongjiang Province has gradually emerged from the pains of transformation and is stepping into a new stage of comprehensive revitalization and development. This report focuses on the high-quality development and sustainable revitalization of Heilongjiang, providing a comprehensive analysis of the new situations, new tasks and new challenges faced by Heilongjiang's social development, along with policy recommendations. This book includes six parts: General Report, Special Topic on the Practice of Heilongjiang Province's Social Construction in the 20th Year of Northeast Revitalization, Social Survey, Social Development, Social Issues, and Social Governance. The General report provides a comprehensive and systematic analysis of the overall social development situation in Heilongjiang in 2023. It evaluates the new situations and new tasks faced by the revitalization and development of Heilongjiang in 2024 and beyond, and systematically proposes policy recommendations to promote comprehensive and all-round revitalization and development of Heilongjiang. The special topic of "20 Years of Northeast Revitalization and Social Construction in Longjiang" consists of three reports, Mainly sorting out and summarizing the achievements and practical experience in the field of social

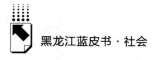

construction in Heilongjiang Province over the past 20 years since the implementation of the Northeast Revitalization Strategy.

The social survey section includes a public opinion survey, an expert survey, a survey of party and government officials, a report on the integrity situation in Heilongjiang and a social quality survey report. Based on survey data from the public, experts and officials within the province, it analyzes the social sentiments of different fields, reflecting various societal perspectives on the economic and social development of Heilongjiang. The social development section comprises five reports on urban and rural residents' income and consumption status, social security and employment status, population development, ecological environment construction and development status, development status of healthcare industry, providing a comprehensive overview of achievements and challenges in these areas over the past year, along with corresponding policy suggestions. The social issues section includes three reports: a study on the integration education quality of normal students in higher education institutions, research on the economic participation of rural women in Heilongjiang and an exploration of the entrepreneurial spirit of private entrepreneurs in the province. It offers constructive policy recommendations regarding developments in education and the economy. The social governance section consists of three reports on the promotion of spiritual civilization city creation, development of charitable organizations, the establishment of a gender equality evaluation mechanism for laws and policies.

Keywords: Revitalization Development; Social Attitudes; Social Governance; Heilongjiang

目 录 ↳

Ⅰ 总报告

Ⅱ 东北振兴二十年·社会建设龙江实践专题

Ⅲ 社会调查篇

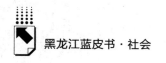

IV　社会发展篇

V　社会问题篇

VI　社会治理篇

皮书数据库阅读使用指南

CONTENTS ↳

I General Report

II Special Topic on the Practice of Heilongjiang Province's Social Construction in the 20th Year of Northeast Revitalization

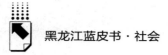
III Social Topic

IV Social Development

V Social Issue

VI Social Governance

总 报 告

B.1

奋力开创高质量发展新局面 擘画龙江
可持续振兴新征程

——2023~2024年黑龙江社会形势分析与展望

王爱丽*

摘　要： 2023年是黑龙江发展历程中具有重大里程碑意义的一年，也是"十四五"规划的关键一年。2023年，黑龙江全力克服经济发展面临的困难和挑战，逆流而上，实现经济发展态势向好、居民收入呈现"三增一降"态势、社会保障状况总体平稳、人才高质量发展成效显著、就业形势总体改善、医疗卫生事业高质量发展、生态环境状况总体平稳、公众总体社会评价积极乐观。在振兴发展的道路上，黑龙江也面临着一系列艰难险阻和挑战：一是居民收入及消费不平衡不均等，二是人口流失及老龄化问题显著，三是就业、"看病难、看病贵"及养老是民生核心关注问题，四是医疗资源及医疗卫生服务水平仍有待提升，五是环境问题仍需持续关

---

* 王爱丽，黑龙江省社会科学院东北区域发展研究院院长，二级研究员，研究方向为发展社会学、应用社会学。

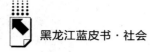

注。因此建议：持续优化收入分配结构，不断丰富消费新业态新场景；健全养老保障体系，提高养老服务水平；拓宽青年社会就业渠道，满足不同群体培训需求；建立健全公共安全机制，完善基层医疗卫生服务体系。在新的历史时期，黑龙江省要努力推进可持续振兴新征程，奋力开创高质量发展新局面。

关键词： 可持续振兴　经济发展　社会保障　黑龙江

2023 年是黑龙江发展历程中具有重大里程碑意义的一年，习近平总书记再次亲临黑龙江视察，为黑龙江省高质量发展、可持续振兴明确战略定位、擘画宏伟蓝图、注入强大动力。当前，黑龙江步入了高质量发展新阶段，全省上下坚持以习近平新时代中国特色社会主义思想为指导，全面贯彻落实党的二十大和二十届二中全会精神，深入学习贯彻习近平总书记视察黑龙江期间重要讲话重要指示精神，坚持稳中求进工作总基调，完整准确全面贯彻新发展理念，积极服务和融入构建新发展格局，全力克服经济发展面临的困难和挑战，坚决扛起维护国家"五大安全"政治责任，着力建设"六个龙江"、加快推进"八个振兴"，高质量发展、可持续振兴扎实推进，各项事业发展取得新成效。

一　2023年黑龙江社会发展态势分析

2023 年，黑龙江省经济发展态势向好，全省上下着力推动高质量发展。在民生方面，居民收入呈现"三增一降"态势、社会保障状况总体平稳、人才高质量发展成效显著、就业形势总体改善、医疗卫生事业高质量发展、生态环境状况总体平稳；在社会舆论方面，公众总体社会评价积极乐观。

（一）经济发展态势向好

2023 年，黑龙江省地区生产总值为 15883.9 亿元，按不变价格计算，比上年增长 2.6%，增幅与上年持平。其中，第一产业增加值为 3518.3 亿元，同比增长 2.6%；第二产业增加值为 4291.3 亿元，同比下降 2.3%；第三产业增加值为 8074.3 亿元，同比增长 5.0%。[①]

现代化产业体系加快构建。深入实施产业振兴计划，加快建设"4567"现代产业体系，规上制造业增加值占规上工业比重同比提高 1.4 个百分点，高技术制造业增加值同比增长 12.3%，高于全国 9.6 个百分点。经济发展新引擎亮点纷呈，集成电路碳化硅衬底等实现量产，达到国内领先水平，博实股份炉前操作机器人等关键技术实现突破，思哲睿手术机器人实现国产化替代，哈兽研和石药集团联合研制新型疫苗填补国内空白，创意设计产业加快发展，黑龙江省获批国家标准化创新发展试点和全国首批数字化转型贯标试点省。战略性新兴产业加速发展，电子信息制造和高端智能农机装备产业产值分别增长 11.7% 和 14.1%，五矿石墨全球领先的球形项目试车投产，"龙江三号"试验卫星成功发射，绥化天有为汽车数字仪表国内市场占有率达到 20%，成为全国最大生产基地，传统产业数字化网络化智能化改造加快推进，中航哈轴高端轴承等 120 个项目投产。[②]

（二）居民收入呈现"三增一降"态势

2023 年，黑龙江省居民收入实现稳定增长，居民消费潜力进一步释放。四大项收入呈现"三增一降"态势，其中，人均工资性收入、人均经营净收入、人均转移净收入有所增长，人均财产净收入有所下降。

2023 年，黑龙江全体常住居民人均可支配收入为 29694 元，同比增长 4.8%，比上年同期高 0.4 个百分点。分城乡看，城镇居民人均可支配收入

---

① 黑龙江省统计局、国家统计局黑龙江调查总队编《黑龙江统计年鉴 2023》，中国统计出版社，2023。

② 《2024 年政府工作报告》，https://www.hlj.gov.cn/hlj/c108465/202401/c00_31706519.shtml。

为 36492 元，同比增长 4.1%，与上年同期持平，增速低于全国 1.0 个百分点，比吉林、辽宁和内蒙古分别低 1.6 个、0.2 个和 1.0 个百分点；农村居民人均可支配收入为 19756 元，同比增长 6.3%，比上年同期高 2.5 个百分点，增速低于全国 1.4 个百分点，比吉林、辽宁和内蒙古分别低 1.1 个、1.6 个和 1.7 个百分点。①

从收入来源看，四大项收入呈现"三增一降"态势。工资性收入是主力，全体居民人均工资性收入同比增长 6.0%，占可支配收入比重为 47.1%，对可支配收入增长的贡献率为 58.9%；全体居民人均经营净收入同比增长 3.9%，占可支配收入比重为 19.8%，对可支配收入增长的贡献率为 16.3%；受房价下跌等因素影响，全体居民人均财产净收入同比下降 6.7%，占可支配收入比重为 4.3%，对可支配收入增长的贡献率为-6.8%；全体居民人均转移净收入同比增长 5.3%，占可支配收入比重为 28.8%，对可支配收入增长的贡献率为 31.6%。

工资性收入稳步增长。2023 年全体居民人均工资性收入为 13987 元，同比增长 6.0%。分城乡看，城镇居民人均工资性收入为 21006 元，同比增长 5.6%，对城镇居民人均可支配收入增长的贡献率为 76.6%，拉动同期可支配收入增长 3.2%，是城镇居民收入增长的主力。农村居民人均工资性收入为 3724 元，同比增长 9.0%，对农村居民人均可支配收入增长的贡献率为 26.1%，拉动同期可支配收入增长 1.7%。工资性收入得到较快增长的主要原因，一是扎实做好就业帮扶，积极开展 5 个专项行动，强化系统推进，持续发挥"六大体系"作用，促进高质量充分就业；二是部分大型煤矿、油田工作人员工资上涨；三是调整并补发边远地区机关事业单位工作人员艰苦边远地区津贴、应急管理津贴和补贴等。

经营性收入缓速增长。2023 年全体居民人均经营净收入为 5894 元，同比增长 3.9%。分城乡看，城镇居民人均经营净收入为 3169 元，同比增长

---

① 黑龙江省统计局、国家统计局黑龙江调查总队编《黑龙江统计年鉴 2023》，中国统计出版社，2023。

8.8%，对城镇居民人均可支配收入增长的贡献率为 17.6%，拉动同期可支配收入增长 0.7%。农村居民人均经营净收入为 9877 元，同比增长 1.8%，对农村居民人均可支配收入增长的贡献率为 15.1%，拉动同期可支配收入增长 1.0%。

财产性收入稍有下降。2023 年全体居民人均财产净收入为 1276 元，同比下降 6.7%。分城乡看，城镇居民人均财产净收入为 1163 元，同比下降 17.4%，对城镇居民人均可支配收入增长的贡献率为－16.9%，造成同期可支配收入下降 0.7%。国家统计局数据显示，2023 年黑龙江省部分地区新建商品住宅销售价格指数和二手住宅销售价格指数同比下降，拉动城镇居民人均财产净收入下降。农村居民人均财产净收入为 1442 元，同比增长 10.0%，对农村居民人均可支配收入增长的贡献率为 11.2%，拉动同期可支配收入增长 0.7%。

转移净收入平稳增长。2023 年全体居民人均转移净收入为 8538 元，同比增长 5.3%。分城乡看，城镇居民人均转移净收入为 11153 元，同比增长 3.0%，对城镇居民人均可支配收入增长的贡献率为 22.6%，拉动同期可支配收入增长 0.9%。农村居民人均转移净收入为 4713 元，同比增长 13.5%，对农村居民人均可支配收入增长的贡献率为 47.6%，拉动同期可支配收入增长 3.0 个百分点。

（三）社会保障状况总体平稳

2023 年，黑龙江省社会保障制度改革扎实推进，有效防范和控制基金监管风险、规模性失业风险；突出就业优先导向，通过稳就业政策推动重点群体就业。社会保障项目更加多层次，支撑体系更加完备，保障服务更加优质。

2023 年，黑龙江省社会保障状况总体平稳，社会保障网的结构与功能得到优化。一是进一步完善基本养老服务体系，继续推进企业职工基本养老保险与全国统筹平稳衔接，从而保证基本养老金按时、足额发放并持续提高；适时实施城乡居民基本养老保险丧葬补助金制度。二是基本医疗保险的覆盖面不断扩大，待遇水平稳步提升，基本医保参保率稳定在95%；2023年医疗救助资金支出4.38亿元资助困难人员参保，困难人员参保率超过99%。三是失业保险和工伤保险实现省级统筹，提前完成"十四五"规划目标；2023年阶段性降低失业保险费率至1%，单位费率和个人费率分别为0.5%；落实和细化就业优先政策，通过实施一系列稳定就业举措，城镇新增就业达35.7万人；生产安全事故起数、死亡人数分别下降12.3%、1.7%。四是健全社会救助体系，城乡低保保障水平持续提高，黑龙江省城市低保指导标准提高到689元/（人·月），农村低保指导标准提高到483元/（人·月），2023年有130万城乡低保对象得到救助；制定和实施2023年水灾之后的恢复重建方案，受灾地区电力、通信等服务功能全面恢复，损毁房屋、道路、水利恢复的年度重建任务全部完成，确保受灾家庭正常生活。

（四）人才高质量发展成效显著

近20年来，黑龙江省人口数量虽然不断减少，但是人口整体素质明显提升。根据《黑龙江统计年鉴2022》，平均每万人口大学生数量由2000年的52.6人增加到2021年的368.1人，增加了近6倍。每10万人拥有的研究生招生数量由2000年的11.8人增加到2021年的121.8人，增加了9倍多。

黑龙江省劳动力的受教育水平持续提升。近10年来，15~59岁劳动力人口接受高中以上教育的比重明显上升，尤其是本科和研究生的比重都增长了3倍左右。省内高素质人口比重上升明显，人口红利逐渐向人才红利转变，人口素质的整体提高、人口的高质量发展为黑龙江省科技创新、产业创新提供了充足的智力支持，有利于实现高水平科技自立自强，有利于推动黑龙江省的全面振兴与发展。

2023年，黑龙江省新当选两院院士2人，高校高级职称人才由净流出转为净流入，省高校毕业生留省就业人数为近5年最好水平。实施"技能龙江行动"，开展职业技能培训30.4万人次，培养重点产业技能人才6万多人。①

---

① 《2024年政府工作报告》，https://hlj.gov.cn/hlj/c108465/202401/c00_31706519.shtml。

（五）就业形势总体改善

2023 年，黑龙江省实施稳就业促发展惠民生 21 条举措，城镇新增就业 35.7 万人，完成年度计划的 119.1%，城镇调查失业率均值为有调查记录以来最好水平。[①] 2023 年，黑龙江省人社系统圆满完成各项目标任务，重点群体就业保持稳定，公共就业服务体系逐步完善，就业数字化转型加速推进。

黑龙江省将继续落实落细就业优先政策。深入实施大项目拉动就业、创业带动就业、公共服务促进就业、职业技能培训稳定就业和支持新就业形态发展等计划，促进高质量充分就业。更加突出就业优先导向，统筹推进就业动能培育、技能提升、服务升级、权益保障等专项计划，做好高校毕业生、退役军人、农民工、就业困难人员等重点群体就业帮扶工作，确保就业形势稳中向好。

（六）医疗卫生事业高质量发展

2023 年，黑龙江省推进医疗卫生事业高质量发展，在公共卫生保障、健康龙江建设、医疗卫生服务能力、全生命周期健康管理、卫生健康可持续发展等领域取得积极成效。为更好地促进黑龙江省医疗卫生事业的发展，提高广大人民群众的生活质量、提升幸福感，黑龙江省应在加强人才培养、优化资源配置、提高医疗服务质量、发展中医药事业等方面发力，持续提升全省医疗卫生水平。

2023 年，黑龙江省印发《健康龙江行动 2023 年工作要点》，完成 2022 年度"健康龙江行动"省级自评和监测评估。组建全省"健康龙江行动"宣讲队伍，拍摄宣传片 4 部，围绕 4 个主体 15 个专题录制专家访谈节目。2023 年，黑龙江省完成"全民健康大数据信息化基础建设项目"和"卫生健康政务服务、公共卫生行业服务、监管信息系统项目"中全部 11 个信息系统子项目的基本建设工作。实现 4 个市级全民健康信息平台、12 个省垂

---

① 《2024 年政府工作报告》，https：//hlj.gov.cn/hlj/c108465/202401/c00_31706519.shtml。

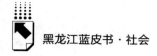

系统、21家省直医院与省级全民健康信息平台以及省级全民健康信息平台与医保电子处方平台、医保移动支付系统跨行业互联互通。省互联网医疗服务监管平台累计提供互联网医疗服务175万余人次。省健康卡管理系统累计发卡1853.7万张、用卡2.7亿次。完成政府数据共享目录35项，提供数据3000万余条。完成与营商局前置数据库对接，提供医疗健康共享数据7.21亿条。

（七）生态环境状况总体平稳

环境空气质量持续向好，2019～2022年黑龙江省优良天数比例从93.3%上升至95.9%，上升2.6个百分点，轻中度污染天数比例同上年相比下降1.0个百分点，为3.6%，全省重度及以上污染天数仅占0.6%。黑龙江省空气质量整体较好，在东三省地区中较为突出。2022年，吉林省地级及以上城市环境空气质量平均优良天数比例为93.4%，轻中度污染天数比例为6.2%；辽宁省平均优良天数比例为90.0%，轻中度污染天数比例为9.8%。

2023年空气质量与2022年相比波动性较大，其中2023年1月、4月空气质量较差，优良天数比例分别为83.9%、80.0%，但整体趋势稳定上升，空气质量持续好转。截至2023年10月，黑龙江省平均达标天数比例为93.3%，空气质量达标情况保持稳定。

截至2023年10月，黑龙江省地级及以上城市地表水水环境质量排名前三的分别为大兴安岭地区、牡丹江市和黑河市，同2022年数据相比，上述城市地表水水环境质量稳中向好。大庆、鸡西、绥化等地市水质排名较低，其他城市地表水水环境质量仍亟待提高。

（八）公众总体社会评价积极乐观

为全面了解2023年黑龙江省公众生活情况和社会态度，以及对当前政府工作和社会问题的看法，黑龙江省社会科学院于2023年底面向全省各地市发放调查问卷。问卷主要依据全省各地区经济社会发展的主要指标，按照多阶段分层抽样原则发放，共获得有效问卷1191份。被访者为近一年在黑龙江省内工作或居住在黑龙江省的居民，调查结果主要反映公众对 2023 年黑龙江省社会形势发展的评价、对政府工作的总体评价以及公众社会心态的总体走向。

2023 年，黑龙江省公众社会公平感得分为 63.6 分，相较于 2022 年整体社会公平状况评价提升了 10.3 分，提升显著。参照历年省情调查数据，2014~2023 年黑龙江省总体社会公平感得分为 52.4 分，2023 年公众社会公平感较大幅度高出平均水平，向好趋势明显。从具体维度来看，"财富及收入分配""城乡之间的权力、待遇""工作与就业机会"领域涉及的社会公平感得分最高，排在前三位。

2023 年，黑龙江总体社会安全感得分为 53 分，与 2022 年（55.3 分）基本持平。从 10 年数据纵向来看，黑龙江省社会安全感总体水平较高，近两年来虽略有回落，但依旧保持在历史平均水平之上。此外，在具体维度中，"个人信息与隐私安全"领域的社会安全感得分最高，随着信息社会的发展，个体对于隐私保护的关注度越来越高，个体生活的互联网化和安全防范意识的滞后化之间的张力反映了公众在该领域较高的社会心理需求，同时也说明该领域在现在的社会阶段处于较大的变化之中，这值得我们去关注。另外，"食品安全"和"药品安全"两个领域分列第二和第三位，体现出了黑龙江省较高的社会公共领域治理水平，在重要的民生领域给予了公众较高的安全保障。

社会信任感总体评分为 2.92 分（满分 6 分），处于中等评价水平，还存在一定的提升空间。从具体维度来看，虽然各分项评分相差不大，但社会组织、新闻媒体、金融机构评分都有明显提升。这体现出社会力量在提升公众社会信任感方面发挥了较大作用。

公众社会包容度总体评分为 2.77 分（满分 5 分）。整体社会包容度与上年基本持平，保持稳定。此外，对于"艾滋病患者"的社会包容度最高，"有不同宗教信仰者"的社会包容度最低，这一排名情况与上年基本一致。随着全省科学知识普及工作的全面展开，全民素质得以大幅提高，公众对于特殊群体的认知边界不断拓展，对于不同群体的"特殊性"认知有所下降，包容性有所上升。

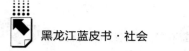

每一年，项目调查人员都会询问公众对于这一年社会总体状况的评价。调查数据显示，公众对"与2022年相比，您对2023年社会的总体情况评价"这一问题的回答显示，选择"没多大变化"的受访者占比为50.13%；选择"变好了"的受访者占比为26.87%；选择"变差了"的受访者占比为12.68%；选择"说不清"的受访者占比为10.33%。可见，2023年黑龙江省社会总体状况的公众评价依旧乐观。公众普遍对过去一年全省的社会发展状况评价较为积极。

另外，公众对于2024年黑龙江省的民生发展有较大信心。调查数据显示，在公众对"您认为2024年黑龙江省社会发展形势将会怎样变化？"一题的回答中，选择"越来越好"的受访者占比为44.75%；选择"没多大变化"的受访者占比为31.32%；选择"说不清"的受访者占比为15.95%；选择"越来越差"的受访者占比为7.98%。

二 2024年黑龙江省社会发展面临的挑战

2023年，黑龙江省秉承着高质量发展的理念，在各项事业发展中取得新成效，但是社会发展仍然暴露出诸多不容忽视的问题。由此分析，2024年黑龙江省社会发展将面临以下几个比较突出的问题：一是居民收入及消费不平衡不均等，二是人口流失及老龄化问题显著，三是就业、"看病难、看病贵"及养老是民生核心关注问题，四是医疗资源及医疗卫生服务水平仍有待提升，五是环境问题仍需持续关注。

（一）居民收入及消费不平衡不均等

1. 收入结构中工资性收入占比偏低

2023年，全体居民人均工资性收入占可支配收入比重为47.1%，低于全国9.1个百分点。随着经济的发展和产业结构的调整，黑龙江省缺乏多元化的经济体系，面临着产业结构单一、传统产业占比过重、新兴产业发展不足、龙头企业少等问题，同时黑龙江省人才流失问题较为严重，高层次人才缺乏，工资水平较低导致工资性收入增长速度相对较慢，同全国平均工资水平相比偏低。

2. 财产净收入支撑不足，城镇居民增收压力大

2023 年，城镇居民人均财产净收入占可支配收入的比重仅为 3.2%，促进增收效果有限。房价对财产净收入起到绝对支撑作用，近些年黑龙江省人口老龄化严重，人口外流情况较多，间接导致住房购买力不足、房价下滑，使得城镇居民增收基础不稳。

3. 部分农产品价格回落，高成本制约第一产业增收

2023 年，黑龙江省粮食生产实现"二十连丰"，但大豆、玉米及部分畜牧业产品价格同比下降导致农村经营净收入增速放缓。包地费用及部分农牧业生产资料价格上涨，导致粮食生产成本不断上升，挤压第一产业的利润空间。2023 年农村居民人均农业净收入同比增长仅为 1.8%。

4. 城镇居民消费意愿有待提升

2023 年，黑龙江省城镇居民人均消费支出增速低于农村居民 0.7 个百分点，在增收压力较大的情况下，城镇居民受教育和医疗支出压力、失业风险、房贷负担等影响，消费意愿还不够强，有待进一步提振消费信心。

5. 农村人口流失抑制消费支出

随着城镇化率逐年提高、农村人口流失，农村常住居民年龄结构中老年人比例也随之变大，消费意愿和消费能力减弱。在 2023 年农村居民消费支出结构中，衣着和生活用品及服务支出呈现负增长，医疗保健支出增长幅度最大，促进农村居民消费支出稳步增长难度加大。

（二）人口流失及老龄化问题显著

第七次全国人口普查显示，黑龙江省内流动人口为 1154.9 万人，其中省内各地之间流动人口为 1072.0 万人，占比为 92.8%，省外流入人口为 82.9 万人，占比为 7.2%。从六普到七普的 10 年间，全省流入人口与流出人口数量都有较大增长，流出人口由 255.4 万人增加到 393.2 万人，每年平均流出人口约 13.8 万人；流入人口由 50.6 万人增加到 82.9 万人，年均流

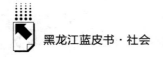

入约 3.2 万人。10 年间净流出人口约 105 万人。

截至 2022 年底，黑龙江省 65 岁及以上老年人口有 552.0 万人，2000~2022 年，全省 65 岁及以上老年人口占比由 5.56% 上升到 17.8%，老年人口抚养比由 7.36% 增加到 24.4%，增加了 2 倍多，同时少年儿童抚养比下降了一半左右。全省人口出生率大幅下降，少年儿童数量不断减少，向深度老龄化社会迈进。

（三）就业、"看病难、看病贵"及养老是民生核心关注问题

在党的二十大报告中，习近平总书记指出，逆全球化思潮抬头，单边主义、保护主义明显上升，世界经济复苏乏力，局部冲突和动荡频发，全球性问题加剧，世界进入新的动荡变革期。我国发展进入战略机遇和风险挑战并存、不确定难预料因素增多的时期。经济是镶嵌在社会中的，经济发展也是社会建设的基础，当经济发展存在问题时，这些问题也会以一定的形式外溢到社会层面，对社会建设乃至社会稳定造成威胁。所以，尽管黑龙江省经济持续稳定恢复，发展动力不断增强，但我们也要清醒地看到，在复杂严峻的宏观形势下，一些矛盾和困难依然存在。调查数据显示，在 13 个"社会问题"中，受访专家认为当前黑龙江省内最严重的三个问题为"就业失业问题""看病难、看病贵""养老保障问题"，其中前两项的问题指数超过50%。"就业失业问题"连续三年排名前三位，并于本次跃升首位；"看病难、看病贵"这一社会问题已经在系列调查中连续 9 年排名前三位。

2023 年，黑龙江省就业总量压力和结构矛盾并存，2024 年稳就业保就业工作仍需付出艰苦努力。一方面，全省就业总体压力依然较大，劳动力供给量仍处于高位，叠加连续增长的毕业生数量，给就业带来较大压力；另一方面，就业结构性矛盾仍然突出。目前，群众看病就医负担依然较重，医疗服务能力相对于发达地区仍不够强，区域资源配置仍然不均衡，居民住院费用个人负担比例仍然偏高，特别是重大疾病医疗负担仍然较重，群众对首选在基层住院看病的认同感不强。黑龙江省已经进入中度老龄化社会，全社会对养老保险、医疗保障、养老服务和健康等需求大幅度增加，基本养老保险

收支压力增大，卫生总费用和人均医疗费用攀升，空巢、高龄和失能老年人的生活照料和长期照护服务需求持续增加。基本养老服务设施建设历史欠账较多，多元化养老服务体系还不健全，健康养老产业发展还处于培育阶段，老年人精神慰藉服务和产品不足，老龄友好型社会还有不少短板，难以满足广大老年人多样化、多层次养老和发展需求。

（四）医疗资源及医疗卫生服务水平仍有待提升

1. 医疗卫生资源配置不均衡

黑龙江省的医疗卫生资源主要集中在省会哈尔滨市和其他大城市，农村地区医疗资源相对不足，导致城乡医疗卫生服务不平衡。这种不平衡现状对农村地区居民的健康造成了一定的影响，他们往往需要花费更多的时间和成本来获得合适的医疗服务。同时，不同地区的医疗设备和床位数量存在差异，一些地区设备更新换代较慢，床位不足，难以满足居民的医疗需求。这导致患者在需要治疗和手术时经常面临排队等待和转诊的情况。此外，黑龙江省医生数量相对较少，且分布不均衡，部分地区医生供应短缺，导致医疗资源浪费和挤兑。这种现象不仅给居民就医带来了困扰，也对医生的工作和生活质量产生了一定影响。

2. 医疗卫生服务水平有待提高

尽管黑龙江省在医疗设施方面不断发展，但医疗服务质量与发达地区仍存在较大差距。一方面，黑龙江省的基层医疗机构人员结构不合理，医护人员配置不足，特别是在一些偏远地区，医疗资源相对匮乏，导致就医需求与供给之间存在巨大落差。这种情况使得就医体验不理想，患者面临较长的等待时间，且获得的医疗服务欠缺专业性和及时性。另一方面，黑龙江省的一些基层医疗机构的医疗技术水平相对较低。这可能是因为人才流失导致了技术团队的缺失，或者缺乏先进的医疗设备和培训机会。由于技术水平的不足，一些常见的疾病诊治存在一定的风险，医疗效果无法得到充分保障。这种情况也影响了患者对医疗服务的满意度。

（五）环境问题仍需持续关注

全球气候变化是当今世界各国共同面临的问题，如何应对气候变化已成为各国共同关注的重要议题。我国积极参与全球气候治理，不断提高国家自主贡献力度，低碳减排对各行各业都产生了不可忽视的影响，尤其对于黑龙江省而言，在以煤炭为主的能源结构、产业结构调整还未完成的情况下，一系列低碳排放政策和措施也必定对经济社会发展产生深远影响。作为老工业基地，以重化工业为主的产业结构、以煤炭为主的能源结构和以公路货运为主的运输结构没有根本改变，碳排放和生态环境保护的严峻形势依然存在。从社会民生角度看，就业是第一要务，由于高碳产业大多为传统产业，通常具有强大的就业吸收功能，因此，碳排放治理对就业市场产生的影响将不容小觑，就业成本的提高为社会稳定带来了新的挑战。

黑龙江省作为国家粮食"压舱石"，肩负着粮食安全和生态安全双重使命。保障粮食安全，土地资源是必不可少的。一方面，土地污染问题还未引起社会足够关注和重视。从历年黑龙江省社会状况调查问卷来看，公众对于空气污染的认知度最高，对土壤污染的认知度还比较低。但在调研中，多位农业生产者均表达了对土壤污染问题的担心，他们认为秸秆还田技术还不成熟，会造成根瘤病导致施加更多化肥农药，并提出"适当烧荒对保护土壤环境利大于弊"的观点。从这一角度看，为保证空气质量、降低大气污染而严令禁止秸秆焚烧在一定程度上加剧了土壤污染，在环境治理中应考虑各个生态系统间的关联性。另一方面，土壤重金属污染问题潜在风险较大。土壤有机质下降可以通过轮耕、休耕等方式减缓，但重金属污染对动植物、人体健康都将造成长期影响，且该影响在短期内难以根除，严重影响农业生产，给黑龙江省粮食生产质量带来潜在风险。重金属主要是通过大气干湿沉降、污水灌溉、人类和畜禽粪便处置不当、化肥使用过量等渠道造成土壤污染。哈尔滨、大庆、齐齐哈尔等地单位土地废水负荷较高，工业"三废"排放量较大，对土壤环境造成压力。此外，资源型城市工矿塌陷等问题也造成了土壤流失、重金属下沉。有学者应用国际上广泛应用的 PSR（Press-State-Response）模型对黑龙江省农垦地区的土壤进行了测量，发现农垦地区土地生态安全的威胁主要来源于生态因素和经济因素，包括化肥施用量、农药施用量、人均 GDP、人口密度、农场职工人均可支配收入等。① 黑龙江肩负粮食安全使命，粮食生产任务和土壤污染风险都是十分艰巨的挑战。

三　2024年黑龙江社会发展形势展望与对策建议

黑龙江省第十四届人民代表大会第二次会议指出，2024 年是中华人民共和国成立 75 周年，是实施"十四五"规划的关键一年。对此，黑龙江要深刻认识和分析目前存在的社会问题，从而更好地实现黑龙江全面振兴、全方位振兴，谱写全面建设社会主义现代化国家龙江新篇章。

（一）持续优化收入分配结构，不断丰富消费新业态新场景

收入作为民生之本，是衡量一个国家或地区民众生活水平的重要指标，东北振兴战略把提高城乡居民收入水平作为重要任务。面对收入分配的不平衡不均等以及消费疲软问题，可从以下几方面进行提升。

1. 抢抓机遇发展文旅，扩岗就业提升工资水平

大力发展冰雪经济和特色文化旅游，推动冰雪运动、冰雪文化、冰雪装备、冰雪旅游全产业链发展。加强区域合作，实现省内资源共享、优势互补，共同打造旅游目的地，提高区域旅游的整体竞争力。加大对旅游行业企业的扶持力度，扩大用工规模，增加用工岗位，拉动本地就业的同时加大对旅游行业人才的培养力度，提高旅游从业人员的素质和服务水平，为旅游企业提供高素质的人力资源，进而提高从业人员的收入水平，促进工资性收入增长。

---

① 杨琳、刘万波、刘洁：《基于 PSR 模型的黑龙江垦区土地生态安全评价》，《北方农业学报》2022 年第 1 期。

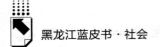

2. 保障住房财产收益，科学引导居民理财

根据市场需求和经济发展情况，持续稳妥实施房地产长效机制，满足刚性用房需求，让优惠政策切实、精准落到有需要的群体身上，不断提升居民购房意愿，增强房地产市场活力，提振房企经营信心，保障房地产市场的平稳发展。政府需出台相应激励政策稳定房地产价格，保障居民住房财产收益。同时推广多元化的投资渠道，引导和鼓励金融机构开发适合不同风险偏好和满足不同投资需求的理财产品，提供多元化的投资渠道，让居民有更多的机会实现财富增值。

3. 加大投入和支持力度，保障第一产业综合效益

加大对农业的投入和支持力度，加强农业科技创新和推广，引进先进的农业技术和设备，提高农业生产的技术含量和机械化水平，发展精深加工、特色养殖、生态旅游等新兴行业，引导新型经营主体与农户建立紧密的利益联结机制，加强农业产业链的纵深发展，让农民获得更多产业链延长增值收益，促进农民增收致富。

4. 确保促消费政策落实落靠

结合本地消费市场实际，强化消费政策引领，加大对中小企业、个体工商户的扶持力度，助推电商产业健康发展，优化营商环境。扩大消费券发放范围并增加发放种类，将更多的商品零售业、餐饮业、娱乐业店面纳入消费券使用范围，进一步激发居民消费热情，增强消费信心。

5. 丰富消费新业态新场景

借助数字技术发展与文旅消费、街区商圈、会展经济、夜市经济有效结合，打造产业链互通的线上与线下融合的消费场景。培育壮大新型消费，大力发展数字消费、绿色消费、健康消费，积极培育具有黑龙江特色的文化旅游、体育赛事、国货"潮品"等新的消费增长点，有效激发居民消费潜力。

（二）健全养老保障体系，提高养老服务水平

建立健全养老保障体系。黑龙江省人口老龄化面临的最大问题是养老保险基金亏空严重，随着人口生育率不断下降，人口老龄化将加快发展，应该

着力拓展养老金的来源，除基本养老保险外，积极发展个人养老金、商业养老保险等保险制度；应该积极推动参与 2016 年启动的国家长期护理保险制度试点，切实减轻失能人员家庭经济和事务的负担，逐步构建起多层次的养老保障体系。

推进基本养老服务均等化。建立和完善以居家养老为主体、社区照料和养老机构为依托和补充的养老服务体系，提高养老服务机构的服务水平。在交通设施、居住环境、出行工具等方面要加快做好无障碍设施的建设，目前数字经济、电子支付等高科技手段快速发展，为方便老年人口生活，要做好老年人口在数字经济中的适应和使用工作。

（三）拓宽青年社会就业渠道，满足不同群体培训需求

黑龙江省在稳定就业政策方面，应大力推进职业技能提升行动，提高人岗匹配率。畅通线上、线下培训主渠道，开展职业技能提升行动对接服务月活动，突出"点对点精准培训"，全省同步实施"5634"专项活动，即"五对接、六上门、三精准、四服务"，满足不同群体培训需求，缓解结构性就业矛盾。把职业技能培训作为保持就业稳定、缓解结构性就业矛盾的关键举措，作为经济转型升级和高质量发展的重要支撑，围绕产业发展、市场和劳动者需求，实施好职业技能提升行动，大规模高质量开展职业技能培训。以企业职工培训为重点，兼顾就业重点群体，多层次、全方位实施职业技能提升行动。

第一，应多渠道开发就业岗位，实施创业带动就业计划，关注高校毕业生、农民工等群体创业需求，支持其创办投资少、风险小的创业项目，支持创意产业和个性化经营。政府部门完善相关制度，提供快捷高效的登记注册服务，落实创业担保贷款及贴息政策，简化担保手续，建立风险分担机制。第二，应支持多渠道灵活就业以及新就业形态发展。鼓励电商带动更多人灵活就业，加强从业人员权益保障，维护从业人员合理劳动报酬权益。同时完善灵活就业服务体系，推进市场标准化、规范化、信息化建设。第三，应广泛动员各类企事业单位、社会组织等，扩大就业见习岗位规模，开发更多见

习岗位，并深入推进高校毕业生就业缓冲区建设。第四，应激励高校毕业生向基层流动，制订实施特岗教师计划、"大学生乡村医生"专项计划、大学生志愿服务西部计划等基层服务项目。引导高校毕业生到城乡社区就业创业，持续开展社区工作者和专职网格员招聘工作，支持高校毕业生开办"社区家政小店"。加大高校毕业生就业创业服务站建设力度，组织职业指导师进校园系列活动，开展就业创业政策解读、择业就业观引导、职业生涯教育和就业创业指导等专题活动。

（四）建立健全公共安全机制，完善基层医疗卫生服务体系

面对医疗卫生事业发展现状及问题，要结合省内不断变化的人口情况和就医需求，持续深化医疗卫生体制改革，进一步推动黑龙江省医疗卫生事业的发展。

1. 医疗卫生人才培养更科学

加大对医学院校的投入力度，提高医学教育的质量，包括增加教学设备和资源、改善实习条件、吸引更多优秀的教师和研究人员加入等。此外，还可以加大对医学生的奖励和资助力度，为他们提供更好的学习和发展环境。这将有助于培养更多专业技能过硬、医德高尚的医学人才。政府还可以扩大基层医护人员的规模，提供持续的职业发展支持，并通过设立奖励制度，鼓励医护人员到基层工作，提高基层医疗服务的质量和效率。

2. 医疗卫生资源配置更均衡

积极推动在农村地区建立医疗卫生中心，以增加医疗资源供给。这些医疗卫生中心可以配备专业医疗团队，并提供基本医疗服务和常见病、多发病的诊断和治疗。这样一来，农村居民就可以获得及时就医的机会，减少就医不便导致的健康风险。另外可借助现代科技手段，通过建设医疗卫生网络来实现资源共享和跨地区医疗服务。通过网络平台，不同地区的医疗机构可以进行合作和交流，共享医疗资源、医疗技术和专业知识。政府还可以加大对医务人员的培养力度，鼓励医生、护士等医疗专业人员到资源匮乏地区工作和执业，以进一步增加农村地区医疗人员的数量并提高医疗服务质量，提高

医疗资源分布的均衡性。

3. 医疗卫生服务质量更均等

在加强基层医疗机构的设备更新和技术培训的同时，还可以进一步建立专业化团队，提升基层医疗服务的水平。通过引进先进的医疗设备和技术，以及持续的培训计划，可以确保基层医院提供更为准确和高效的医疗服务。为了提高医院的综合服务质量，可以推行全面的医院评价制度。这项制度可以对医院的各项服务进行评估，包括医疗技术水平、设施条件、医护人员素质等。通过定期的评估和监测，可以及时发现并纠正问题，提高医院服务的质量和效率。同时，加强医患沟通也是提高医疗服务质量的重要手段之一。医院可以引入更多的专家和医生，通过定期举办健康讲座、座谈会等形式，与患者进行面对面的交流和沟通。此外，还可以建立在线平台，方便患者进行远程咨询和预约。通过改善医患关系和提升患者就医体验，增强患者对医疗服务的信任度和满意度。

东北振兴二十年·社会建设龙江实践专题

B.2
东北全面振兴背景下民生福祉改善的龙江实践

王建武[*]

摘　要： 黑龙江在东北全面振兴战略背景下，致力于改善民生福祉。通过实施就业优先战略、优化收入分配结构、构建高质量教育体系、深入实施"健康龙江"战略等举措，黑龙江在促进就业、提高居民收入、发展教育事业、提升民众健康水平等方面取得了显著成效。通过不断优化创新创业环境，加强重点群体就业服务，推进数字化就业服务，实现居民收入稳步增长，构建优质均衡公共教育服务体系，推动职业教育蓬勃发展，创新协同育人模式，深化医疗改革，加强老、幼健康服务体系建设等，有效提升了民生

---

* 王建武，黑龙江省社会科学院社会学研究所副研究员，硕士生导师，研究方向为发展社会学、政治社会学。

福祉水平，为东北全面振兴奠定了坚实基础。

关键词： 东北全面振兴　民生福祉　"健康龙江"行动

增进民生福祉是党中央振兴东北的重要任务目标，2003 年，中共中央、国务院发布了《关于实施东北地区等老工业基地振兴战略的若干意见》，该意见提出，要"始终关心群众的切身利益"，高度重视扩大就业等民生工作，"妥善处理好改革、发展和稳定的关系，使人民群众在实施老工业基地振兴战略中得到实惠"；2007 年国家发展和改革委员会发布的《东北地区振兴规划》提出，东北振兴要"以提高人民生活水平为出发点"，加快发展教育、卫生、文化、体育等各项社会民生事业；2009 年发布的《国务院关于进一步实施东北地区等老工业基地振兴战略的若干意见》提出"着力解决民生问题，加快推进社会事业发展"的宏伟目标；在《东北振兴"十二五"规划》《国务院关于近期支持东北振兴若干重大政策举措的意见》《中共中央　国务院关于全面振兴东北地区等老工业基地的若干意见》《东北振兴"十三五"规划》《东北全面振兴"十四五"实施方案》等一系列推动东北振兴的战略中都提到了"保障和改善民生"的目标。

2015 年，习近平总书记在长春召开部分省区党委主要负责同志座谈会，强调"抓民生也是抓发展"[①]；2023 年，习近平总书记视察黑龙江期间发表重要讲话，再次强调东北全面振兴要"牢固树立以人民为中心的发展思想，扎扎实实办好每一件民生实事，不断增强人民群众获得感、幸福感、安全感"[②]。这为黑龙江在新时代实施东北全面振兴战略指明了方向，自 2003 年以来，黑龙江在促进就业、提高居民收入、发展健康事业、完善教育体系等民生建设方面取得了显著成效。

---

① 中共中央文献研究室编《习近平关于全面建成小康社会论述摘编》，中央文献出版社，2016，第 152 页。
② 《习近平主持召开新时代推动东北全面振兴座谈会强调：牢牢把握东北的重要使命　奋力谱写东北全面振兴新篇章》，https://www.gov.cn/yaowen/liebiao/202309/content_6903072.htm。

一 积极实施就业优先战略，稳定并促进
高质量就业

就业乃民生之本，增进民生福祉需要实现高质量就业。2003 年发布的《关于实施东北地区等老工业基地振兴战略的若干意见》就提出了"高度重视扩大就业"的要求，2007 年发布的《东北地区振兴规划》进一步提出了扩大就业的要求，在 2018 年召开的深入推进东北振兴座谈会上，习近平总书记再次强调要解决好就业等重点民生问题。自东北振兴战略提出以来，黑龙江致力于实现更高质量和更充分就业，大力实施创业扶持政策，积极开展针对重点群体的就业援助，完善就业服务体系建设，采取多种措施稳定并推动就业率增长。

（一）创新创业环境不断优化，为就业增长注入新活力

习近平总书记在 2023 年的新时代推动东北全面振兴座谈会上提出，要"优化创新产业环境""打造更多创业创新平台"①。创业对于促进就业具有积极推动作用，自 2003 年以来，黑龙江积极致力于推动全省就业创业，大力实施创业扶持政策。

2003 年东北振兴战略刚刚实施，黑龙江就提出"二次创业、富民强省"的战略部署，积极倡导创新创业精神。2010 年，黑龙江发布《黑龙江省中长期人才发展规划纲要（2010—2012 年）》，积极培养创新创业人才。迈入新时代，黑龙江开展了一系列卓有成效的创业专项活动，制定并落实了一批专项就业扶持政策，为重点群体创业提供了有力支持，比如积极落实《人力资源社会保障部等八部门关于实施重点群体创业推进行动的通知》相关要求，不断推进创业担保贷款发放工作，为大众创

---

① 《习近平主持召开新时代推动东北全面振兴座谈会强调：牢牢把握东北的重要使命　奋力谱写东北全面振兴新篇章》，https://www.gov.cn/yaowen/liebiao/202309/content_6903072.htm。

业提供了充足的资金援助。

这些政策措施对黑龙江的创业生态产生了积极的影响，推动了创业环境的优化和创业氛围的营造。一是黑龙江创业园区的建设工作稳步推进，截至2022年，黑龙江深哈产业园区累计注册企业数量达到506家，注册资本总额达176.55亿元，签约入驻率达83.64%。[①] 二是创新型企业如雨后春笋般涌现，例如创普润超高纯电子材料产业化项目开工，旨在解决超高纯金属材料"卡脖子"问题，还有亚洲数字能源领域估值最高的万帮能源北方区总部项目在黑龙江落地。这些蓬勃发展的新兴企业为黑龙江贡献了5.2万个就业岗位，[②] 充分展示了黑龙江大众创业对全省就业的促进效应。

（二）加强重点群体就业服务，力促农民工与高校毕业生就业

东北振兴战略实施以来，黑龙江十分关注重点群体的就业问题，在2004年的《政府工作报告》中，黑龙江就提出要"搞好用工信息搜集、农民工培训和市场对接，采取切实有效措施，引导和推动农民外出打工"，积极保障农民工就业权益。2006年，黑龙江积极开展为农民工提供就业服务的"春风行动"，让广大农民轻松迈上进城路。近年来，黑龙江针对农民工、高校毕业生等重点群体就业实施了一系列有力措施。例如，积极举办"春暖农民工"服务行动、"春风行动暨就业援助月"等专项帮扶活动，以促进全省农民工群体就业。另外，黑龙江还推行青年就业创业推进计划，构建高校毕业生等青年就业信息共享和定期调度机制，为全省高校毕业生就业提供坚实保障。东北振兴战略实施以来，黑龙江在确保重点群体就业方面取得了显著成效，为全省实现更高质量、更充分就业提供了有力保障。

（三）推进数字化就业服务，助力城乡统筹与全民就业

东北振兴战略实施以来，黑龙江大力推进就业服务工作，健全多元化、

---

① 《哈尔滨新区引领全省创业创新再上新台阶》，https：//www.hlj. gov.cn/hlj/c107858/202301/c00_31519937.shtml。
② 《哈尔滨新区引领全省创业创新再上新台阶》，https：//www.hlj. gov.cn/hlj/c107858/202301/c00_31519937.shtml。

专业化基层就业服务体系，提供覆盖全民的公共就业服务，促进城乡统筹就业。迈入新时代，黑龙江积极推进智能化、数字化就业服务，运用大数据、云计算等先进技术，实现"互联网+公共就业服务"的深度融合。同时，构建了诸如龙江人社 App、黑龙江省大学生就业创业服务平台等，为广大群众提供实时就业创业政策信息发布、就业失业登记等便捷服务。这些举措为黑龙江就业市场的稳定和扩大提供了有力保障。

二　持续优化收入分配结构，实现居民收入稳步增长

收入作为民生之本，是衡量一个国家或地区民众生活水平的重要指标，东北振兴战略把提高城乡居民收入水平作为重要任务。在《中共中央　国务院关于全面振兴东北地区等老工业基地的若干意见》中，针对东北振兴提出了"城乡居民收入增长和经济发展同步"的要求，《东北振兴"十三五"规划》也提出了"增加居民收入"的目标。东北振兴战略实施以来，黑龙江全面贯彻落实新发展理念，积极构建新发展格局，致力于推动高质量发展，使得城乡居民收入水平实现了稳步增长。这一成果充分体现了黑龙江对于民生福祉改善的实际行动和坚定决心。

（一）推进城乡统筹发展，不断缩小城乡收入差距

2003 年东北振兴战略实施以来，黑龙江积极统筹城乡发展，将建设社会主义新农村作为时代任务，党的十八大以来，黑龙江将脱贫攻坚视为首要民生工程，通过推动实施一系列富有成效的农村脱贫举措，至 2019 年底，已有 61.3 万农村贫困人口成功脱贫，[①] 农村居民生活水平得到显著提升，同时，城乡居民收入差距不断缩小。根据黑龙江省统计局发布的数据，2003~2023 年，农村居民人均可支配收入的年均增速较城镇居民高出 13 个

---

① 吴玉玺、周静：《脱贫攻坚决胜在今朝》，《黑龙江日报》2020 年 10 月 17 日。

百分点，从而使得城乡人均可支配收入比从 2.8：1 缩小至 1.8：1。① 各项数据均显示，黑龙江城乡收入差距逐步缩小，农村居民收入及生活水平稳步上升。

（二）推进产业结构转型与经济发展，带动居民收入稳步提升

长期以来，黑龙江积极推进产业结构转型，努力实现经济高质量发展，开拓生物经济、冰雪经济、数字经济和创意设计等新型经济增长点，根据相关部门公布的数据，② 在东北振兴战略实施的 20 多年间，黑龙江经济实力显著增强，带动了居民收入水平稳步提升，在民生方面为东北全面振兴提供了有力支撑。

党的十八大以来，东北振兴迈入新时代，近 10 年间，黑龙江全体居民人均可支配收入年均增速为 7.8%，居民收入水平不断提高。居民人均可支配收入从 2013 年的 15903 元增长到 2023 年的 29694 元，收入绝对值增长了 86.7%。城镇居民的人均可支配收入年均增速为 4.3%，收入绝对值从 2013 年的 19597 元增长到 2023 年的 36492 元，增长了 86.2%。与城镇居民相比，农村居民的收入也持续增长，人均可支配收入年均增速为 5.2%，收入绝对值从 2013 年的 9634 元增长到 2023 年的 19756 元，增长了 105.1%。③ 农村居民在经济发展的过程中收入水平不断提高，城乡居民收入差距逐步缩小。

总体来看，东北振兴战略实施以来，黑龙江居民人均可支配收入的年均增速呈现稳定增长态势，无论是城镇居民还是农村居民，收入水平都得到了明显提高。黑龙江将继续坚持经济发展与居民收入增长并重，进一步优化经济结构，发挥资源优势，助力全省居民收入持续增长。同时还将不断深化收入分配改革，努力缩小城乡差距，让更多的人民群众共享改革发展成果，为实现全体人民共同富裕目标贡献力量。

---

① 数据来自黑龙江省统计局公布的历年《黑龙江统计年鉴》。
② 数据来自黑龙江省统计局公布的历年《黑龙江统计年鉴》。
③ 数据来自黑龙江省统计局公布的历年《黑龙江统计年鉴》。

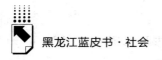

（三）积极推动高质量就业，城乡居民工资性收入显著提升

自东北振兴战略实施以来，黑龙江积极推动更高质量和更充分就业，取得了显著成效。在过去的 10 年间，黑龙江累计实现城镇新增就业 628 万人，为全省经济发展和社会稳定做出了重要贡献，[①] 农村就业帮扶工作正在稳步推进，各级政府加大投入力度，强化政策扶持，完善就业服务体系，推动农民转移就业，为农村居民工资性收入的持续增长提供了有力保障。

数据显示，2003～2022 年，黑龙江城镇居民人均工资性收入由 4489 元增至 19895 元，增长了 3.4 倍。与此同时，农村居民人均工资性收入从 394 元增至 3417 元，增长了 7.7 倍。[②] 工资性收入的提升充分体现了按劳分配的主体地位，是实现共同富裕进程中的重要标志。

三　构建高质量教育体系，支撑全面振兴发展

习近平总书记在 2023 年召开的新时代推动东北全面振兴座谈会上提出，"要提高人口整体素质，以人口高质量发展支撑东北全面振兴"，[③] 发展好教育事业才能有效提高人口素质。东北振兴战略实施以来，黑龙江坚定不移地推进教育高质量发展，积极推进教育改革创新，不断优化教育结构，为黑龙江全面振兴、全方位振兴提供了有力的人才保障和智力支持。

（一）构建优质均衡公共教育服务体系，助推基础教育高质量发展

在推进基础教育高质量发展的过程中，实现基本公共教育服务优质化、

---

① 数据来自中共黑龙江省委在"中国这十年·黑龙江"主题新闻发布会上公布的信息，https://www. hlj. gov. cn/hlj/c108472/hdjl_zxft_detail. shtml？id = 109 fae87abea4f898d39ba3adc9e5980。

② 数据来自中共黑龙江省委在"中国这十年·黑龙江"主题新闻发布会上公布的信息，https：//www. hlj. gov. cn/hlj/c108472/hdjl_zxft_detail. shtml？id = 109fae87abea4f898d39ba3adc9e5980。

③ 《习近平主持召开新时代推动东北全面振兴座谈会强调：牢牢把握东北的重要使命　奋力谱写东北全面振兴新篇章》，https：//www. gov. cn/yaowen/liebiao/202309/content_6903072. htm。

均衡化是至关重要的。这不仅对提升基础教育质量、优化育人格局有深远影响，更是对经济社会发展的有力支撑。因此，构建优质均衡的基本公共教育服务体系，是推进基础教育高质量发展的关键环节。

东北振兴战略实施以来，黑龙江把优先发展教育、建设人力资源强省作为振兴老工业基地的奠基工程，并将其摆在社会建设首要位置，2002~2008年，黑龙江省高中阶段教育快速发展，毛入学率由 2002 年的 34.7%提高到62.96%；普通高校由 48 所发展到 68 所，地市覆盖率为 100%，在校生由33.5 万人增长到 63.5 万人，毛入学率由 20.67%增长到 26.78%，高等教育大众化水平进一步提高；高校占地、校舍建筑面积、教学仪器设备数量、图书数量平均增长 2~3 倍，办学条件大大改善；民办教育事业健康发展，国际交流与合作进一步扩大，有力促进了各项事业的健康发展，教育对经济社会发展的贡献率大大提高。① 迈入新时代，黑龙江省致力于完善基本公共教育服务体系，取得了显著成果，学前教育普及和普惠水平显著提高，从2015 年的 75.6%增长至 2020 年的 87.0%，超过全国平均水平；促进义务教育优质均衡发展是构建优质均衡的基本公共教育服务体系的一项重要要求，在"十三五"期间，黑龙江省九年义务教育巩固率一直维持在 99%以上，比全国平均水平高出 4 个百分点；此外，黑龙江省的高等教育逐步迈向高水平普及阶段，毛入学率由 2015 年的 50%上升至 2020 年的 65%，高等教育的普及化已成为黑龙江省在推动教育公平进程中的一项显著成果。②

（二）职业教育蓬勃发展，改革成效显著

党中央高度重视职业教育发展，提出要把推动现代职业教育高质量发展摆在更加突出的位置，坚持服务学生全面发展和经济社会发展。发展职业教育也是东北振兴战略的一大任务，2007 年发布的《东北地区振兴规划》提

---

① 《黑龙江省力争成为人力资源强省多项举措教育惠民》，https：//www.gov.cn/gzdt/2008 - 01/24/content_867675.htm。
② 《"十三五"期间龙江教育改革发展十大成就》，https：//zzs.hlju.edu.cn/info/1003/1395.htm。

出要"大力发展职业教育和多种形式的职业培训,加快培养技能型实用人才"。黑龙江省始终将职业教育发展作为一项重点工作,采取一系列有力措施,深化职业教育体制改革,全面提升职业教育的质量和水平。

2022年,尽管黑龙江省学龄人口有所减少,但职业学校却实现了招生数量的增长。与上年同期相比,2022年职业学校的招生人数达到18.06万人,增加了1.17万人,实现了连续3年的正增长。① 黑龙江省入选2022年全国职业教育改革成效明显省份,得到国务院褒奖,职业教育服务乡村振兴成绩受到了全国政协的高度肯定。这表明黑龙江职业教育发展呈现持续进步的势头,体现出近年来黑龙江对职业教育发展的高度重视和推动现代职业教育体系改革积极性,职业教育体系的发展有力带动了黑龙江高质量教育体系的建设。

(三)创新协同育人模式,以"一十百千万"家庭教育网络推动教育高质量发展

建立健全学校、家庭和社会的协同育人机制,是推动教育高质量发展的关键。这一事业不仅关乎学生的全面发展与健康成长,还关乎东北全面振兴的人才基础。

黑龙江致力于构建学校、家庭和社会共同参与的教育体系。为了更好地实施《中华人民共和国家庭教育促进法》,黑龙江于2022年发布了《黑龙江省关于开展〈中华人民共和国家庭教育促进法〉实施情况督导试点工作方案》,结合本地的实际情况,选择大庆市、绥化市和鹤岗市作为试点地区,希望通过这些地区的实践,探索出新的协同教育模式。目前,这三个试点市已经建立起了一个覆盖广泛的家庭教育指导网络,即"一十百千万"组织网络。具体来说,就是建立一个市级家庭教育指导中心,十多个县区家庭教育指导分中心,五百多个中小学校幼儿园家庭教育指导服务站,培养近

---

① 赵超、石笑朋、王祥林、卢爽:《黑龙江:奋力建设现代职业教育体系》,《黑龙江日报》2023年5月8日。

千名家庭共育指导师、生涯规划师、心理辅导师等骨干力量，家庭教育惠及上万个家庭，真正实现了全覆盖的协同育人。

四 深入实施"健康龙江"战略，全面提升民众健康水平

在《东北振兴"十三五"规划》中，提出了"建立健全健康养老服务体系"的战略目标。习近平总书记在长春召开的部分省区党委主要负责同志座谈会上指出，要积极引导群众对健康服务方面的社会需求，支持相关服务行业发展，"没有全民健康，就没有全面小康"。党的十八大以来，东北振兴战略迈入新阶段，黑龙江积极开展"健康龙江"行动，把保障人民健康放在优先发展的战略位置，通过积极开展健康行为促进行动、建立健全基本医疗卫生制度、推进健康服务体系建设等举措大力推进"健康龙江"建设，充分保障黑龙江人民的健康生活。

（一）"健康龙江"行动助推健康事业与经济产业发展

东北振兴战略实施以来，黑龙江积极开展健康行为促进行动，推动群众养成良好健康行为习惯，把健康行为促进行动当作"健康龙江"行动的重要部分。一是通过多种途径为民众普及健康知识，如开展健康公益讲座进企业活动以及防盲治盲宣传教育等健康宣传活动；二是有关部门积极推动健康事业的产业化，促进医疗、养老、旅游、文化、体育等产业的深度融合，如在伊春和五大连池等地，建设了一批中医保健、温泉疗养和森林康养等健康旅游基地。这些项目不仅提升了人民的生活质量，同时也促进了地方经济的持续发展，实现了健康事业与经济产业的良性互动和互相促进。

"健康龙江"行动开展以来，黑龙江居民的健康素养水平显著提升，由2014 年的不到 10%，提高到 2021 年的 25.1%；此外，城乡居民身体素质和寿命也有所提升，其中达到《国民体质测定标准》合格以上水平的人数占

比由 2014 年的 87.8% 提高到 2021 年的 92.03%，人均预期寿命提高 2.5 岁，达到 79.13 岁，高于全国平均水平，[①] 可见，"健康龙江"行动的开展取得了巨大成效。

（二）深化医疗改革，不断完善基本医疗卫生制度

2016 年发布的《东北振兴"十三五"规划》提出了"完善医疗卫生服务体系"的要求。东北振兴战略实施以来，黑龙江将建立基本医疗卫生制度作为重要的民生工作，建立基本医疗卫生制度是全面建成小康社会、迈向共同富裕的内在要求，也是"健康龙江"行动的基础。

近年来，黑龙江始终致力于深化医疗卫生体制改革，以提升全省人民的健康福祉。针对"看病难、看病贵"的问题，积极推进市级和县级公立医院改革。通过完善基本药物制度，突出公立医院的公益性质，并努力破除公立医院逐利机制，这些举措有效地减轻了百姓的医疗负担；对于贫困人口等特殊群体，实施新型农村合作医疗和大病保险制度，这一政策倾斜不仅减轻了贫困人口的医疗经济压力，还进一步保障了他们的健康权益。此外，为了解决乡镇居民医疗资源短缺的问题，积极推动乡镇卫生院的医疗人才招聘工作，通过引进和培养优秀的医疗人才，填补了乡镇医疗人才缺口，提升了乡镇卫生院的医疗服务水平。

这些举措充分体现了"以人民为中心"的发展理念。通过深化改革和优化服务，黑龙江正努力实现"发展为了人民，发展成果由人民共享"的目标。黑龙江基本医疗卫生制度的建立不仅是"健康龙江"行动的一大成就，也是全面建成小康社会的必经之路，是极具特色的东北振兴的龙江实践。

（三）加强老、幼健康服务体系建设，全面提升全民健康水平

在"健康龙江"行动中，健全健康服务体系是重中之重。黑龙江针对

---

① 《黑龙江省"非凡十年"主题系列新闻发布会第八场》，https：//www.hlj.gov.cn/hlj/c1084 72/hdjl_zxft_detail.shtml？id＝4e4c1a4a13f243dea6c872a3852bca12。

老年人、妇女和儿童等需要重点关照的人群，积极推进妇幼健康服务体系和老年健康服务体系建设。这一举措旨在提高全省人民的健康水平，促进全民健康事业的发展。

黑龙江致力于优化妇幼健康服务体系，着力建设危重孕产妇救治中心，坚决捍卫每一位孕妇的生命权益；稳步构建县、乡、村三级妇幼卫生服务网络，不断强化基层医疗服务能力和转诊机制；高度重视儿童医疗保健服务体系建设，努力提升儿童医疗保健科室的专业化水平。正是基于这样的努力，黑龙江在妇幼健康服务体系的建设上取得了显著成果，为妇女儿童的健康福祉保驾护航。

在老年健康服务体系建设方面，黑龙江推出并落实《黑龙江省健康老龄化行动计划（2018—2020 年）》，积极提升老年人健康素养和健康管理水平，提高老年人医疗服务质量和可及性，大力推动老年健康产业发展，这些举措的落实，有力地推动了老年人健康事业的发展。

综上所述，"健康龙江"行动取得显著成效，黑龙江人民的整体健康水平显著提高，民生事业取得重大突破，迈出了实现东北全面振兴的坚实步伐。

B.3
东北全面振兴背景下社会保障发展的
龙江实践

王建武*

摘　要： 本报告探讨了东北全面振兴背景下黑龙江社会保障发展的实践。自 2003 年东北振兴战略实施以来，黑龙江积极贯彻落实党中央方针政策，不断完善社会保障体系，持续推进社会保障制度改革，尤其在医疗、救助及养老等社会保障领域取得显著成效。在健全医疗保障体系、提升医疗服务质量，完善救助保障体系、兜底保障困难群体，以及完善养老保障体系、构建老年友好型社会等方面的具体实践，展现了黑龙江在社会保障领域取得的积极成果。

关键词： 东北振兴战略　社会保障　黑龙江

　　2003 年温家宝在吉林长春召开的振兴东北老工业基地座谈会上提出，要"积极搞好就业和社会保障体系建设。这是振兴老工业基地的重要保证"①，健全和发展社会保障事业是东北振兴战略的重点任务和目标。2007年发布的《东北地区振兴规划》明确提出，要加快发展教育、卫生、文化、体育等各项社会事业，完善社会保障体系；2009 年发布的《国务院关于进一步实施东北地区等老工业基地振兴战略的若干意见》提出了"积极完善

＊　王建武，黑龙江省社会科学院社会学研究所副研究员，硕士生导师，研究方向为发展社会学、政治社会学。
①　中共中央文献研究室编《十六大以来重要文献选编（上）》，中央文献出版社，2005，第416页。

社会保障体系"的目标；2012 年发布的《东北振兴"十二五"规划》再次提出要"健全社会保障体系""推进社会事业全面进步"；2015 年，习近平总书记指出，要"要着力保障民生建设资金投入，全力解决好人民群众关心的教育、就业、收入、社保、医疗卫生、食品安全等问题"[①]。自 2003 年以来，黑龙江深入贯彻落实东北振兴战略方针，不断完善社会保障体系，持续推进社会保障制度改革，在医疗、救助及养老等社会保障领域取得显著成效。

一　健全医疗保障体系，提升医疗服务质量

东北振兴"十二五"规划和"十三五"规划分别提出了"健全覆盖城乡居民的基本医疗保障体系""完善医疗卫生服务体系"的任务，东北振兴战略实施以来，黑龙江致力于完善医疗保障制度，通过加强医保基金监管、优化医保便民服务和深入推进"三医联动"改革，努力构建健全的医疗保障体系，为全省人民提供更好的医疗服务。

（一）大力推进"三医联动"改革，构建健全的医疗服务体系

2015 年深化医药卫生体制改革工作电视电话会议提出，要坚持医保、医药和医疗"三医联动"的改革方向。黑龙江省坚决贯彻落实，积极推进"三医联动"改革，力求改革取得实效。

为进一步推动医疗改革工作，加强"三医联动"改革，黑龙江部分地区已制定并实施相关政策措施，为医疗改革事业发展明确了方向。例如，2018年齐齐哈尔市发布了《齐齐哈尔市进一步深化医药卫生体制机制改革实施方案》，该方案以"转体制、降费用、促下沉、保支撑、强监管"为改革指导原则，有力地推动了全市医疗改革工作的持续深化。同时，黑龙江积极构建新型公立医院运行机制，强调公立医院的公益性、调动积极性以及保障可持续

[①] 中共中央文献研究室编《习近平关于全面建成小康社会论述摘编》，中央文献出版社，2016，第 152 页。

性，并设立公立医院医疗费用监测体系、公示制度，以及重点药品监控和预警管理制度。此外，黑龙江还致力于提升医疗保险保障能力，在实施全国统一的城乡医疗保险政策的基础上，积极探索医疗保险商业化发展模式。这些措施对于完善黑龙江"病有所医"的医疗保障体系具有显著的推动作用。

（二）提供优质医保便民服务，提升群众就医体验

医保服务工作事关公众福祉，影响广大参保人的切身利益。东北振兴战略实施以来，黑龙江医保部门秉持"让群众减少出行、足不出户，提高办事效率，打造温馨可达的服务"的理念，不断推进医保便民服务优化升级。

迈入新时代，黑龙江全力推进医保服务工作的数字化进程，以提供更高效、更便捷的医保服务。2021年，黑龙江省医疗保障局做出了重大改革，将全省400多部医保服务办理电话整合为12393服务热线。这一举措不仅提高了服务效率，还使得参保群众能够在家中轻松办理相关业务，极大地方便了群众的生活。

为进一步优化服务，相关部门采取了"一把手走流程"的服务方式，简化服务办理流程。这种方式要求各级领导亲自体验业务办理过程，深入了解群众需求，从而找出并解决存在的问题。此举旨在提升服务质量，提高政务服务的透明度和公正性。此外，黑龙江还积极拓宽便民渠道，例如开展线上与线下相结合的服务，提供多元化的办事方式。群众可以根据自己的需求选择办事渠道，既节省了时间，又提高了办事效率。

这些举措的实施，充分体现了黑龙江致力于提高政务服务效能，以人民为中心的发展理念，有力推动了全省医疗保障体系的发展，为人民群众提供了优质、便捷的医保服务。黑龙江加大改革力度，不断完善医疗保障体系，努力满足人民群众日益增长的美好生活需要，为东北地区医疗保障事业的振兴贡献力量。

（三）强化医保基金监管，确保基金安全高效使用

黑龙江把医保基金监管作为工作的重点，通过加大监管力度和不断创新

监管方式，开创了医保基金监管新格局，始终致力于确保医保基金的安全、有效、合理使用，为人民的健康福祉提供了坚实保障。

为确保医保基金的安全、高效、合理使用，黑龙江采取了多种有力的保障措施，颁布并实施了《黑龙江省医疗保障基金监督管理条例》，该条例不仅明确了监管的职责和权限，还细化了监管的具体流程和标准，为医保基金监管提供了坚实的法律和政策保障。黑龙江还构建了一个包含110条精细审核规则、覆盖150万条审核监控点的省级智能监控系统，① 这一系统不仅能对医疗服务数据进行实时监控，还能进行前置智能审核，大大提高了监管的效率和准确性。2023年9月，这一智能监控系统已经在全省18个地区全面上线，对医疗服务数据进行了全方位的监控和分析。通过这一系统，监管部门可以及时发现异常数据和潜在的风险点，为后续的核查和处理提供有力支持。

此外，黑龙江还注重提升监管的科技含量，通过引入信息化、智能化、数字化等先进技术手段，实现了对医保基金的全方位、多角度监控分析。这一监控分析系统不仅涵盖了经办日常审核与现场核查等多种方式，还融入了大数据分析、全场景智能监控等高科技手段。这使得监管部门可以更全面、更准确地掌握医保基金的使用情况，及时发现并纠正违规行为。

黑龙江采取的这些有力措施为医保基金的安全和合理使用提供了坚实保障。这些措施不仅有力地遏制了医保基金被违规使用的风险，还提高了医保基金的使用效率，为全省医疗保障体系建设做出了积极贡献。随着这些措施的深入实施，黑龙江医疗保障体系将更加完善和健全。

二　完善救助保障体系，兜底保障困难群体

2018年，习近平总书记在东北三省考察并主持召开深入推进东北振兴

---

① 《黑龙江省用心用力开创医保基金监管新格局》，https：//www. workercn. cn/c/2023－09－21/7991117. shtml。

座谈会，提出了"完善社会救助体系，保障好城乡生活困难人员基本生活"①的要求，社会救助关乎民生、连接民心，是确保基本民生、推动社会公平和维护社会稳定的基础性制度安排。东北振兴战略实施以来，黑龙江积极投身于中国特色社会主义法治体系建设，持续优化"急难弱"兜底保障体系及最低生活保障制度，加强社会救助工作的全局性统筹。

（一）优化最低生活保障制度，兜底保障困难群体基本生活

东北振兴战略实施以来，黑龙江围绕民生保障事业发展，稳步提升城乡最低生活保障水平，确保特殊群体基本生活底线。

黑龙江实施城乡低保渐退政策，为城乡低保对象提供缓冲期，确保平稳过渡。同时，不断扩大低保救助范围，将支出型贫困家庭纳入救助体系，确保困难家庭的基本生活。此外，黑龙江积极改革完善特困供养救助制度，将特困供养未成年年龄延长至 18 岁，为他们的成长提供有力保障。在临时救助方面，建立乡镇临时救助备用金制度，提高救助时效性，并取消户籍地和居住地申请限制，让困难群众在任何地方都能及时获得救助。黑龙江根据低收入家庭的需求，于 2021 年出台了《黑龙江省关于改革完善社会救助制度的实施意见》，对家庭收入低于低保标准 1.5 倍的家庭提供救助支持，确保低收入家庭共享社会发展成果。② 除此以外，黑龙江还推出许多相关改革措施，旨在完善最低生活保障制度，这些改革使得低保制度更加合理化和人性化，有效保障了全省困难群众的基本生活。

（二）强化社会救助工作统筹，推动救助均衡发展

党的二十大提出要完善全面覆盖、分层分类的社会保障体系。近年来，黑龙江从多元困境统筹、城乡统筹、社会力量统筹三个方面，积极推进全省

---

① 《习近平在东北三省考察并主持召开深入推进东北振兴座谈会》，https：//www.gov.cn/xinwen/2018-09/28/content_5326563.htm。
② 《黑龙江省出台〈黑龙江省关于改革完善社会救助制度的实施意见〉》，https：//www.mca.gov.cn/n152/n168/c81428/content.html。

社会救助工作的协调与整合。

一是着力于整合民政部门救助资源，确保困难家庭教育、困难老人养老、困境儿童抚养以及救助政策无法覆盖的特殊困难家庭的基本生活得到保障；二是积极推动城乡社会救助一体化，努力解决城镇困难群众的生活困境，巩固边境县城乡低保一体化成果，适应农业转移人口市民化进程，及时将农业转移人口中的困难群体纳入救助范围；三是倡导社会力量参与社会救助，引导慈善组织加大投入力度，鼓励社会工作服务机构和社会工作者协会协助社会救助部门开展工作。① 这些综合措施有助于推动社会救助均衡发展，切实减轻各类困难群体的生存压力。

东北振兴战略实施以来，黑龙江坚定不移地推进扶贫工作和乡村振兴事业，不断完善救助保障体系，为全省人民提供了坚实的民生保障。2003 年黑龙江贫困人口达 373 万人，占全省人口的 10%，面对这一严峻形势，黑龙江积极实施"贫困地区劳务输出扶贫计划"等一系列有力举措，② 为全省脱贫事业做出巨大贡献。截至 2020 年底，黑龙江已有 27.5 万建档立卡贫困人口被纳入低保或特困供养范围，实现了"应保尽保、应兜尽兜"，确保了贫困人口基本生活需求的满足。截至 2022 年 6 月底，全省脱贫人口中有 25.6 万人被纳入农村低保和特困供养范围，占比高达 46.9%，这充分体现了黑龙江对脱贫攻坚和乡村振兴的重视和决心。③ 黑龙江社会救助事业的蓬勃发展，为实现全面小康奠定了社会保障基础，有力推动了乡村振兴。

（三）强化社会救助工作统筹，推动救助均衡发展

兜底保障是低收入困难群体走向共同富裕的底线任务和基本要求。黑龙江

① 《黑龙江省出台〈黑龙江省关于改革完善社会救助制度的实施意见〉》，https：//www.mca. gov. cn/n152/n168/c81428/content. html。
② 《黑龙江实施"贫困地区劳务输出扶贫计划"》，https：//finance. sina. com. cn/roll/200308 15/0828407019. shtml？from＝wap。
③ 《龙江民政这十年·社会救助篇》，https：//mp. weixin. qq. com/s？__ biz＝MzIwNDQ0MDE1Mw＝＝ &mid＝2247524467&idx＝1&sn＝40e27d9448dca86e7207019ba 50eb880&chksm＝96c23745a1b5be5373cf 5df9173d584dddca777cd8dc9374e99dfda1499e56a9181 e3da5ae7c&scene＝27。

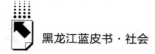

把急难救助和弱势人群救助作为兜底保障的重点，以确保每一位需要帮助的群众都得到有效的援助，体现了黑龙江对于民生福祉的高度重视和责任担当。

一是将困难群体的急难救助纳入突发公共事件的应急预案之中。这意味着在面临突发事件时，困难群体能够得到及时的救助。在此基础上，针对受突发事件影响严重的地区，黑龙江采取了发放临时生活补助的措施，以缓解受灾群众的生活压力。同时，黑龙江启动相关价格补贴联动机制，确保群众的基本生活不会受到太大冲击。在 2023 年的抗洪救灾实践中，这些急难救助措施得到了充分体现，彰显了为民服务的决心和担当。

二是加强了对孤残人员的救助帮扶。通过积极推进残疾儿童康复救助、重度残疾人护理补贴等各项工作，为这类特殊群体提供有力保障。此外，强化对生活无着流浪乞讨人员的救助管理，确保这类群体人身安全和基本生活得到保障。这些举措体现了黑龙江对弱势群体的关爱、关注，让他们在困境中感受到社会的温暖。

黑龙江在急难救助方面的优化举措，推动了"急难弱"兜底保障体系的完善，不仅为受灾群众、生活无着流浪乞讨人员和孤残人员等弱势群体提供了坚实的生活保障，也为构建"弱有所扶"的救助保障体系奠定了坚实基础，这正是我国社会保障制度不断完善、人民福祉持续增进的生动体现。

三 不断完善养老保障体系，构建老年友好型社会

为完善养老保障体系，黑龙江不断健全老年救助补贴制度，构建多层次的养老保险体系，不断提升养老服务质量，努力建设一个让老年人安心、舒适、有保障的社会环境。

（一）优化老年救助补贴制度，提高老年人生活质量

老年社会救助是我国养老保障体系的关键环节，黑龙江着力优化老年人救助补贴政策，为失能及贫困老年人提供基本救助，使困境中的老年人得以安度晚年。

东北振兴战略实施以来，黑龙江致力于优化老年人救助补贴政策，以确保所有符合条件的老年人生活得到保障，并将其全面纳入社会救助体系。2009 年黑龙江实施"十大民生工程"，对低保对象、丧失劳动能力的重度残疾人、低收入家庭 60 周岁以上的老年人按不低于各地人均筹资标准的 80% 给予补助，个人缴费部分原则上不超过 20%。① 此外，还积极推广老年人助餐服务，解决生活难以自理的困难老人在做饭和用餐方面的难题。以哈尔滨为例，截至 2023 年，全市社区老年人助餐点已超过 100 家，月平均用餐服务量 7 万余人次。②

（二）建设多支柱养老保险体系，应对老龄化社会挑战

养老保险制度作为我国养老保障体系的核心环节，面临人口老龄化加剧及养老需求压力，黑龙江积极致力于推动养老保险体系的多元化建设，通过构建以基本养老保险为核心、企业或职业年金为辅助、个人储蓄养老保险及商业养老保险相衔接的养老保险体系，应对日益严峻的老龄化社会挑战。

黑龙江城镇职工基本养老保险（含离退休）参保规模从 2003 年的 714 万人，增长到 2022 年的 1507 万人，③ 基本养老保险覆盖面不断扩大，促使保障力度持续加大。2019 年，黑龙江进行了事业单位养老保险制度改革，进一步提升了养老保障体系的有效性，建立的新型职业年金制度涵盖范围广泛，有效弥补了养老制度的不足。这一改革为黑龙江广大职工的养老保障奠定了更加坚实的基础，有助于维护社会稳定和促进经济发展。

构建多层次、多支柱的养老保险体系，完善"老有所养"的养老保障体系，是黑龙江实现东北振兴的重要任务，黑龙江积极致力于养老保险体系的建设，以加速实现"老有所养"的目标，为老年人提供更好的保障。

---

① 《2009 年黑龙江省实施"十大民生工程"暖民心促发展》，https：//www.gov.cn/jrzg/2010-02/04/content_1528205.htm。
② 《【能力作风建设】老年助餐"小支点"撬动养老大服务》，https：//www.my399.com/p/279766.html。
③ 数据来自历年《黑龙江省国民经济和社会发展统计公报》。

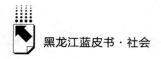

（三）推动养老服务高质量发展，创建宜居宜养的社会环境

在实现"老有所养"的目标中，基本养老服务发挥着不可或缺的基础性作用。东北振兴战略实施以来，黑龙江不断深化养老服务体系改革，努力提升养老服务质量，各项工作取得了显著成效。

2021年发布的《黑龙江省人民政府办公厅关于印发黑龙江省"十四五"促进养老托育服务健康发展实施方案的通知》强调，黑龙江要积极构建县、乡、村三级养老服务网络，并积极探索新型农村养老模式，推动农村互助型和普惠型养老的发展。在养老基础设施建设方面，黑龙江近年来持续加强智慧养老配套基础设施建设，积极打造老年友好型社区。这些有力举措均推动了黑龙江养老服务体系的高质量发展。

近年来，黑龙江高度重视养老服务人才培养工作，加大投入力度，为养老服务事业提供了有力的人才支撑。在省内的多所职业院校中，纷纷设立了老年人服务与管理专业，对学生进行专业化老年服务技术的系统培训，以满足社会对养老服务人才的需求，预计在"十四五"期间，黑龙江将累计培训出10万多名养老服务人才。①

在养老基础设施建设方面，黑龙江近年来持续加强智慧养老配套基础设施建设，提升养老服务科技水平，通过积极打造老年友好型社区，为老年人提供更加便捷、更加舒适的居住环境。此外，黑龙江还通过实施一系列有力举措，如开展养老服务人才培训、提升养老服务质量、优化养老政策体系等，推动养老服务体系高质量发展。这些举措不仅为全省养老服务事业提供了坚实的人才保障，还有力地推动了养老服务体系的高质量发展。

黑龙江在养老服务人才培养、基础设施建设、养老模式创新等方面取得了显著成效，为全国养老服务事业发展提供了有益借鉴。在未来，黑龙江将继续加大养老服务人才培养力度，优化养老服务体系，为养老服务事业贡献更多力量。

---

① 《黑龙江省人民政府办公厅关于印发黑龙江省"十四五"促进养老托育服务健康发展实施方案的通知》，https：//www.hlj.gov.cn/hlj/c107910/202112/c00_306 33876.shtml。

B.4
东北全面振兴背景下社会治理探索的龙江实践

王建武*

摘　要：　在东北全面振兴战略背景下，黑龙江积极探索社会治理现代化实践。通过建立健全公共安全体制机制、打造基层社会治理新格局、持续推进市域社会治理现代化等措施，黑龙江不断提升社会治理能力和水平。在公共安全领域，加强食品药品安全监管，提升安全生产水平，完善应急管理体系，筑牢社会治理安全防线。在基层社会治理方面，强化组织领导，完善社区管理和服务机制，引导社会力量参与基层治理，形成共治共享新格局。在市域社会治理现代化进程中，强化顶层项目规划，实施"网格化+数字化"管理，推进"五治"有机整合，全面优化社会治理方式。黑龙江的实践为完善现代化社会治理体系、推动东北全面振兴提供了有益经验和借鉴。

关键词：　东北全面振兴　社会治理　黑龙江

在党中央布局东北振兴战略的过程中，推动社会治理体系现代化是一项重要任务，在2007年发布的《东北地区振兴规划》中，提出了"加快行政管理体制改革"的目标，要求提升政府部门的社会治理能力和水平，为经济振兴营造发展空间；在2012年发布的《东北振兴"十二五"规划》中，提出东北地区要"推进电子政务建设，整合提升政府公共服务和社会管理

＊　王建武，黑龙江省社会科学院社会学研究所副研究员，硕士生导师，研究方向为发展社会学、政治社会学。

能力""创新社会管理体制";在 2016 年发布的《东北振兴"十三五"规划》中,进一步提出要加快转变政府职能,深入推进简政放权,建立健全权力清单、责任清单、负面清单制度,完善清单动态管理和实施机制,改变社会治理模式,"加快形成有利于激发市场内在活力的振兴发展新体制"。2020 年,习近平总书记在《坚持和完善中国特色社会主义制度推进国家治理体系和治理能力现代化》一文中指出,"坚持和完善中国特色社会主义制度、推进国家治理体系和治理能力现代化,是关系党和国家事业兴旺发达、国家长治久安、人民幸福安康的重大问题"。东北全面振兴离不开治理体系和治理能力的现代化,自 2003 年以来,黑龙江始终秉承以人民为中心的发展理念,不断优化公共安全体制,构建基层社会治理新格局,并积极推进市域社会治理的现代化进程,积极完善现代化社会治理体系。

一 建立健全公共安全体制机制,筑牢
社会治理安全防线

在《东北地区振兴规划》等一系列关于东北振兴战略的政策文件中,多次提及保障"食品安全""饮水安全""生产安全"。2023 年,习近平总书记在黑龙江省主持召开新时代推动东北全面振兴座谈会上提出,东北地区应"在维护国家国防安全、粮食安全、生态安全、能源安全、产业安全中积极履职尽责"[1],这说明实现东北全面振兴,需要全面增强安全保障能力,这既是对人民生命财产安全和社会稳定的切实保障,也是东北实现全面振兴的一大任务。

(一)加强食品药品安全监管,确保人民群众饮食用药安全

2016 年发布的《中共中央 国务院关于全面振兴东北地区等老工业基地

---

[1] 《习近平在黑龙江考察时强调:牢牢把握在国家发展大局中的战略定位 奋力开创黑龙江高质量发展新局面》,https://www.gov.cn/yaowen/liebiao/202309/content_6903032.htm。

的若干意见》提出，要全力解决好人民群众关心的食品安全等问题，在"十四五"规划的宏伟蓝图中，我国明确提出加强并优化食品药品安全监管制度，以健全的法律法规与标准体系为基石，保障人民群众的饮食和用药安全。黑龙江全面加强食品和药品安全监管工作，通过完善监管制度体系，严格管控食品和药品安全，有力地维护了公共安全，为人民群众的健康福祉保驾护航。

在食品安全领域，自 2020 年以来，黑龙江有关部门严格贯彻执行《关于深化改革加强食品安全工作的具体措施》，对食品监管、生产、流通、抽检等关键环节实施了更为严格的管控，旨在全面提升全省食品安全监管水平。在药品安全监管领域，黑龙江实施了"承诺即许可"制度，将"药品经营许可证"和"药品经营质量管理规范认证证书"的换发时间从原先的 90 个工作日大幅缩短至 5 个工作日。此举旨在强化事中事后监管，严厉打击违法违规行为，并积极推进"信用监管"，确保药品安全。[1] 黑龙江致力于健全监管制度框架，将人民生命财产安全置于首位，彰显了以人民为核心的社会治理理念。

（二）提升安全生产水平，筑牢安全防线

2003 年发布的《关于实施东北地区等老工业基地振兴战略的若干意见》提出，要在搞好企业改革和改组的基础上，围绕安全生产等工作目标，加快重点行业、重点骨干企业的技术改造，因此，提高安全生产能力也是东北振兴战略的任务要求。黑龙江高度重视安全生产责任制的完善，积极推动相关政策条例的修订工作。经过多次审议和修改，新修订的《黑龙江省安全生产条例》正式通过，并于 2022 年 11 月 1 日起正式施行。新条例共包括 96 条内容，分为总则、生产经营单位的安全生产保障、安全生产监督管理、应急救援和事故调查处理、法律责任和附则等章节，为全省安全生产责任提供了明确的法规依据。黑龙江全力落实安全生产责任制度，加强企业全员责任

---

① 《化解矛盾于萌芽　公共安全有抓手　黑龙江打造社会治理新格局》，https：//baijiahao. baidu. com/s? id＝1673335969546099234&wfr＝spider&for＝pc。

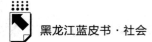

制建设，确保企业严格履行安全生产主体责任。同时，为预防和化解公共安全隐患，还建立了科学完善的排查和防控体系。黑龙江采取了一系列有效措施，全力保障公共安全，确保全省人民的生命财产安全。

在农业安全生产领域，黑龙江始终以高度的责任感和使命感，积极应对各种自然灾害的挑战。2023年，为应对洪涝灾害，黑龙江迅速反应，及时发布《洪涝灾后农业生产抗灾自救方案》，为灾后农业生产恢复提供了有力的指导和支持。该方案提出了一系列切实有效的措施，包括全力抢排田间积水、全面加强田间管理、落实促早熟措施、防范低温早霜、科学防控病虫害等，为广大农民群众提供了全方位的帮助。黑龙江在强化安全责任落实，提升安全生产水平方面积极履行相应职责，并落实东北振兴战略规划中的相关要求，不断健全公共安全体制机制。

（三）完善应急管理体系，提高防灾减灾救灾能力

2012年发布的《东北振兴"十二五"规划》提出，要"加快构建源头治理、动态管理和应急处置相结合的社会管理机制，维护群众合法权益"。完善应急管理体系，提高社会治理水平是东北振兴战略的一大要求。近年来，黑龙江深入贯彻"十四五"规划关于深化应急管理体制改革的部署，强化应急管理法治建设和制度保障，不断提升防灾减灾救灾能力，以完善公共安全体制机制，为维护社会稳定和人民安全提供坚实保障。

黑龙江在应急管理制度与法治建设方面，坚定不移地推进应急管理体制改革，省、市、县三级应急管理部门已组建完成，并全面履行各自职责。黑龙江通过深入开展应急管理法治建设，有力提升了全省应对突发事件的能力，这些举措不仅构建了完整的安全生产责任体系，而且确保了全省各领域安全生产的有序推进。黑龙江在提升防灾减灾救灾效能方面，坚持统筹规划，大力推进以防灾减灾工程为核心的自然灾害防治工作。经过持续努力，现已建立起一套完善的救灾物资储备体系。黑龙江地处我国东北部，地域广阔，可能面临洪涝、干旱、地震、风雹等多种自然灾害。为了提高防灾减灾救灾的综合能力，黑龙江在统筹规划的原则下，积极推动防灾减灾工程的建

设。通过对各类灾害的深入研究，分析灾害发生的规律和特点，有针对性地制定防治措施，为实施防灾减灾工作提供科学依据。黑龙江在推进防灾减灾救灾工作中，还注重培养专业化的人才，加强对防灾减灾救灾知识的普及和宣传。通过开展各类培训和演练，提高救援队伍的素质和应对灾害的能力。同时，充分利用现代科技手段，提高预警预报的准确性，确保灾害发生时能够迅速采取有效措施，将灾害损失降到最低。

总之，黑龙江在提高防灾减灾救灾效能方面，秉持统筹规划原则，以防灾减灾工程为核心，构建了完善的救灾物资储备体系，为保护人民群众的生命财产安全，努力提高防灾减灾救灾的综合能力，实现东北全面振兴提供充分的保障。

二　打造基层社会治理新格局，夯实社会治理基础

为实现国家治理体系和治理能力现代化，推动东北全面振兴，黑龙江着力构建基层社会治理新格局。近年来，黑龙江努力强化基层社会治理的基础，不断完善社区管理和服务体制，积极引导社会力量参与基层治理，构建并完善基层社会治理新格局。

（一）筑牢基层社会治理基础，强化组织领导

《东北振兴"十二五"规划》要求"创新基层社会管理服务体系，建立健全把更多人、财、物投向基层的保障机制，推进社会管理重心下移，充分发挥基层群众自治组织、各类社会组织和企事业单位的协同作用"。《黑龙江省国民经济和社会发展第十四个五年规划和二〇三五年远景目标纲要》再次提出，强化基层社会治理根基是"十四五"期间构建新型基层社会治理格局的重要任务。近年来，黑龙江致力于通过优化权责清单制度，完善党组织领导、村（居）委会主导、广大人民群众积极参与的基层社会治理架构，从而不断巩固基层社会治理基础。

自 2021 年起，黑龙江全面推动实施乡镇（街道）职责清单制度，旨在

解决县（市、区）及乡镇（街道）两级职责界定模糊、权责不清的问题，进而优化和提升乡镇（街道）的管理体制。职责清单的建立形成了"倒逼"式的考核方式，使得部门职责履行情况由人民群众来进行评估。各地在此基础上，将上下联动制度与考核评价制度有机结合，根据任务完成情况对相关部门进行评价打分，并将之纳入年终考核以及二级班子考核，从而构成推动部门履职的有力措施。

黑龙江致力于构建乡镇（街道）职责清单，优化权责清单制度，巩固基层社会治理根基，此举对于塑造基层社会治理新格局、持续完善现代化社会治理体系、促进黑龙江社会繁荣和民生改善具有深远影响。

（二）完善社区管理和服务机制，提升基层服务水平

构建基层社会治理新格局的关键在于优化社区管理和服务机制。"十四五"规划提出，强化社区管理和服务机制需推动治理和服务重心向下转移，促进资源向基层下沉，提升城乡社区的精准化、精细化服务管理能力。近年来，黑龙江积极致力于推动管理服务资源向基层倾斜，加速城乡社区综合服务设施建设，持续在构建基础平台上发力。

为提升城乡社区的综合服务能力，黑龙江大力推进社区服务设施的建设工作。目前，城市社区的综合服务设施已经实现了全覆盖，为城市居民提供了更加便捷、更加高效的服务。同时，农村社区的综合服务设施覆盖率也已经达到76.5%，①极大地改善了农村居民的生活条件，提升了生活品质。

（三）引导社会力量参与基层治理，形成共治共享新格局

2021年印发的《中共中央 国务院关于加强基层治理体系和治理能力现代化建设的意见》明确提出，鼓励社区服务机构与市场主体、社会力量

---

① 《龙江民政这十年·基层政权建设和社区治理篇》，https：//mp. weixin. qq. com/s？_ _ biz =
MzIwNDQ0MDE1Mw = = &mid = 2247525150&idx = 1&sn = 15cc7beb794cab1cc0669fca3013b455
&chksm = 96c23428a1b5bd3e5dee8fde955e69e28e7434eb89f5208c815aeb319a116d858fcdb97da90
8&scene = 27。

开展合作。黑龙江积极推进社区社会组织的高质量发展，畅通并规范社会工作者和志愿者参与社会治理的渠道，引导社会力量投身基层治理。

近年来，黑龙江推动社区社会组织实现集约化、服务专业化、平台标准化，首先，引入 8 所高校社会组织以及社会建设基地的专家，对全省 14 个试点县进行指导，在此基础上，逐步构建起全省统一规划、市级指导推动、县级组织实施、社区培育孵化、高校智库支持的发展新格局[①]；其次，黑龙江积极引导社会工作者和志愿者参与社会治理，如双鸭山市红旗村社会工作服务中心为当地困难学生和广大群众提供了优质的社工服务，宝山区"七彩志愿服务队"426 名国企退休党员发挥老党员优势，推动当地基层治理取得新成效[②]。总之，黑龙江积极引导社会力量参与基层社会治理，构建起基层社会治理新格局，助力东北全面振兴发展。

三　持续推进市域社会治理现代化，提升社会治理效能

《东北振兴"十三五"规划》提出了加强和改善社会治理的任务，而市域社会治理是国家治理与基层治理的重要纽带。党的二十大报告强调，要"加快推进市域社会治理现代化，提高市域社会治理能力"。黑龙江通过强化顶层项目规划、实施"网格化+数字化"管理、推进"五治"有机整合等途径，推进市域社会治理现代化的实践探索。

（一）强化顶层项目规划，科学谋划市域治理现代化

2020 年，黑龙江全力推进市域社会治理现代化试点工作，结合实际情况，对市域社会治理现代化工作进行了全面、细致的规划，确保工作的有序

[①] 《黑龙江省加快推进社区社会组织高质量发展——社区"微力量"撬动基层"大治理"》，https://www.mca.gov.cn/n152/n166/c42723/content.html。
[②] 《【地方民政创新亮点】双鸭山：聚焦服务提升　按需培育发展引导社会组织积极参与基层治理》，https://gongyi.sohu.com/a/644060138_121106822。

进行。哈尔滨市以项目化方式推进市域社会治理现代化，依据中央政法委提出的关于市域社会治理的三大板块 88 项基本要求，出台了《哈尔滨市全国市域社会治理现代化试点工作实施方案》，保证市域社会治理现代化任务的顺利推进；黑河市将社会治理纳入本地"十四五"规划，针对 11 个试点项目分别成立专项推进工作组，对 76 个乡镇（街道）统一配备政法委员，负责落实社会治理等工作，①对社会治理工作进行合理布局。全省各地结合实际举措为黑龙江市域社会治理现代化提供了经验指导，构建了实施框架，从战略规划层面健全与完善现代化社会治理体系。

（二）实施"网格化+数字化"管理，提升治理精准度

黑龙江深入贯彻落实《全国市域社会治理现代化试点工作指引》的要求，坚定不移地推进网格化服务管理，紧跟"十四五"规划的战略指引，以数字化手段推动城乡发展和治理模式创新，不断增强社会治理的科学性和精准性。通过将网格化与数字化相结合，黑龙江提升了治理效能，有力地推动了市域社会治理现代化进程。黑河市已制定并实施了《关于加强城乡社区网格化服务管理的意见》，明确了 33 项具体任务，并积极督导推动工作落实。在此基础上，依托市县乡综治中心以及村（社区）综合服务平台，构建了四级网格化服务管理机构。重新划分和编码后的网格详细信息，已上传至"智慧城市"网格化信息平台，实现了市域网格行政区划的全覆盖;②大庆市引领创新行动，以"网格化+数字化"为策略；鸡西市打造"鸡冠红经纬"工程；佳木斯富锦市则构建"全域覆盖、纵向贯通、横向融通、一体联动"的网格化服务管理新模式。

黑龙江市域社会治理现代化实践，充满创新精神，充分展现了其在治理模式方面的主动性和创造力，为市域社会治理现代化描绘出一幅独具特色的画卷。

---

① 《回应民之所盼　夯实发展之基　打造平安善治边城——我市推进市域社会治理现代化建设更高水平的平安黑河》，《黑河日报》2023 年 9 月 14 日。
② 《回应民之所盼　夯实发展之基　打造平安善治边城——我市推进市域社会治理现代化建设更高水平的平安黑河》，《黑河日报》2023 年 9 月 14 日。

（三）推进"五治"有机整合，全面优化社会治理方式

推动市域社会治理现代化的关键在于"五治"结合，"五治"即法治保障、政治引领、德治教化、智治支撑以及自治强基。黑龙江在试点区域全面实施"五治"融合，以优化社会治理方式。

在法治保障方面，齐齐哈尔市认真学习并运用新时代"枫桥经验"，让"三官一律"进网格成为农村群众法律咨询与服务的代言，形成全社会依法调解矛盾纠纷的浓厚氛围；① 在政治引领方面，哈尔滨市阿城区开展"五个五"党建创建活动，坚持人在哪里、党员在哪里、基层党的建设就推进到哪里；② 在德治教化方面，黑河市启动"黑河市首届见义勇为先进分子"评选，深入开展"道德模范""最美人物"等评选表彰活动，积极引导群众明是非、辨善恶；在智治支撑方面，哈尔滨市平房区打造"智慧城市运营中心"，目前在平房区实现全域应急指挥、政务服务、城市态势、惠民服务、企业服务等五大类 19 个系统、1400 多万条数据的共享开发与汇集融合；③ 在自治强基方面，哈尔滨市打造了具有市域特色的"网格书记+网格长+网格员+志愿者"等四级基层管理模式，引导百姓依法自治。

黑龙江积极推进"五治"融合，旨在全面提升社会治理效能，从而促进全省现代化社会治理体系的完善。这一举措不仅强化了政府的管理职能，而且更好地保障了人民群众的切身利益，为实现全省的社会稳定和谐发展奠定了坚实基础，为实现东北全面振兴做出了贡献。

---

① 《「龙江政法实践」"枫桥经验"结硕果 五治融合谱新篇》，https：//baijiahao. baidu. com/s？id＝1771270404834268342&wfr＝spider&for＝pc。
② 《【市域治理哈尔滨之路】阿城区聚焦"五治"联动，探索市域社会治理新途径》，https：//mp. weixin. qq. com/s？＿＿biz＝MzUxNDgwMzMzNw＝＝&mid＝2247560310&idx＝2&sn＝6ce9fcda48397632a80d22c320ccbb55&chksm＝f943ff90ce3476866109bb63591f79b92742d04e07f07062fc351543c4cd127770643130e908&scene＝27。
③ 《回应民之所盼 夯实发展之基 打造平安善治边城——我市推进市域社会治理现代化建设更高水平的平安黑河》，《黑河日报》2023 年 9 月 14 日。

社会调查篇 ⧁

B.5
2023~2024年黑龙江省社会形势公众调查报告

田 雨*

摘 要： 2023年底，黑龙江省社会科学院对全省公众发放千余份问卷，对这一年来的社会形势进行评价。从问卷调查结果来看，一是五大主观指标呈现社会心态动态变化：社会公平感稳步提升，财富收入与城乡差异最受关注；社会安全感保持平稳，"个人信息与隐私安全"得分最高；社会信任感有待提升，社会力量发挥较大作用；社会包容度保持稳定，群体间包容程度趋平；社会形势信心度依旧乐观，对民生发展评价积极。二是两类民生评价展现公众生活图景：家庭经济压力小幅增加，医疗与教育支出占比较高；生活满意度尚存提升空间，经济与民生发展社会信心十足。三是三个期待热点聚焦龙江振兴发展方向：政府工作满意度总体较高，实施创新驱动发展战略最受认可；看病难/贵、就业、养老保障三大民生问题最受关注；公众对科技创新推动产业创新最有信心，对发

---

* 田雨，浙江树人学院研究员，研究方向农村社会学、社会政策与社会保障。

展普惠托育教育最具期待。

关键词： 社会心态　公众调查　黑龙江省

为全面了解 2023 年黑龙江省公众生活情况和社会态度，以及对当前政府工作和社会问题的看法，黑龙江省社会科学院于 2024 年 7 月向全省各级地市发放调查问卷。问卷主要依据全省各地区经济社会发展的主要指标，按照多阶段分层抽样原则发放，共获得有效问卷 1191 份。被访者为近一年在黑龙江省内工作或居住在黑龙江省的居民，其中在性别分布上，男性占 29.81%，女性占 70.19%；在户籍分布上，"农业户口"的占 19.73%，"非农业户口"的占 79.43%，"其他"占 0.84%。调查结果主要反映公众对 2023 年黑龙江省社会形势发展的评价、对政府工作的总体评价以及公众社会心态的总体走向。

一　五大主观指标呈现社会心态动态变化

（一）社会公平感稳步提升，财富收入与城乡差异最受关注

2023 年，黑龙江省公众社会公平感得分为 63.6 分，相较于 2022 年整体社会公平状况评价提升了 10.3 分，提升显著。参照历年省情调查数据，2014~2023 年，黑龙江省总体社会公平感得分为 52.5 分（不含 2020 年数据），2023 年公众社会公平感较大幅度高出平均水平，向好趋势明显（见图 1）。

从具体维度来看，"财富及收入分配""城乡之间的权利、待遇""工作与就业机会"领域涉及的社会公平感得分最高，排在前三位（见图 2）。这一调查结果与往年大有不同，近年来党中央和地方政府在促进社会资源二次分配、消除两极分化方面出台了一系列政策，普遍提高了人民群众的收入水平，不仅消除了绝对贫困，还为实现共同富裕打下了坚实的基础，这从公众主观态度感受上有明显呈现。

图1　2014~2023年整体社会公平感评价

注：图中不包含2020年数据。

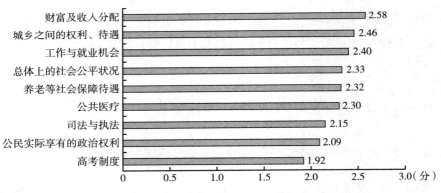

图2　2023年公众对社会公平感的分项评价（满分5分）

（二）社会安全感保持平稳，"个人信息与隐私安全"得分最高

作为衡量社会运行质量和公众生活质量的重要主观指标之一，社会安全感在历年的社会心态研究中都发挥着巨大的作用，社会安全感不仅是公众社会权益得到保障所带来的心理体验，还是公众生活幸福感的重要影响因素，它涉及人身安全、财产安全、个人信息与隐私安全等主观维度，同时也包括交通安全、劳动安全、医疗安全、药品安全、食品安全等客观社会因素。数据显示，2023年黑龙江总体社会安全得分为53.0分，与2022年基本持平（55.3分）。从10年

数据纵向来看，黑龙江省社会安全感总体水平较高，近两年来虽略有回落，但依旧保持在历史平均水平之上（见图3）。此外，在具体维度中，"个人信息与隐私安全"领域的社会安全感得分最高（见图4），随着信息社会的发展，个体对于隐私保护的关注度越来越高，个体生活的互联网化和安全防范意识的滞后化之间的张力反映了公众在该领域较高的社会心理需求，同时也说明该领域在现在的社会阶段处于较大的变化之中，这值得我们去关注。另外，"食品安全"和"药品安全"两个领域分列第二和第三位，体现出了黑龙江省较高的社会公共领域治理水平，在重要的民生领域给予了公众较高的安全保障。

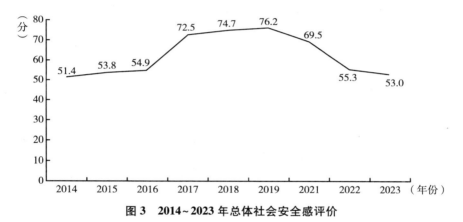

图3　2014~2023年总体社会安全感评价

注：图中不包含2020年数据。

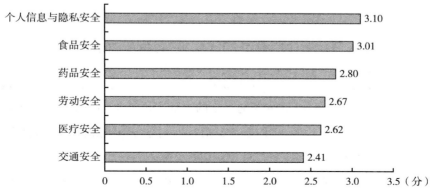

图4　2023年公众对部分社会安全感的分项评价（满分5分）

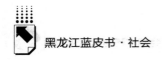
（三）社会信任感有待提升，社会力量发挥较大作用

社会信任感作为公众对于各类组织的信任程度评价指标，是组织绩效的重要参考维度，它反映了公众在和该组织互动的过程中，个体利益得到了保障且获得了较大收益。对于"您信任下列机构吗?"这一题目，公众总体评分为 2.92 分（满分 6 分），可见 2023 年黑龙江省的社会信任感整体处于中等水平，还存在一定的提升空间。从具体维度来看（见图 5），虽然各分项评分相差不大，但社会组织、新闻媒体、金融机构评分都有明显提升。这体现出社会力量在提升公众社会信任感方面发挥了较大作用。

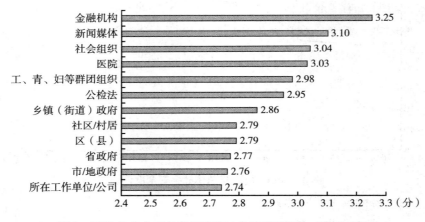

图 5 2023 年公众对各类组织的社会信任感评价（满分 6 分）

（四）社会包容度保持稳定，群体间包容程度趋平

2023 年，黑龙江省社会科学院继续对黑龙江省的公众社会包容度进行了测评，通过对社会特殊群体接纳程度的测评，展现不同群体间享受资源程度差异，是社会共同进步的重要主观指标。对于"就您的个人信念来看，您是否能够接纳以下群体"一题，总体评分为 2.77 分（满分 5 分）。整体社会包容度与上年基本持平，保持稳定。此外，对于"艾滋病患者"的社会包容度最高，"有不同宗教信仰者"的社会包容度最低，这一排名情况与

上年基本一致（见图6）。随着全省科学知识普及工作的全面展开，全民素质得以大幅提高，公众对于特殊群体的认知边界不断拓展，对于不同群体的"特殊性"认知有所下降，包容性有所上升。

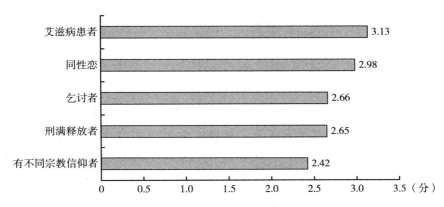

图6 2023年公众对部分群体的社会包容度评价（满分5分）

（五）社会形势信心度依旧乐观，对民生发展评价积极

每一年，项目调查人员都会询问公众对于这一年社会总体情况的评价。调查数据显示，公众在"与2022年相比，您对2023年社会的总体情况评价"这一问题的回答中，选择"没多大变化"的受访者占比为50.13%，选择"变好了"的受访者占比为26.87%，选择"变差了"的受访者占比为12.68%，选择"说不清"的受访者占比为10.33%。可见，2023年黑龙江省社会总体状况的公众评价依旧保持乐观。公众普遍对过去一年全省的社会经济发展状况评价较为积极。

另外，公众对于2024年黑龙江省的民生发展有较大信心。调查数据显示，在公众对"您认为2024年黑龙江省社会发展形势将会怎样变化？"一题的回答中，选择"越来越好"的受访者占比为44.75%，选择"没多大变化"的受访者占比为31.32%，选择"说不清"的受访者占比为15.95%，选择"越来越差"的受访者占比为7.98%。

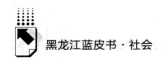

二 两类民生评价展现公众生活图景

（一）家庭经济压力小幅增加，医疗与教育支出占比较高

为了进一步了解黑龙江省公众 2023 年的生活状况，项目组构建了家庭经济压力指标体系，对相关数据进行了采集，并对全省经济领域发展的公众期待进行了征询。家庭经济压力指的是家庭成员收入与支出的平衡状态，以及由家庭财务状况带来的家庭生活水平变化的程度，以期反映公众这一年的整体家庭生活水平变化。家庭的收支状况不平衡，家庭所需要的开支大于收入或是家庭的开支超出了预期，造成家庭财务状况不佳的情况会导致家庭生活水平下降，对家庭成员的生活造成影响，如影响健康、学习、工作等。

总体来看，2023 年家庭经济压力总体上行，公众普遍认为经济压力有所增加。调查数据显示，2023 年公众的经济压力有小幅增长，全省 60.29% 的公众感到家庭经济压力"越来越大"（2022 年为 57.60%），31.65% 的公众认为与 2022 年相比家庭经济压力"没多大变化"，认为 2023 年家庭经济压力"越来越小"的占比仅为 3.44%，而 4.62% 的受访者选择了"说不清"（见图 7）。

关于带来家庭消费压力的主要家庭支出，项目组设计了 10 个题项，计算量表的总体评分为 3.02 分（满分 5 分）。统计结果显示，得分较高的题项包括："医疗支出"（3.33 分）、"教育支出"（3.30 分）、"食品支出"（3.18 分）。得分较低的题项包括："家庭设备、用品及服务"（2.95 分）、"住房支出"（2.95 分）、"赡养及赠与支出"（2.85 分）、"文化休闲娱乐支出"（2.68 分）。

与 2022 年基本一致的是，公众医疗和教育方面的支出压力依旧是各项经济支出中占比较大的。受房价下跌的影响，2023 年住房支出下降到第七位。另外，服装支出上升到第五位，其他支出项目排位变化不大

（见图8、表1）。2023年公众在健康领域和家庭教育领域承压较大，相应经济支出有所提升，而住房市场的总体下行趋势降低了公众对应的支出压力。

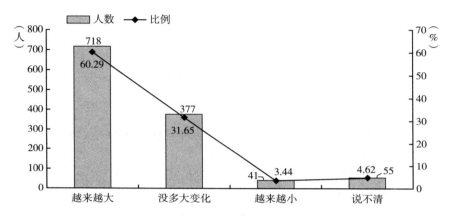

图7　2023年公众家庭经济压力情况

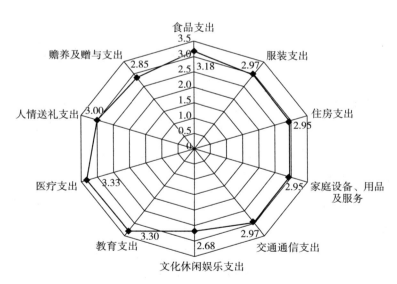

图8　2023年公众家庭支出压力分布（满分5分）

表1   2022~2023年公众家庭支出压力排名

类别	2022年	2023年	类别	2022年	2023年
医疗支出	1	1	家庭设备、用品及服务	6	8
教育支出	2	2	赡养及赠与支出	7	9
住房支出	3	7	交通通信支出	8	6
食品支出	4	3	服装支出	9	5
人情送礼支出	5	4	文化休闲娱乐支出	10	10

（二）生活满意度尚存提升空间，经济与民生发展社会信心十足

生活满意度是指一个人对自己的生活综合感受的程度，包含对生活中不同方面的满意度，如个人健康、人际关系、工作、经济和居住环境等。生活满意度是一个主观概念，不同的人会有不同的观念和评价。通常生活满意度越高，表示个人对自己所处的环境和生活状况越满意，感受到的快乐和幸福感也会相应增强。

调查数据显示，公众对2023年生活的满意度，选择"没多大变化"的受访者占比为52.64%（2022年为47.51%），选择"变高了"的受访者占比为21.58%（2022年为25.7%），选择"变低了"的受访者占比为19.14%（2022年为20.1%），选择"说不清"的受访者占比为6.63%。民生建设需要用制度化的方式对公共资源进行再分配，合理的民生政策和经济政策有利于提高公众的个体经济水平，从而减少经济方面造成的社会影响（见图9）。

另外，公众对黑龙江省未来经济发展领域和居民生活水平领域的社会期待处于较高水平，多数公众保持积极乐观的心态，并对未来充满信心。调查数据显示，对于全省经济领域的发展态势，选择"越来越好"的受访者占比为46.43%，选择"没多大变化"的受访者占比为29.97%，选择"说不清"的受访者占比为16.04%，选择"越来越差"的受访者占比为7.56%。

与此同时，当问到"2024年黑龙江省居民生活水平将会怎样变化?"时，调查结果显示，占比最高的为"略有上升"，有31.40%。同时，选择"没有

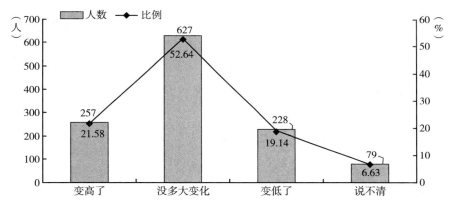

图9 2023年公众生活满意度情况

变化"和"上升很多"的受访者也较多,分别占23.34%和18.98%。相对而言,选择"下降很多"的受访者占比较低,仅为4.20%。选择"说不清"的受访者占比为22.08%。

三 三个期待热点聚焦龙江振兴发展方向

2023年是东北振兴战略实施20周年,推动东北全面振兴面临新的重大机遇。东北振兴战略实施以来,黑龙江省牢牢把握其在国家发展全局中的战略地位,贯彻落实国家系列政策,经济发展不断应变局、开新局,在做好国家粮食安全压舱石、深化体制机制改革、调整产业结构、推动老工业基地转型升级等方面取得了卓越成效。在东北振兴视域下,黑龙江省经济发展呈现稳中有进、整体向好的发展态势,但体制性、结构性问题依然突出,体制机制问题尚未解决,黑龙江省经济振兴发展仍然任重道远。

为了呼应这一时间节点,本报告从2023年政府工作满意度、民生关注热点、龙江振兴期待三个方面来了解公众未来对政府工作的关注热点和期待方向,进而更加深入地了解民意所向,明确龙江振兴的着力点。

（一）政府工作满意度总体较高，实施创新驱动发展战略最受认可

与 2022 年相比，公众对黑龙江省政府工作的整体满意度更高。对 2023 年政府工作的满意度是：选择"没多大变化"的受访者占比为 45.84%，选择"越来越高"的受访者占比为 34.59%，选择"说不清"的受访者占比为 12.93%，选择"越来越低"的受访者占比为 6.63%（见图 10）。

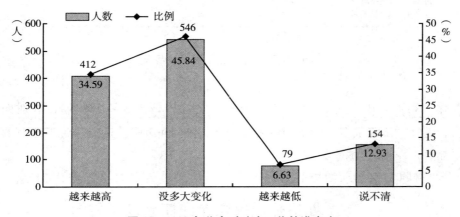

图 10　2023 年公众对政府工作的满意度

从具体分项来看，2023 年政府工作中满意度最高的为"加快实施创新驱动发展战略"，其次分别为"大力实施扩大内需战略"和"持续深化重点领域和关键环节改革"，这三个领域的政府工作深入民心、效果显著，满意度排名为前三位（见图 11）。

2023 年，黑龙江省深刻把握唯创新者进、唯创新者强、唯创新者胜的实践内涵。2023 年 8 月，黑龙江省委、省政府印发了《关于新时代加快推动创新龙江建设的意见》，省委办公厅、省政府办公厅发布了《新时代龙江创新发展 60 条》，是对近年来国家和黑龙江省一系列支持产业创新重大政策文件的再集成、再延伸、再突破，构建了上下衔接、前后贯通的政策体系，将创新驱动高质量发展的核心要求落实到推动产业创新的具体举措中。2003 年 3 月，国家提出东北振兴战略，高度重视东北地区的发展。20 多年来，在"振兴东

北"的强烈号召下，黑龙江省的发展取得明显成效和阶段性成果。在东北全面振兴的政策方针下，经济发展水平依然是制约公众满意度和幸福感提升的主要因素。扩大内需、深化改革、招商引资也是黑龙江省最重视的工作。

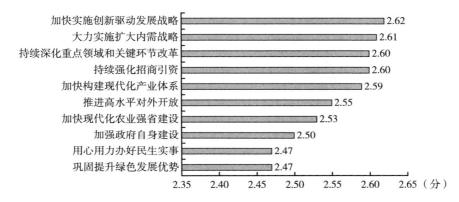

图 11　2023 年公众对政府各项重点工作的满意度（满分 5 分）

（二）看病难/贵、就业、养老保障三大民生问题最受关注

民生问题是指与人民群众生活密切相关的热点难点问题，包括教育、医疗、住房、就业、社会保障、环境保护、社会治安等方面。民生问题涉及人民群众的根本利益和基本生活需求，直接关系到国家的社会稳定和可持续发展。解决民生问题是政府的重要职责之一，也是党和政府的工作重点，是公众幸福感提升的主要影响因素。

2023 年，公众认为黑龙江省前三位的民生问题是"看病难/看病贵""就业失业""养老保障"，选择率分别为 60.79%、48.87%、32.41%（见图 12）。值得注意的是，"养老保障"首次位列前三，可见 2023 年公众对养老这一民生大事给予了更多关注。黑龙江省作为全国最早进入城市化发展快车道的省份，城市化率高、人口外流较多等问题一直给养老带来负担，是全国养老保险负担最为严重的省份。随着老龄化程度的加深，养老问题必将成为未来黑龙江省的重要民生问题。

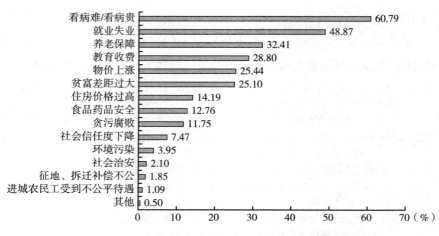

看病难/看病贵　60.79
就业失业　48.87
养老保障　32.41
教育收费　28.80
物价上涨　25.44
贫富差距过大　25.10
住房价格过高　14.19
食品药品安全　12.76
贪污腐败　11.75
社会信任度下降　7.47
环境污染　3.95
社会治安　2.10
征地、拆迁补偿不公　1.85
进城农民工受到不公平待遇　1.09
其他　0.50

图 12　2023 年公众认为黑龙江省突出的民生问题

（三）公众对科技创新推动产业创新最有信心，对发展普惠托育教育最具期待

东北振兴战略实施 20 多年来，公众对这一战略的内容和效果都有切身体会。当问到您对东北振兴战略的了解程度时，选择"比较了解"的受访者占比为 37.03%，选择"不大了解"的受访者占比为 33.59%，选择"不了解"的受访者占比为 16.62%，选择"非常了解"的受访者占比为 12.76%（见图 13）。可见，东北振兴战略的公众普及率很高。

为了进一步深入了解公众对政府未来工作的期待和关注方向，我们询问了其对具体重点工作的"信心度"和"期待值"。调查数据显示，对黑龙江省做好重点工作的信心程度的总体评分为 2.41 分（满分 5 分）。可见，整体社会信心度较高。在五项具体工作中，得分最高的是"以科技创新推动产业创新，加快构建具有龙江特色优势的现代化产业体系"（见图 14）。上文 2023 年公众对政府各项重点工作的满意度评价中，对"加快实施创新驱动发展战略"的评价也较高。可见，2023 年政府在创新发展方面的各项举措取得了良好效果，也让社会信心度大幅提升。

当问到"在以人口高质量发展支撑龙江全面振兴方面，您对下列工作

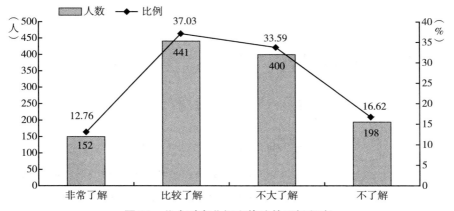

图 13　公众对东北振兴战略的了解程度

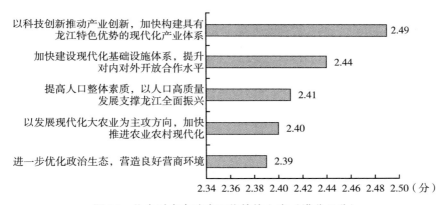

图 14　公众对未来政府工作的信心度（满分 5 分）

的期待程度"时，总体评分为 1.84 分（满分 5 分）。从四项工作来看，得分最高的为"大力发展普惠托育服务，减轻家庭生育养育教育负担"，"加快边境地区基础设施的规划布局建设，帮助县城和小城镇提升产业承载能力和人口聚集能力"得分次之。随后是"大力发展基础教育，加大对高校办学支持力度，提升全民特别是年轻人受教育水平"，相对而言得分最低的为"加大人才振兴的政策支持力度，留住人才、引进人才"（见图 15）。公众对于缓解生育养育负担的关注和期待也为政府未来的工作重点明确了着力方向。

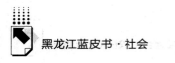

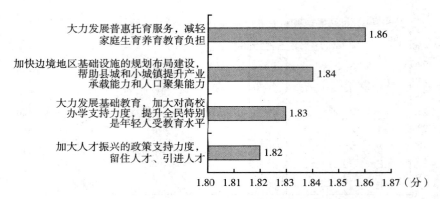

图15　公众对未来政府工作的期待（满分5分）

B.6
2023~2024年黑龙江省社会形势专家调查报告

刘明明*

摘　要： 专家对2023年黑龙江省社会发展的满意度及2024年向好预期分别为65.2%和50.5%，较上一年略有波动。在社会民生方面，社会保障总体满意度小幅下降，肯定与期待并存；经济预期向好，民生预期信心有所恢复；宏观形势影响社会民生观感，就业成为核心关注。在社会心态方面，社会公平感总体评价波动下降，共同富裕之路任重道远；社会信任感中工具理性逐渐凸显，机构信任感分化比较明显；社会安全感中传统安全领域最受认可，隐私安全的评价持续下降。在发展环境方面，专家从三个领域进行了评价，在五类发展环境中，"政务环境"受到肯定，"市场环境"最受期待；政务服务分项评价差别较小，服务主体评价梯级递减；在年度重点工作评价中，"农业"与"生态"最具信心，"产业"与"人才"最受期待。

关键词： 社会民生　社会心态　黑龙江省

2023年是全面贯彻党的二十大精神的开局之年，黑龙江省社会发展形势稳中向好，社会治理体系和治理能力现代化稳步提升。在经济下行压力依然较大的情况下，黑龙江省委、省政府深入学习贯彻党的二十大精神，全面

---

* 刘明明，黑龙江省社会科学院社会学研究所助理研究员，研究方向为城市社会学与历史社会学。

贯彻新发展理念，认真落实黑龙江省第十三次党代会确定的经济发展与社会稳定要求，持续推进社会事业发展，实现经济发展稳中提质、民生服务保障有力、社会发展不断进步。为更精准地把握2024年黑龙江省社会发展形势，本报告随机抽取了人文社会科学相关领域的专家，就2023~2024年黑龙江省社会形势进行了评价与预测。

本次调查以黑龙江省内各高校及科研院所的人文社会科学领域副高级职称及以上的专家为抽样框，随机抽取了101名专家进行了在线调查，回收问卷101份，有效率为100%。受访专家的构成如下，从性别构成来看，男女性别比为1∶1，性别分布衡；从年龄结构来看，以36~59岁的中青年专家为主，占90.1%，35岁及以下和60岁及以上年龄者分别占5.9%和4.0%；从政治面貌来看，中共党员占比为73.2%，占绝大多数，其余分别为群众（16.8%）、民主党派人士（5.9%）、无党派人士（3.0%）和共青团员（1.0%）；从职称结构来看，正高职和副高职占比分别为28.7%和65.4%，其他占比为5.9%；从学科领域来看，社会科学领域的专家占绝大多数，为66.3%，人文科学领域的专家占比为26.8%，另有7名自然科学领域的专家也参与了调查。

此次调查延续了往年的模块设置，分为"社会态度与评价""发展环境评价""党风廉政建设"三个核心模块，其中"党风廉政建设"的相关调查结果会在专题报告中呈现。从总体上看，专家对2023年黑龙江省社会发展的总体满意度为65.2%，较2022年小幅下降1.3个百分点；认为2024年黑龙江省社会发展会"越来越好"的比例为50.5%，较2023年提升4.3个百分点；认为2024年黑龙江省经济发展会"越来越好"的比例为43.6%，较2023年提升6.8个百分点。

一 社会民生：三个方面呈现发展预期

民生是社会建设领域的核心议题。下文聚焦社会民生领域的三个方面，从专家的视角呈现黑龙江省民生事业的发展评价及发展预期。

（一）社会保障：总体满意度小幅下降，肯定与期待并存

在迈向共同富裕的新发展阶段，需要将推动经济高质量发展与促进全体人民共同富裕相统一，把保障和改善民生的尽力而为和量力而行相统一，把构建覆盖全生命周期的社会福利体系建设的紧迫性与可持续性相统一。2023年，黑龙江省经济增长压力依然较大，社会保障事业虽然有困难，但依旧有所进步，各项工作取得了一定进展。调查数据显示，受访专家对2023年全省社会保障的总体满意度为66.9%，较2022年小幅下降0.7个百分点，在经济下行压力加大的情况下，肯定与期待并存。

与此同时，受访专家就2023年黑龙江省养老保障、医疗保障、就业保障、城乡最低生活保障以及基本住房保障五个方面的实施效果也进行了分项评价，其中1分表示"非常不满意"，10分表示"非常满意"。统计结果显示，专家对2023年黑龙江省养老保障、医疗保障、就业保障、城乡最低生活保障四项的评价较2022年均有小幅下降，降幅在0.1~0.3分不等；住房保障的评价较2022年提升0.3分（见图1）。具体来看，在2023年社会保障五个方面的评价中，养老保障和医疗保障的得分均为6.8分，说明专家对践行以人民为中心的发展思想仍有较高期待，突出抓好"老有所养""病有所医"等民生工程，解决好人民群众最关心的问题并精准提供基本公共服务任重道远，需要在高质量发展中让群众切实感受到经济发展的质量和民生改善的温度；城乡最低生活保障的得分较2022年下降0.2分，表明受访专家对如何用改革的办法推进社会保障体系可持续发展，更好地发挥社会保障再分配功能和为人民生活托底作用仍有较高期盼，如何更好地兜住兜牢民生底线，推动全体人民共同富裕取得更为明显的实质性进展需要持续发力；就业保障的得分较2022年下降0.1分，如何继续坚持把就业作为经济社会发展的优先目标，推动财政、社保、产业等政策聚力支持稳就业，支持市场主体稳岗扩岗，仍然是专家普遍关注的重点领域；基本住房保障的得分提升0.3分，除了房价整体下行的因素外，也说明受访专家对黑龙江省持续完善住房保障体系，通过新建改建、调整闲置等方式积极筹集房源，加快发展保

障性租赁住房工作的肯定，在解决好新市民、青年人等住房困难群体的住房问题上的成效比较明显。

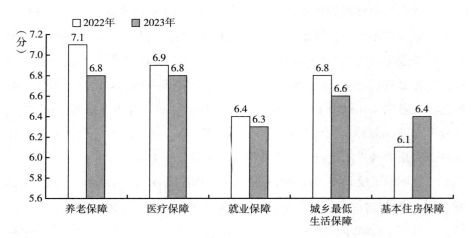

图1　2022~2023年专家对黑龙江省社会保障五个方面的评价

（二）居民生活：经济预期向好，民生预期信心有所恢复

2023年，面对"十四五"的艰巨任务，全省上下在省委、省政府坚强领导下，勠力同心，顽强拼搏，各项社会事业取得新的重大进展，但面对复杂严峻的国际形势和诸多不确定性因素，黑龙江省在社会发展中仍然面临诸多困难和挑战。调查数据显示，受访专家认为2024年黑龙江省经济发展会"越来越好"的比例为43.6%，较2023年提升6.8个百分点；认为"没多大变化"的比例为35.6%，较2023年提升0.7个百分点；而认为"越来越差"的比例则为6.9%，较2023年大幅下降9.1个百分点；另有13.9%的受访专家填答了"不清楚"。2023年，黑龙江省经济形势持续稳定恢复，高质量发展动力不断增强，受访专家的评价表明对经济发展稳中求进、持续向好的预期较强，但我们也要清醒地看到，在复杂严峻的宏观形势下，受大环境的影响，不确定、不稳定因素仍然较多，一些矛盾和困难依然存在，经济运行仍面临持续显现的需求收缩、供给冲击的压力。

保持经济社会持续向好发展，是推进社会发展的基础，高效解决群众所急所需所盼、高水平推进社会建设离不开经济的高质量发展。2023 年，黑龙江省经济稳中求进的成绩有目共睹，经济形势变动的预期对居民生活水平预期的影响较为明显。调查数据显示，受访专家认为 2023 年黑龙江省居民生活水平会"上升很多"和"略有上升"比例合计为 47.2%，较 2023 年上升 1.0 个百分点，认为会"略有下降"和"下降很多"的比例合计为 18.8%，较 2023 年下降 0.6 个百分点，另有 34.0% 的受访专家认为"没有变化"，以上数据表明受访专家对 2024 年黑龙江省民生水平持审慎乐观的态度，发展信心有所恢复。

（三）社会问题：宏观形势影响社会民生观感，就业成为核心关注

在党的二十大报告中，习近平总书记指出，逆全球化思潮抬头，单边主义、保护主义明显上升，世界经济复苏乏力，局部冲突和动荡频发，全球性问题加剧，世界进入新的动荡变革期。我国发展进入战略机遇和风险挑战并存、不确定性因素增多的时期。经济是镶嵌在社会中的存在，经济发展也是社会建设的基础，当经济发展存在一定问题时，这些问题也会以一定的形式外溢到社会层面，对社会建设乃至社会稳定构成威胁。所以，尽管黑龙江省经济持续稳定恢复，发展动力不断增强，但我们也要清醒地看到，在复杂严峻的宏观形势下，一些矛盾和困难依然存在。调查数据显示，在 13 个社会问题中，受访专家认为当前省内最严重的三个问题为"就业失业""看病难、看病贵""养老保障"（见图 2），其中前两项的问题指数超过 50%。"就业失业"连续三年排名前三，并于本次跃升首位；"看病难、看病贵"这一社会问题已经在系列调查中连续 9 年排名前三。

2023 年，全省就业总量压力和结构矛盾并存，2024 年，稳就业保就业工作仍需付出艰苦努力。一方面，全省就业总体压力依然较大，劳动力供给量仍处于高位，叠加连续增长的毕业生数量，给就业带来较大压力；另一方面，就业结构性矛盾仍然突出。目前，群众看病就医负担依然较重，医疗服

务能力相对于发达地区仍不够强，区域资源配置仍然不均衡，居民住院费用个人负担比例仍然偏高，特别是重大疾病医疗负担仍然较重，群众对首选在基层住院看病的认同感不强。黑龙江省已经进入中度老龄化社会，全社会对养老保险、医疗保障、养老服务和健康等需求大幅度增加，基本养老保险收支压力增大，卫生总费用和人均医疗费用攀升，空巢、高龄和失能老年人的生活照料和长期照护服务需求持续增加。

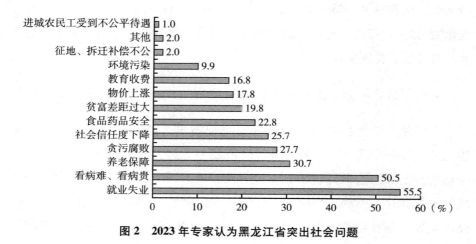

图 2　2023 年专家认为黑龙江省突出社会问题

此外，问题指数超过 20% 的还有"贪污腐败"、"社会信任度下降"和"食品药品安全"，疫情造成的负向社会观感并没有消散，收入分配问题、就业问题、社会保障可持续性问题等，都是我们必须面对和解决的难题，需要持续践行以人民为中心的发展思想，突出抓好民生工程，在教育、医疗、养老、食药安全等人民群众最关心的领域精准提供基本公共服务，让群众切实感受到经济发展的力度和民生改善的温度。

二　社会心态：三个视角聚焦发展体验

社会心态作为反映社会状况的"晴雨表"，是社会治理的核心要素，发挥着至关重要的社会凝聚作用。因此，无论是政府宏观决策部门还是关注社会变迁及问题的学术界，都对这一研究领域给予了高度重视。下文围绕发展成果的主观体验，通过社会心态相关指标对部分模块进行测量，从专家视角审视发展体验。

（一）社会公平感：总体评价波动下降，共同富裕之路任重道远

在社会进步过程中，公平分配社会资源对于实现社会和谐与稳定发展具有至关重要的意义。既有研究成果显示，当社会成员在主观上感受到不公平时，这种情感认知将对个体行为产生负面影响。因此，公平感在社会稳定层面具有重大参考价值。本报告选取了高考制度、公民实际享有的政治权利、司法与执法、公共医疗等八个指标对社会公平感进行了测评。调查数据显示，专家认为2023年黑龙江省社会的总体公平程度（"非常公平"与"比较公平"）为54.3%，较2022年下降8.3个百分点，呈持续下降态势（见图3）。妥善处理公平与发展之间的关系，对于实现社会和谐稳定以及保持经济可持续增长具有至关重要的作用。"效率与公平"是中国经济增长过程中最为关键的议题之一，也是区分机械式增长与内涵式发展的本质所在，它体现了结构与增长之间的协同。在一定历史时期，非平衡发展战略的选择成功地解决了阶段性发展受阻的问题，然而，时至今日，累积下来的问题已经使得矛盾日益凸显。为了寻求可持续的解决方案，我们需要在结构与增长的内生关系中进行探索。

从分项指标来看，在社会生活中分属分配公平（distributive justice）、程序公平（procedural justice）和互动公平（interactional justice）三个方面的八项指标中，专家认为较为公平且数值超过70.0%的三项指标分别为"高考制度""公共医疗""公民实际享有的政治权利"（见图4）。结合往年数据比较可知，"高考制度"与"公民实际享有的政治权利"两项的评价排名连续多年处于高位；"公共医疗"今年首次入围前三名，这从侧面反映出受访专家对2023年"健康龙江"建设的肯定。

相比较对前三名的肯定性评价，专家对于"财富及收入分配"、"城乡之间的权利、待遇"和"养老等社会保障待遇"三个方面的评价均低于

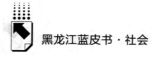
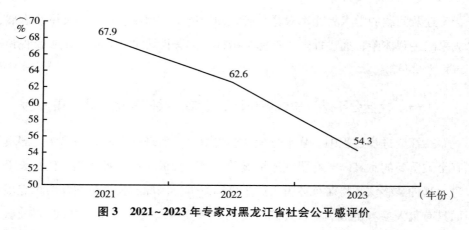

图3 2021~2023年专家对黑龙江省社会公平感评价

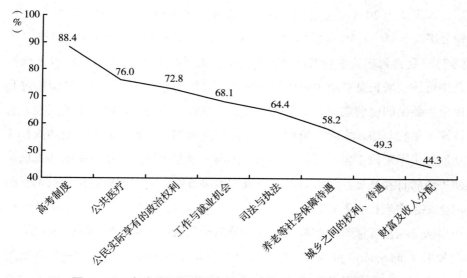

图4 2023年专家对黑龙江省公共领域社会公平感的分项评价

60.0%，收入分配对社会公平感具有显著影响，城乡融合则是实现共同富裕的关键环节。然而，近年来专家对这两类项目的评价普遍偏低，这意味着推进共同富裕的过程任重道远。"养老等社会保障待遇"的评价呈现持续走低的态势，说明专家对养老保险、医疗保障、养老服务和健康等社会需求的关注度较高，当前黑龙江省基本养老保险收支压力持续增大，卫生总费用和人均医疗费用攀升，空巢、高龄和失能老年人的生活照料和长期照护服务需求持续增加。但基本养老服务设施建设历史欠账多，多元化养老服务体系还不健全，养老产业发展还处于蓄势培育阶段，难以满足广大老年群体多样化、多层次养老的需求。

在对公共领域的评价进行探讨之外，本报告还对个体层面的社会不公平现象进行了调研。调查数据显示，"家庭背景及社会关系""受教育程度""职业"位居个体层面社会不公平现象的前三（见图5），与上年的调查结果基本一致，此类阶层特征导致的排斥现象，可能降低社会制度及政策的包容性，进而使部分群体与社会的制度和规范产生隔离与排斥。值得注意的是，感受到不公平的主体并不一定是"社会底层"。

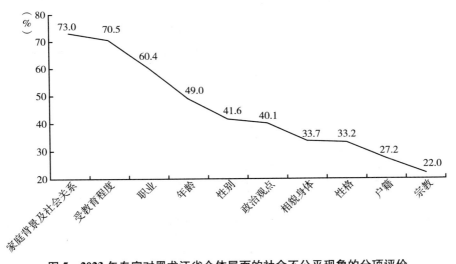

图5　2023年专家对黑龙江省个体层面的社会不公平现象的分项评价

（二）社会信任感：工具理性逐渐凸显，机构信任感分化较明显

社会信任感是人际交往的基石，同时也是衡量个人或社区社会资本的关键指标。社会信任在塑造和谐人际关系及维护稳定社会秩序方面具有至关重要的作用。调查数据显示，专家评估2023年黑龙江省社会的总体信任程度

为 57.8%，较 2022 年下降 5.4 个百分点。从长期趋势来看，近八年该指数评价呈波动下降态势。这一变化趋势反映了随着社会结构变迁及社会流动性增强，人际关系中的工具理性逐渐凸显，从而使认知性信任超过情感性信任。同时，数据的变动也说明，信任现象与现代社会劳动分工、角色分化的显著性以及角色期待的不确定性紧密相连。在涉及社会治理的具体领域时，应关注人际信任降低所产生的社会关系与社会系统摩擦，重视社会信任在整合社会及维持稳定方面的作用。

在社会信任研究领域，除人际信任之外，还包括个体对社会组织、官方机构等的信任。现代社会信任与传统亲缘信任存在显著差异，在协同治理过程中，唯有政府、社区、社会组织、媒体等多元主体之间相互信任，才能分享信息、共享资源。本报告选取了 12 个机构主体进行信任测量，调查数据显示，2023 年，专家对各类单位或组织的信任度评价为 64.5%，较 2022 年下降 4.7 个百分点，从信任指数的泛化标准来看，这一数据处于中等区间。分项来看，权力机构的信任度总体高于非权力机构（见图 6）。

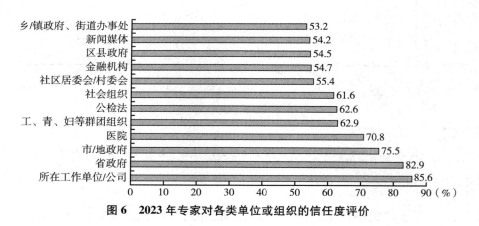

图 6　2023 年专家对各类单位或组织的信任度评价

通过观察具体类别排名，我们可以发现"政府"信任度呈现逐级递减的趋势，从"省级"到"乡/镇政府、街道办事处"，信任度逐渐降低。然而，"社区居委会/村委会"这一具有"半官方"性质的居民自治组织信任度却略高于"区县政府"和"乡/镇政府、街道办事处"。"公检法"这一公权力派出机构的信任度打破了连续七年处于较低区间的态势,首次超过60.0%。随着"法制龙江"建设的深入推进,我们需要正视当前社会信任度相对较低的问题,并采取有效措施加以改善。优化执法司法环境,提高执法司法公信力。一方面,强化执法司法队伍建设,提升执法人员素质,规范执法行为,保障人民群众在执法过程中感受到公平公正;另一方面,深化司法改革,提高司法效率,降低司法成本,让人民群众在每一个司法案件中感受到公平正义。通过加强法治宣传教育、优化执法司法环境以及发挥正式组织和社会监督等多方作用,不断提升社会信任度,为实现国家治理体系和治理能力现代化奠定坚实基础。在对非权力机构的信任度评价中,"工、青、妇等群团组织""医院""金融机构"的分化也较为明显,其中"金融机构"的信任度连续多年较低。

(三)社会安全感:传统安全领域最受认可,隐私安全的评价持续下降

社会安全感这一概念,主要用以描述社会公众对安全状态的期许与感知,是评估社会治安状况的关键指标。其内涵涵盖人身安全、财产安全、食品安全、药品安全、医疗安全、劳动安全、交通安全,以及个人信息与隐私安全等多个领域。调查数据显示,专家对与治安水平相关的"人身安全""财产安全""交通安全"评价较高,对社会生活各种情景下的"药品安全""食品安全""个人信息与隐私安全"评价较低(见图7),其中"食品安全"和"个人信息与隐私安全"处于"很不安全"的评价区间,且评价呈逐年下降的趋势。

对相较于长期备受全社会关切的"药品安全"与"食品安全"等与传统生活环境相关的广义公共安全而言,"个人信息与隐私安全"这一非传统安全领域与公共管理部门对网络环境的治理具有极强的关联性。网络安全感的核心关注点对公共管理部门的工作提出了新的挑战。

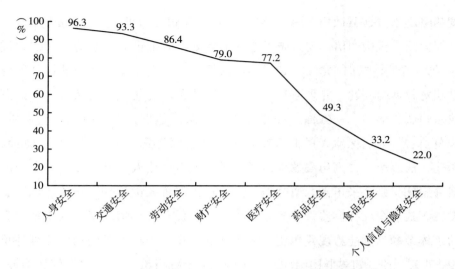

图7　2023年专家对各层面社会安全感的分项评价

三　发展环境：三个领域展现工作期待

广义的发展环境涵盖了政治、经济、法制、科技、文化、语言、卫生等宏观因素。在狭义的范畴内，打造优质的经济社会发展环境，是实现思想共识、目标一致、行动同步的关键前提。本报告选取了若干评价指标，从专家视角对改革成果进行评估，部分项目展示了专家对黑龙江省发展环境的期许。

（一）发展环境评价："政务环境"受到肯定，"市场环境"最受期待

发展环境是地区或组织思想解放程度、市场发育程度及经营管理水平的综合表现。发展环境的优劣直接关系到持续发展的潜力与动力。发展环境既是组织的形象、资源，也是生产力及竞争力。只有优良的发展环境，才能更有力地吸引资金、项目、技术及人才，进而增强地域竞争优势。综合来看，受访专家认为2023年黑龙江省发展环境有改善的比例为51.6%，较2022年降低1.2个百分点。其中，认为"明显改善"和"有所改善"的比例分别

为5.1%和46.5%，认为"改善不多"和"没有改善"的比例分别为37.6%和7.8%，另有3.0%的受访专家选择"不清楚/不知道"。这组数据揭示了受访专家对进一步优化发展环境的期许。

　　在六个分类发展环境的评价中，专家认为"政务环境"的改善程度最高（"明显改善"和"有所改善"），为58.4%，认为"市场环境"的改善程度最低，为46.5%（见图8）。此数据反映了营商环境改革的发展趋势。经过多年努力，黑龙江省的"放管服"改革已取得阶段性成绩，但同时也面临诸多挑战。这一组评价数据既展示了成就，也揭示了期望。如何进一步加速行政部门职能的转变，强化政策引导、平台构建、公共服务及环境营造，不断提升宏观管理能力，推动政企分开、政事分开、管办分离等问题的解决，成为深化改革的关键所在。与此同时，改革进程受到部门利益、传统行政观念与管理体制等"人文环境"的制约，也面临着地区认知差异、目标分歧和标准不一的现实挑战，在全社会营造"人人皆为投资环境，处处展示开放形象"的氛围，任重道远。

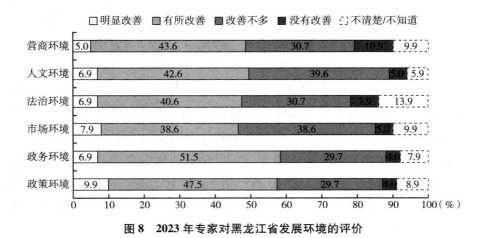

图8　2023年专家对黑龙江省发展环境的评价

（二）政务服务评价：分项评价差别较小，服务主体评价梯级递减

　　政务服务是行政行为的重要组成部分，体现了政府派出部门的对外形

象。党的十八大以来，黑龙江省政务服务已逐步实现规范化，并在简化办事流程、规范政府行为、提升政府形象及提高政府绩效等方面取得了显著成效。在对2023年政府部门服务改善状况的评价中，受访专家对四个方面的政务服务改善状况的评价差距较小，其中"服务态度"的改善状况评价最高，"服务意识"的改善状况评价最低，二者相差7.6个百分点（见图9）。这组评价数值体现了专家对政府部门进一步优化办事环境的期待。

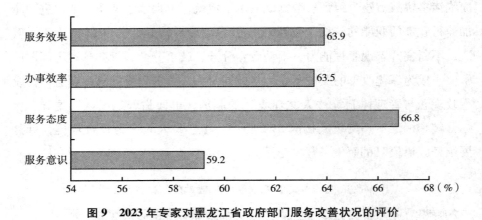

图9　2023年专家对黑龙江省政府部门服务改善状况的评价

与此同时，本报告还对纵向政务服务主体的服务改善状况进行了专家视角的测评。调查数据表明，专家就各级政府服务意识的评价由高到低呈现梯度下降的趋势。其中，"省级部门"的服务意识受到的认可度最高，达到55.4%（评价为"很强"和"比较强"）；而评价最低的是"区/县级部门"和"乡/镇/街道部门"，仅为31.7%（见图10）。这表明，专家对于基层政府部门不断提高为民服务能力的期待更高，基层部门在主动服务意识方面仍有待提升。

（三）重点工作评价："农业"与"生态"最具信心，"产业"与"人才"最受期待

根据2024年初黑龙江省《政府工作报告》提及的年度重点工作，本报

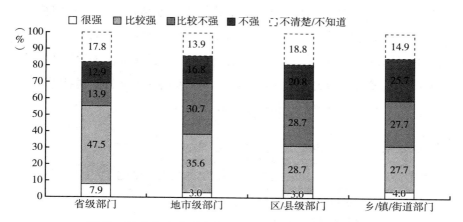

图10　2023年专家对黑龙江省各级政府服务意识的评价

告围绕"八个振兴""六个龙江"分列了14个评价选项，调查数据显示，受访专家对2024年黑龙江省"农业振兴"的评价遥遥领先，达到54.5%，"生态振兴"和"建设绿色龙江"的信心指数分列第二位和第四位（见图11）。此评价与黑龙江省在推进生态文明建设、保障国家粮食及生态安全、打造美丽龙江方面的战略布局相呼应。

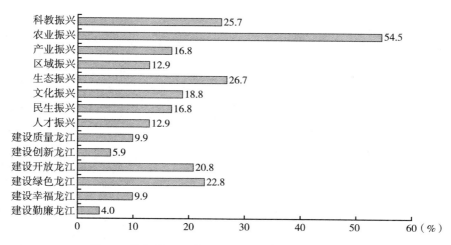

图11　专家对2024年黑龙江省重点工作的信心情况

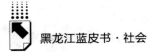

　　"信心"与"期待"是两个密切相关的概念范畴，在"您最期待 2024 年哪些领域的工作"的测评中，受访专家对"产业振兴"与"人才振兴"的期待并列第一位，"科教振兴"的期待次之（见图 12）。科学技术、人才资源与产业发展密切相关，进一步将经济社会发展转型至依赖科技进步、教育提升及人才培养的轨道是受访专家的共同期待。

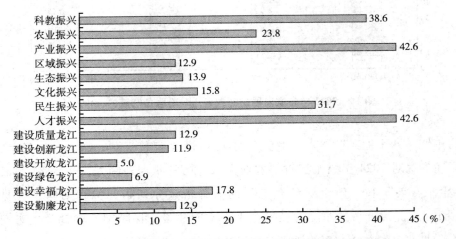

图 12　专家对 2024 年黑龙江省重点工作的期待情况

B.7
2023~2024年黑龙江省社会形势党政干部调查报告

张　岩*

摘　要：　通过调查发现，2023年黑龙江省党政干部对全省各级政府和社会组织的信任度较高，并认为黑龙江省的社会包容度高、社会安全感强；对2023年黑龙江省发展环境的改善认可度较高，对各级部门服务意识普遍比较认可；对省政府部分工作和"能力作风建设年"部分工作的评价较高，但对医疗、环境、就业等领域的问题依旧比较关注。在对未来的信心与期待方面，对2024年经济社会发展和居民生活水平的提升，对黑龙江省各方面发展均非常有信心，对科教振兴、产业振兴、人才振兴、农业振兴、民生振兴和建设幸福龙江在未来的发展非常期待。对反腐败工作总体评价较高，认为很多不良问题明显改善，对未来各方面的改善均有信心。

关键词：　党政干部　龙江全面振兴　黑龙江省

2023年，习近平总书记对黑龙江省进行考察并主持召开新时代推动东北全面振兴座谈会，随后，中国共产党黑龙江省第十三届委员会第四次全体会议和第五次全体会议召开。全会指出，习近平总书记的重要讲话"深刻阐明了新时代东北地区和黑龙江全面振兴的一系列根本性、全局性、战略性问题，标定了东北地区和黑龙江在党和国家事业发展全局中的历史方位，为黑龙江指明了高质量发展之路、可持续振兴之路、现

＊　张岩，黑龙江省社会科学院社会学研究所助理研究员，研究方向为应用社会学。

代化建设之路、人民幸福之路"。① 同时，中国共产党黑龙江省第十三届纪律检查委员会第二次全体会议提出，要从八个方面做好纪检监察工作。这一系列新的发展，都使得党政干部对 2023 年的各项工作产生了积极评价。

本报告运用黑龙江省社会科学院"2023~2024 年黑龙江省社会形势调查问卷（党政干部卷）"中的相关数据进行分析。

一 对社会情况的整体评价

（一）对各级政府和各类社会组织的信任度较高

表 1 是党政干部对各级政府和基层群众性自治组织的信任情况。其中对省政府的信任程度最高，占比累计（"比较信任"和"非常信任"）为95.28%，其次是市/地政府（90.56%），区（县）政府为 84.91%，中的乡镇（街道）政府为 83.02%、基层群众性自治组织社区/村两委为 77.36%。整体信任程度均比较高，从中体现出党政干部对各级政府和基层群众性自治组织的评价很高。

表 1 党政干部对各级政府和基层群众性自治组织的信任情况

单位：%

各级政府/基层群众性自治组织	比较信任	非常信任	累计
省政府	25.47	69.81	95.28
市/地政府	36.79	53.77	90.56
区(县)政府	37.74	47.17	84.91
乡镇(街道)政府	40.57	42.45	83.02
社区/村两委	39.62	37.74	77.36

资料来源：2023~2024 年黑龙江省社会形势调查问卷（党政干部卷）。

---

① 《中国共产党黑龙江省第十三届委员会第四次全体会议决议》，http://hlj. people. com. cn/n2/2023/0928/c220027-40588501. html。

表2是党政干部对各类机构的信任情况。其中占比相对较高的为"所在工作单位/公司""工、青、妇等群团组织""公检法",对"金融机构""社会组织""保险公司"的信任度相对较低。从中可见,党政干部对"体制内"的机构信任度较高,对带有"经营性"的机构信任度较低。

表2 党政干部对各类机构的信任情况

单位:%

各类机构	比较信任	非常信任	累计
工、青、妇等群团组织	36.79	47.17	83.96
所在工作单位/公司	30.19	64.15	94.34
社会组织	34.91	31.13	66.04
新闻媒体	40.57	33.96	74.53
金融机构	40.57	26.42	66.99
保险公司	27.36	22.64	50.00
医院	42.45	29.25	71.70
公检法	33.02	50.00	83.02

资料来源:2023~2024年黑龙江省社会形势调查问卷(党政干部卷)。

(二)社会包容度高

从被访者对诸多先赋条件、社会属性和社会制度等方面的认知,能够分析2023年黑龙江省党政干部的社会包容情况。

表3意在考察个人的一些先赋条件在生活中受到不公正待遇时的公平感。其中涉及年龄、性别、性格和相貌身体等四个方面。从"比较严重"和"非常严重"的累计占比情况看,分别为24.52%、19.81%、9.43%、12.26%,不公正感整体较低。相对来说,在年龄方面受到不公正待遇的占比最高,性格方面最低。

表3　先赋条件层面的公平感认知

单位：%

先赋条件	比较严重	非常严重	累计
年龄	20.75	3.77	24.52
性别	16.04	3.77	19.81
性格	6.60	2.83	9.43
相貌身体	11.32	0.94	12.26

资料来源：2023~2024年黑龙江省社会形势调查问卷（党政干部卷）。

表4分别从"户籍""宗教""受教育程度""政治观点""职业""家庭背景及社会关系"六个方面考量社会属性层面的公平感认知，认为"比较严重"和"非常严重"的累计占比分别为12.27%、0.94%、33.96%、8.49%、24.53%、34.91%。被访者认为自己受到不公正待遇占比最高的为"家庭背景及社会关系"，可见在工作开展、晋升过程中，个体会受到相关因素影响。

表4　社会属性层面的公平感认知

单位：%

社会属性	比较严重	非常严重	累计
户籍	10.38	1.89	12.27
宗教	0.94	0	0.94
受教育程度	31.13	2.83	33.96
政治观点	6.60	1.89	8.49
职业	19.81	4.72	24.53
家庭背景及社会关系	27.36	7.55	34.91

资料来源：2023~2024年黑龙江省社会形势调查问卷（党政干部卷）。

表5是被访者对社会制度层面的公平感认知。涉及"高考制度""公民实际享有的政治权利""司法与执法""公共医疗""工作与就业机会""财富及收入分配""养老等社会保障待遇""城乡之间的权利、待遇"等八个方面，认为公平的累计占比分别为95.29%、86.79%、83.96%、74.53%、

77.36%、62.26%、77.36%、68.87%。其中认为最公平的前三项分别为"高考制度""公民实际享有的政治权利""司法与执法"，占比均在80.00%以上；认为公平感较低的为"城乡之间的权利、待遇""财富及收入分配"，占比均未超过70.00%。累计有82.08%的被访者认为社会总体上是公平的。

表5 社会制度层面的公平感认知

单位：%

社会制度	非常公平	比较公平	累计
高考制度	54.72	40.57	95.29
公民实际享有的政治权利	50.94	35.85	86.79
司法与执法	36.79	47.17	83.96
公共医疗	25.47	49.06	74.53
工作与就业机会	21.70	55.66	77.36
财富及收入分配	19.81	42.45	62.26
养老等社会保障待遇	27.36	50.00	77.36
城乡之间的权利、待遇	22.64	46.23	68.87
总体上的社会公平状况	21.70	60.38	82.08

资料来源：2023~2024年黑龙江省社会形势调查问卷（党政干部卷）。

（三）社会安全感强

表6是被访者对安全的主观感受。其中排名前三的是对于人身安全、财产安全和交通安全的主观感受，分别为98.11%、93.40%和91.51%；相对安全感较低的为"个人信息与隐私安全"和"食品安全"，分别为45.90%和51.88%。总体来说安全感普遍较高，相信随着政府对网络诈骗的不断打击，未来人们对于个人信息与隐私安全的担忧会逐渐降低。同时，黑龙江省2023年通过采取强化风险隐患排查整治、推动"两个责任"落地见效、健全完善社会共治格局等举措保障食品安全，未来人们对于这方面的担忧也会不断降低。

表6　对安全的主观感受

单位：%

类别	很安全	比较安全	累计
财产安全	50.00	43.40	93.40
人身安全	59.43	38.68	98.11
交通安全	39.62	51.89	91.51
医疗安全	25.47	56.60	82.07
食品安全	17.92	33.96	51.88
药品安全	18.87	53.77	72.64
劳动安全	32.08	52.83	84.91
个人信息与隐私安全	15.09	30.81	45.90

资料来源：2023~2024年黑龙江省社会形势调查问卷（党政干部卷）。

二　对黑龙江省发展环境的评价

（一）对发展环境的总体认识

1. 对黑龙江省发展环境改善情况认可度较高

表7是被访者对2023年黑龙江省发展环境改善情况的评价。其中认为政策环境、政务环境、市场环境、法治环境、人文环境、营商环境改善的累计占比分别为91.51%、87.73%、80.19%、88.68%、82.07%、79.24%，累计83.96%的被访者认为总体发展环境有改善。其中认可度最高的是"政策环境"，可见近年来黑龙江省出台的相关政策产生了非常显著的效果。

表7　对黑龙江省发展环境改善情况的评价

单位：%

类别	明显改善	有所改善	累计
政策环境	52.83	38.68	91.51
政务环境	53.77	33.96	87.73
市场环境	41.51	38.68	80.19

类别	明显改善	有所改善	累计
法治环境	44.34	44.34	88.68
人文环境	42.45	39.62	82.07
营商环境	39.62	39.62	79.24
总体发展环境	42.45	41.51	83.96

资料来源：2023~2024年黑龙江省社会形势调查问卷（党政干部卷）。

2. 对各级部门服务意识普遍比较认可

表8是被访者对2023年黑龙江省各级部门（包括基层群众性自治组织）服务意识的评价。其中对于省级部门、地市级部门、区/县（县级市）部门、乡/镇/街道部门的评价为"强"的占比分别为89.63%、79.25%、66.98%、63.21%。

表8　对各级部门服务意识的评价

单位：%

各级部门	很强	比较强	累计
省级部门	51.89	37.74	89.63
地市级部门	32.08	47.17	79.25
区/县（县级市）部门	25.47	41.51	66.98
乡/镇/街道部门	27.36	35.85	63.21

资料来源：2023~2024年黑龙江省社会形势调查问卷（党政干部卷）。

（二）对省政府部分工作的评价较高

表9反映了2023年被访者对黑龙江省政府部分工作的评价。调查数据显示，民众对于各项工作的认可度相似。党政干部对省政府部分工作的总体满意度较高（86.80%）。其中认可度最高的是"加快现代化农业强省建设"（90.57%），相对占比较低的为"持续强化招商引资"（76.42%）。从中可见，黑龙江省作为中国的第一产粮大省（粮食生产实现"二十连丰"），省

委、省政府是做了大量卓有成效的工作的。从招商引资工作的角度看，未来有很大的上升空间，特别是在实际利用内资、促进项目落地等方面。

表9　对省政府部分工作的评价

单位：%

类别	很好	比较好	累计
加快构建现代化产业体系	40.57	39.62	80.19
大力实施扩大内需战略	33.96	44.34	78.30
加快现代化农业强省建设	49.06	41.51	90.57
持续强化招商引资	38.68	37.74	76.42
加快实施创新驱动发展战略	40.57	39.62	80.19
持续深化重点领域和关键环节改革	36.79	40.57	77.36
推进高水平对外开放	38.68	41.51	80.19
巩固提升绿色发展优势	46.23	42.45	88.68
用心用力办好民生实事	40.57	41.51	82.08
加强政府自身建设	42.45	43.40	85.85
政府工作总体满意度	37.74	49.06	86.80

资料来源：2023~2024年黑龙江省社会形势调查问卷（党政干部卷）。

（三）对"能力作风建设年"部分工作的评价较高

表10反映了2023年被访者对"能力作风建设年"部分工作的评价。其中对"用好'四个体系'[①] 落实机制，推动各项目标任务落实落地"的评价最高，认为"好"的占比为91.51%。相对来说，对"坚持严管和厚爱结合、激励和约束并重，坚持'三个区分开来'[②]，更好激发广大干部的积极性、主动性、创造性"的评价较低，认为"好"的占比为80.19%。

---

① "四个体系"指领导责任体系、工作推进体系、考核评价体系和督导问责体系。

② "三个区分开来"指要把干部在推进改革中因缺乏经验、先行先试出现的失误和错误，同明知故犯的违纪违法行为区分开来；把上级尚无明确限制的探索性试验中的失误和错误，同上级明令禁止后依然我行我素的违纪违法行为区分开来；把为推动发展的无意过失，同为谋取私利的违纪违法行为区分开来。

"三个区分开来"是党中央针对部分干部"为官不为"而提出的，其目的是保护那些作风正派而又敢作敢为、锐意进取的干部，最大限度调动广大干部的积极性、主动性、创造性，激励他们更好地带领群众干事创业。其实针对"为官不为"也要从科学合理的考核评价体系（"四个体系"中的考核评价体系）着手，科学合理的考核指标和对统计造假的打击也能够约束部分"为官不为"之人。

表10 对"能力作风建设年"部分工作的评价

单位：%

类别	很好	比较好	累计
强化学思践悟，大力弘扬担当实干精神	54.72	33.02	87.74
用好"四个体系"落实机制，推动各项目标任务落实落地	56.60	34.91	91.51
加强调查研究，深入基层"解剖麻雀"，察实情、干实事、谋实招、求实效	50.00	37.74	87.74
持续深化纠治"四风"，坚决反对形式主义、官僚主义，为基层减负	51.89	33.02	84.91
坚持严管和厚爱结合、激励和约束并重，坚持"三个区分开来"，更好激发广大干部的积极性、主动性、创造性	50.00	30.19	80.19
敢于斗争、担当作为，依靠顽强斗争打开事业发展新天地	51.89	36.79	88.68

资料来源：2023～2024年黑龙江省社会形势调查问卷（党政干部卷）。

（四）医疗、环境、就业成为最关注的社会问题

本次调查也涉及了黑龙江省党政干部2023年对黑龙江省存在的主要社会问题的认知。表11显示，"看病难、看病贵""环境污染""就业失业"是占比较高的三个问题，分别为44.34%、37.74%、33.96%。这与往年的情况相似，是我们需要持续关注的问题。

表 11 认为黑龙江省存在的主要社会问题

单位：%

问题	认为存在	问题	认为存在
看病难、看病贵	44.34	养老保障	14.15
就业失业	33.96	住房价格过高	14.15
社会信任度下降	29.25	贪污腐败	14.15
贫富差距过大	28.30	环境污染	37.74
食品药品安全	26.42	征地、拆迁补偿不公	0.73
教育收费	20.75	社会治安	0.94
物价上涨	16.98		

资料来源：2023~2024 年黑龙江省社会形势调查问卷（党政干部卷）。

三 对2024年黑龙江省社会发展情况的信心与期待

（一）对2024年经济社会发展和居民生活水平的提升非常有信心

表 12 是被访者对 2024 年黑龙江省社会发展形势的预期，有近 80%的被访者认为将会"越来越好。"

表 12 对 2024 年黑龙江省社会发展形势的预期

单位：%

类别	占比	类别	占比
越来越好	79.25	越来越差	2.83
没多大变化	16.04	说不清	1.89

资料来源：2023~2024 年黑龙江省社会形势调查问卷（党政干部卷）。

表 13 是被访者对 2024 年黑龙江省经济发展形势的预期，有 72.64%的被访者认为将会"越来越好。"

表 13　对 2024 年黑龙江省经济发展形势的预期

单位：%

类别	占比	类别	占比
越来越好	72.64	越来越差	4.72
没多大变化	16.98	说不清	5.66

资料来源：2023~2024 年黑龙江省社会形势调查问卷（党政干部卷）。

在对 2024 年黑龙江省居民生活水平的预期上，如表 14 所示，累计有 76.41% 的被访者认为 2024 年的居民生活水平将会上升，其中认为会"上升很多"的占 31.13%。

表 14　对 2024 年黑龙江省居民生活水平的预期

单位：%

类别	占比	类别	占比
上升很多	31.13	略有下降	4.72
略有上升	45.28	下降很多	0.94
没有变化	14.15	说不清楚	3.77

资料来源：2023~2024 年黑龙江省社会形势调查问卷（党政干部卷）。

对于未来经济社会的预期是建立在过去经验和现实状况基础上的判断，综合以上三个数据可知，黑龙江省党政干部对 2024 年经济社会发展和居民生活水平的提升是非常有信心的。

（二）2024年对黑龙江省各方面发展的信心

从提出振兴东北老工业基地到提出东北全面振兴，至今已经 20 多年了，2023 年习近平总书记在哈尔滨主持召开的新时代推动东北全面振兴座谈会上，对东北寄予厚望。表 15 是被访者对东北振兴战略的了解情况，其中累计超过 90.00% 的被访者对相关情况是了解的。

表 15　对东北振兴战略的了解情况

单位：%

类别	占比	类别	占比
非常了解	26.42	不大了解	7.55
比较了解	64.15	不了解	1.89

资料来源：2023~2024 年黑龙江省社会形势调查问卷（党政干部卷）。

（三）2024年对黑龙江省各领域发展的期待

表 16 是当被问到"2024 年对省委、省政府哪些领域的工作最期待"时的回答情况。其中科教振兴和产业振兴的占比均超过 40%（均为42.45%），其次是人才振兴、农业振兴、民生振兴和建设幸福龙江（占比分别为 38.68%、29.25%、28.30%、20.75%）。从中可见，党政干部对黑龙江的全面振兴是非常期待的。

表 16　2024 年最期待省委、省政府哪些领域的工作

单位：%

类别	有信心	类别	有信心
科教振兴	42.45	生态振兴	16.04
产业振兴	42.45	建设质量龙江	12.26
人才振兴	38.68	建设开放龙江	10.38
农业振兴	29.25	建设创新龙江	9.43
民生振兴	28.30	建设勤廉龙江	8.49
建设幸福龙江	20.75	区域振兴	6.60
文化振兴	17.92	建设绿色龙江	4.72

资料来源：2023~2024 年黑龙江省社会形势调查问卷（党政干部卷）。

表 17 旨在了解被访者对以人口高质量发展支撑龙江全面振兴方面的期待程度，调查中询问了四个方向，表示"期待"的占比均超过了 90%，可见党政干部对相关问题整体上是比较期待的。

表17 对以人口高质量发展支撑龙江全面振兴方面的期待程度

单位：%

类别	非常期待	比较期待	累计
大力发展普惠托育服务,减轻家庭生育、养育、教育负担	61.54	28.85	90.39
大力发展基础教育,加大对高校办学支持力度,提升全民特别是年轻人受教育水平	58.65	33.65	92.30
加大人才振兴的政策支持力度,留住人才、引进人才	62.50	31.73	94.23
加快边境地区基础设施的规划布局建设,帮助县城和小城镇提升产业承载能力和人口聚集能力	63.46	27.88	91.34

资料来源：2023～2024年黑龙江省社会形势调查问卷（党政干部卷）。

四 对反腐败工作的评价和信心

（一）总体评价较高

表18反映的是对黑龙江省党员干部讲政治纪律和政治规矩的评价，其中认为"好"的占比为95.29%。

表18 对黑龙江省党员干部讲政治纪律和政治规矩的评价

单位：%

类别	占比	类别	占比
很好	49.06	不太好	3.77
比较好	46.23	很差	0.94

资料来源：2023～2024年黑龙江省社会形势调查问卷（党政干部卷）。

表19反映的是对黑龙江省反腐败工作效果的评价，其中认为"明显"的占比为88.68%。

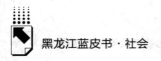

表 19　对黑龙江省反腐败工作效果的评价

单位：%

类别	占比	类别	占比
很明显	61.32	不太明显	9.43
比较明显	27.36	很不明显	1.89

资料来源：2023~2024 年黑龙江省社会形势调查问卷（党政干部卷）。

如表 20 所示，在问到"黑龙江省的腐败势头是否得到了遏制"时，93.40%的被访者认为得到了遏制。

表 20　黑龙江省的腐败势头遏制情况

单位：%

类别	占比	类别	占比
得到有效遏制	49.06	更加恶化	0.94
在一定范围内得到遏制	44.34	不好说	0.94
没有得到遏制	4.72		

资料来源：2023~2024 年黑龙江省社会形势调查问卷（党政干部卷）。

（二）不良问题明显改善，对未来有信心

表 21 反映的是黑龙江省党政干部形式主义问题的突出情况，50.95%的被访者认为是突出的。

表 21　黑龙江省党政干部形式主义问题的突出情况

单位：%

类别	占比	类别	占比
很突出	18.87	不太突出	45.28
比较突出	32.08	没有此类现象	3.77

资料来源：2023~2024 年黑龙江省社会形势调查问卷（党政干部卷）。

表22反映的是黑龙江省党政干部官僚主义问题的突出情况，38.68%的被访者认为是突出的。

表22　黑龙江省党政干部官僚主义问题的突出情况

单位：%

类别	占比	类别	占比
很突出	9.43	不太突出	56.60
比较突出	29.25	没有此类现象	4.72

资料来源：2023～2024年黑龙江省社会形势调查问卷（党政干部卷）。

在被问到一些不良现象在党政领导干部中是否有改善时，如表23所示，认为有改善的均在75.00%以上，可见在反腐败工作下，不良现象将会越来越少。

表23　2023年黑龙江省党政领导干部中下列现象的改善情况

单位：%

类别	有所改善	明显改善	累计
作风粗暴、态度生冷、办事拖拉	31.13	50.94	82.07
用公款大吃大喝	12.26	74.53	86.79
公车私用、私车公养	8.49	78.30	86.79
婚丧嫁娶大摆宴席	12.26	74.53	86.79
赌博	13.21	66.04	79.25
用公款送礼	13.21	66.04	79.25
封建迷信	14.15	66.04	80.19
公款安排旅游或变相公款旅游	12.26	74.53	86.79
违规参股借贷	10.38	65.09	75.47
搞任人唯亲、排斥异己	23.58	56.60	80.18
搞团团伙伙、拉帮结派	20.75	58.49	79.24
搞匿名诬告、制造谣言	19.81	60.38	80.19
搞收买人心、拉动选票	20.75	60.38	81.13
搞封官许愿、弹冠相庆	17.92	60.38	78.30
搞自行其是、阳奉阴违	16.04	63.21	79.25

资料来源：2023～2024年黑龙江省社会形势调查问卷（党政干部卷）。

表 24 反映的是对 2023 年黑龙江省反腐败相关问题取得成效的评价。表示效果明显的占比均超过 75.00%。

表 24　对 2023 年黑龙江省反腐败相关问题取得成效的评价

单位：%

类别	非常明显	比较明显	累计
完善动态清除、常态惩治工作机制，更加有力遏制增量，更加有效清除存量	51.89	39.62	91.51
严查重点问题，坚决查处政治问题和经济问题交织的腐败	49.06	40.57	89.63
深化整治金融、国有企业、政法等权力集中、资金密集、资源富集领域和粮食购销等行业的腐败	41.51	40.57	82.08
坚决纠治政商"旋转门""逃逸式辞职"问题	39.62	35.85	75.47
坚决清理风险隐患大的行业性、系统性、地域性腐败	43.40	35.85	79.25
坚决惩治群众身边的"蝇贪"，着力消除基层消极腐败现象	40.57	40.57	81.14
积极开展乡村振兴领域不正之风和腐败问题专项整治	40.57	41.51	82.08
推动"打伞破网"常态化、机制化，严查黑恶案件背后腐败和"保护伞"	43.40	40.57	83.97
坚持受贿行贿一起查，加大对行贿行为的惩治力度，完善防治腐败滋生蔓延的体制机制	45.28	39.62	84.90
加强新时代廉洁文化建设，树立良好家教家风，营造和弘扬崇尚廉洁、抵制腐败的良好风尚，构建清廉社会生态	47.17	42.45	89.62
一体构建追逃防逃追赃机制	38.68	38.68	77.36

资料来源：2023~2024 年黑龙江省社会形势调查问卷（党政干部卷）。

最后是对黑龙江省今后 5 年的反腐败工作是否有信心。表 25 的数据显示，95.28% 的被访者认为有信心，可见黑龙江省党政干部对反腐工作信心非常强，对未来非常乐观。

表 25   对黑龙江省今后 5 年的反腐败工作信心情况

单位：%

类别	占比	类别	占比
很有信心	64.15	较没信心	3.77
较有信心	31.13	很没信心	0.94

资料来源：2023~2024 年黑龙江省社会形势调查问卷（党政干部卷）。

B.8
2023年黑龙江省廉政建设状况调查报告

邢晓明*

摘　要：　2023 年黑龙江省廉政建设取得较大成绩。社会各群体对 2023 年黑龙江省反腐败效果评价较高，认为黑龙江省的腐败势头得到有效遏制；公众对"公款安排旅游或变相公款旅游"及"用公款大吃大喝"等现象改善的认可度较高，"作风粗暴、态度生冷、办事拖拉"还有改善空间；形式主义和官僚主义在一定程度上还存在，享乐主义和奢靡之风得到较大改善；专家和党政干部对黑龙江省持续深入开展机关"能力作风建设年"活动的评价较高；社会各群体对黑龙江省党员干部讲政治纪律和政治规矩的评价较高；社会各群体对黑龙江省党员干部拥护"两个确立"并始终做到"两个维护"意识认同度很高；社会各群体对黑龙江省今后 5 年反腐败工作的信心指数较高。

关键词：　廉政建设　反腐败　黑龙江省

　　2023 年，黑龙江省坚持把党的全面领导贯穿政府工作各领域全过程，自觉接受各方面监督。深入开展"不忘初心、牢记使命"主题教育、党史学习教育。扎实开展"能力作风建设年"活动，锤炼过硬本领和勤廉作风。政府系统党风廉政建设和反腐败工作扎实推进，风清气正的良好政治生态持续巩固。①

　　2023 年，黑龙江省廉政建设取得了较大成绩，全省纪检监察机关共查

---

　　*　邢晓明，黑龙江省社会科学院社会学研究所副研究员，研究方向为社区与社会发展。

　　①　《政府工作报告——2023 年 1 月 12 日在黑龙江省第十四届人民代表大会第一次会议上》，《黑龙江日报》2023 年 2 月 3 日。

处违反中央八项规定精神问题 4095 起，运用"四种形态"批评教育帮助和处理 4689 人，其中党纪政务处分 3902 人（见表 1）。[①]

为深入了解黑龙江省的廉政建设情况，黑龙江省社会科学院社会学研究所在全省范围内做了 1191 份居民卷、101 份专家卷和 106 份党政干部卷，调查对象涉及社会各个阶层、各个年龄段和各个学历层次，具有一定代表性。社会各群体对于 2023 年黑龙江省的廉政建设状况表达了自己的看法并对 2024 年全省的廉政建设提出了期待。

一　社会各群体对2023年黑龙江省反腐败效果评价较高，认为黑龙江省的腐败势头得到有效遏制

问卷调查统计数据显示，对于"2023 年黑龙江省反腐败效果如何？"有 26.62% 的公众认为效果"很明显"，有 40.39% 的公众认为效果"比较明显"，二者之和已经超过总数的 2/3；有 17.82% 的专家认为效果"很明显"，有 47.52% 的专家认为效果"比较明显"，二者之和也已接近总数的 2/3；另外还有 61.32% 的党政干部认为效果"很明显"，27.36% 的党政干部认为效果"比较明显"，二者之和接近 90.00%。党政干部认为反腐败效果很明显的比例高于公众和专家（见图 1）。社会各群体对于黑龙江省的反腐败效果评价较高。

对于具体的反腐败工作，公众的评价也较高，对于"您认为 2023 年黑龙江省下列反腐败工作取得的成效如何？"这一题目，问卷调查统计数据显示，公众认为改善明显排在前三位的依次是"加强领导干部因私出国（境）管理"、"强化党性教育、政德教育、警示教育和家风教育"和"追逃追赃一体化建设"，三者"非常明显"和"比较明显"的比例之和均超过

---

① 米娜：《今年 10 月全省查处违反中央八项规定精神问题 569 起》，《黑龙江日报》2023 年 11 月 21 日。

表1　全省查处违反中央八项规定精神问题统计

单位：人

时期	项目	总计	厅局级	县处级	乡科级及以下	形式主义、官僚主义问题：贯彻党中央重大决策部署有令不行、有禁不止，或表态多调门高、行动少落实差，脱离实际、脱离群众，造成严重后果	在履职尽责、服务经济社会发展和生态环境保护方面不担当不作为、乱作为，严重影响高质量发展	在联系服务群众中消极应付、冷硬横推，效率低下，损害群众利益，群众反映强烈	文山会海、会风文风不实，督查检查考核过度过频，留痕造迹，给基层造成严重负担	其他	享乐主义、奢靡之风问题：违规收送名贵特产和礼品礼金 —— 违规收送名贵特产和其他类礼品	违规收受礼金	违规吃喝 —— 违规公款吃喝	违规接受管理服务对象等宴请	违规操办婚丧喜庆	违规发放津补贴或福利	公款旅游及违规接受管理服务对象等旅游活动安排	其他
2023年10月	查处问题数	569	—	49	520	4	237	8	2	—	—	161	43	12	14	41	8	39
2023年10月	批评教育帮助和处理人数	642	—	53	589	4	275	9	4	—	—	163	55	12	15	47	18	40
2023年10月	党纪政务处分人数	468	—	34	434	4	248	7	1	—	—	84	48	7	13	32	7	17
2023年以来	查处问题数	4095	1	301	3793	57	1811	106	25	68	5	758	384	39	165	314	52	311
2023年以来	批评教育帮助和处理人数	4689	1	321	4367	70	2191	120	31	71	5	768	446	41	177	364	73	332
2023年以来	党纪政务处分人数	3902	1	251	3650	60	1971	106	17	61	3	512	414	24	156	290	55	233

注：享乐主义、奢靡之风"其他"问题包括：违规配备和使用公车、楼堂馆所问题，提供或接受超标准接待，组织或参加用公款支付的高消费娱乐健身等活动，接受或提供可能影响公正执行公务的健身等娱乐活动，违规出入私人会所，违规参加公款支付旅游活动，领导干部违规住房问题。

资料来源：米娜《今年10月全省查处违反中央八项规定精神问题569起》，《黑龙江日报》2023年11月21日。

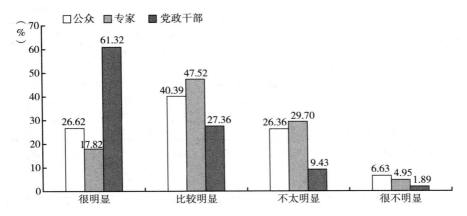

图1　2023年社会各群体对黑龙江省反腐败效果的评价

资料来源：2023~2024年黑龙江省社会形势调查问卷（居民卷、专家卷、党政干部卷）。

80.00%（见表2），另外，"推进政治监督具体化、精准化、常态化"、"深化反腐败体制机制改革"、"查处贪污腐败分子"和"反腐倡廉法规制度建设"等几项工作成效"非常明显"和"比较明显"的比例之和均接近80.00%，说明公众对于黑龙江省反腐败的各项工作效果非常认可，反腐败工作已取得阶段性进展。

表2　2023年公众认为黑龙江省下列反腐败工作取得的成效

单位：%

排序	反腐败工作	非常明显	比较明显	"非常明显"和"比较明显"之和	不太明显	很不明显
1	加强领导干部因私出国（境）管理	38.57	43.67	82.24	13.38	4.38
2	强化党性教育、政德教育、警示教育和家风教育	38.13	43.89	82.02	13.12	4.86
3	追逃追赃一体化建设	36.77	43.23	80.00	14.66	5.34
4	推进政治监督具体化、精准化、常态化	35.99	43.96	79.95	14.42	5.63

续表

排序	反腐败工作	非常明显	比较明显	"非常明显"和"比较明显"之和	不太明显	很不明显
5	深化反腐败体制机制改革	35.83	43.91	79.74	16.04	4.22
6	查处贪污腐败分子	35.49	43.66	79.15	14.40	6.45
7	反腐倡廉法规制度建设	35.49	42.97	78.46	16.24	5.30

资料来源：2023~2024年黑龙江省社会形势调查问卷（居民卷）。

基于以上评价，社会各群体认为黑龙江省的腐败势头得到有效遏制，无论是公众、专家还是党政干部，认为黑龙江省的腐败势头"得到有效遏制"和"在一定范围内得到遏制"之和均超过70.00%，说明在全省反腐败的高压态势下，一系列反腐败工作和廉政制度建设所产生的震慑力使腐败势头得到有效遏制。

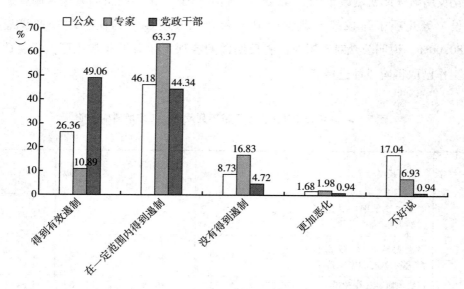

图2　2023年社会各群体对黑龙江省的腐败势头是否得到了遏制的评价

资料来源：2023~2024年黑龙江省社会形势调查问卷（居民卷、专家卷、党政干部卷）。

二　公众对"公款安排旅游或变相公款旅游"及"用公款大吃大喝"等现象改善的认可度较高,"作风粗暴、态度生冷、办事拖拉"还有改善空间

　　根据问卷调查统计数据,对于黑龙江省党政领导干部各类违规违纪现象的改善状况,公众认为改善明显的前三位分别是"公款安排旅游或变相公款旅游"、"用公款大吃大喝"和"封建迷信"(见表3),说明在党风廉政建设日益制度化、监督体系日益完善的情况下,党政干部违规违纪现象得到明显改善,党政干部的自律性也日益提升,思想观念也从"不敢贪、不敢腐"逐渐转变为"不想贪、不能腐",并且,这些现象的明显改善也得到了公众认可。此外,对于"作风粗暴、态度生冷、办事拖拉"这一项,"明显改善"和"有所改善"之和为59.48%,虽然过半数,但比例低于其他项,近年来,党政干部的作风建设得到很大的改善,工作效率也有所提升,但和其他现象比起来,还有改善空间。

表3　2023年公众认为黑龙江省党政领导干部中的下列现象变化情况

单位:%

排序	现象	明显改善	有所改善	"明显改善""有所改善"之和	没有变化	有所加重	明显加重
1	公款安排旅游或变相公款旅游	45.63	29.28	74.91	16.54	5.13	3.42
2	用公款大吃大喝	37.02	36.38	73.40	17.15	4.97	4.48
3	封建迷信	40.28	32.29	72.57	17.36	7.12	2.95
4	公车私用、私车公养	39.99	32.44	72.43	16.71	6.35	4.51
5	赌博	43.31	29.04	72.35	18.72	4.81	4.12
6	搞尾大不掉、妄议中央	42.27	29.40	71.67	18.46	6.44	3.43
7	婚丧嫁娶大摆宴席	36.64	34.31	70.95	18.98	5.84	4.23
8	用公款送礼	40.87	29.66	70.53	16.54	8.56	4.37

续表

排序	现象	明显改善	有所改善	"明显改善""有所改善"之和	没有变化	有所加重	明显加重
9	违规参股借贷	41.26	29.26	70.52	19.88	6.11	3.49
10	搞匿名诬告、制造谣言	40.04	28.99	69.03	17.36	8.48	5.13
11	搞封官许愿、弹冠相庆	38.99	27.68	66.67	21.01	6.06	6.26
12	搞收买人心、拉动选票	37.14	26.86	64.00	23.24	6.86	5.90
13	搞自行其是、阳奉阴违	34.43	29.01	63.44	22.44	7.35	6.77
14	搞任人唯亲、排斥异己	32.79	28.60	61.39	22.94	9.11	6.56
15	搞团伙、拉帮结派	31.48	29.34	60.82	22.90	9.48	6.80
16	作风粗暴、态度生冷、办事拖拉	22.82	36.66	59.48	21.82	10.47	8.23

资料来源：2023~2024年黑龙江省社会形势调查问卷（居民卷）。

三 形式主义和官僚主义在一定程度上还存在，享乐主义和奢靡之风得到较大改善

问卷调查统计数据显示，对于党政干部形式主义是否突出，15.62%的公众认为"没有此类现象"、32.49%的公众认为"不太突出"，二者之和不到50.00%；对于党政干部官僚主义是否突出，有16.29%的公众认为"没有此类现象"，有38.20%的公众认为"不太突出"，二者之和为54.49%（见图3），从侧面反映出形式主义和官僚主义问题还应引起重视，对党群关系和干群关系的改善至关重要，只有为百姓办实事、办好事的党政干部才能得到百姓的认可。

问卷调查统计数据显示，对于黑龙江省党政干部是否存在享乐主义、奢靡之风，超过六成的公众和专家以及超八成的党政干部认为"完全不存在"或"少数存在"（见图4），总体来说对享乐主义和奢靡之风的杜绝持肯定态度，这也与黑龙江省加大廉政建设力度是分不开的，风清气正的环境才能让党政干部不忘初心、牢记使命，全心全意为人民服务，践行生命至上、人民至上。

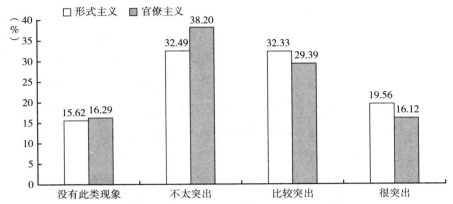

图 3 公众对黑龙江省党政干部形式主义和官僚主义是否突出的评价

资料来源：2023～2024 年黑龙江省社会形势调查问卷（居民卷）。

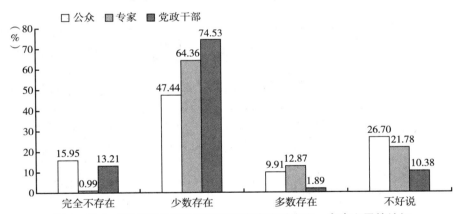

图 4 公众对黑龙江省党政干部是否存在享乐主义、奢靡之风的认知

资料来源：2023～2024 年黑龙江省社会形势调查问卷（居民卷、专家卷、党政干部卷）。

四 专家和党政干部对黑龙江省持续深入开展机关 "能力作风建设年"活动的评价较高

2023 年是贯彻落实党的二十大精神的开局之年，也是黑龙江省振兴发展和现代化强省建设的关键之年。深化能力作风建设不仅是全省广大党员干部瞄准的"靶心"，更在持续地改变黑龙江的发展环境。2022 年，黑龙江签约项目 1195 个，签约额 6722 亿元。全省千万元及以上利用内资项目利用内资 2975.5 亿元，同比增长 47.9%；全省"放管服"改革深入推进，开办企业便利度等 16 个营商环境评价二级指标进入全国先进行列；全省累计推出"办好一件事"事项 3438 个，"跨省通办"事项达到 175 个……过去一年，通过开展"能力作风建设年"活动，全省广大党员干部思想观念加快转变，能力素质持续提升，工作作风不断优化，创先争优成效明显，工作质效不断增强，有力推动了经济社会发展。①

问卷调查数据显示，专家和党政干部对黑龙江省持续深入开展机关"能力作风建设年"活动的评价如表 4 和表 5 所示。

表 4　专家对黑龙江省持续深入开展机关"能力作风建设年"活动的评价

单位：%

排序	具体活动	很好	比较好	"很好"和"比较好"之和	不太好	很不好	不清楚
1	强化学思践悟，大力弘扬担当实干精神	21.78	52.48	74.26	14.85	2.97	7.92
2	用好"四个体系"落实机制，推动各项目标任务落实落地	17.82	53.47	71.29	17.82	0	10.89
3	坚持严管和厚爱结合、激励和约束并重，坚持"三个区分开来"，更好激发广大干部的积极性、主动性、创造性	14.85	49.50	64.35	20.79	2.97	11.88
4	加强调查研究，深入基层"解剖麻雀"，察实情、干实事、谋实招、求实效	14.85	46.53	61.38	24.75	5.94	7.92
5	敢于斗争、担当作为，依靠顽强斗争打开事业发展新天地	17.82	39.60	57.42	27.72	2.97	11.88
6	持续深化纠治"四风"，坚决反对形式主义、官僚主义，为基层减负	15.84	34.65	50.49	30.69	10.89	7.92

① 《提能力、转作风、抓落实　黑龙江这样深化能力作风建设》，https://www.hlj.gov.cn/hlj/c107856/202302/c00_31529649.shtml。

表5 党政干部对黑龙江省持续深入开展机关"能力作风建设年"活动的评价

单位：%

排序	具体活动	很好	比较好	"很好"和"比较好"之和	不太好	很不好	不清楚
1	用好"四个体系"落实机制，推动各项目标任务落实落地	56.60	34.91	91.51	5.66	0.94	1.89
2	敢于斗争、担当作为，依靠顽强斗争打开事业发展新天地	51.89	36.79	88.68	8.49	0.94	1.89
3	强化学思践悟，大力弘扬担当实干精神	54.72	33.02	87.74	9.43	0.94	1.89
3	加强调查研究，深入基层"解剖麻雀"，察实情、干实事、谋实招、求实效	50.00	37.74	87.74	9.43	0.94	1.89
5	持续深化纠治"四风"，坚决反对形式主义、官僚主义，为基层减负	51.89	33.02	84.91	9.43	4.72	0.94
6	坚持严管和厚爱结合、激励和约束并重，坚持"三个区分开来"，更好激发广大干部的积极性、主动性、创造性	50.00	30.19	80.19	14.15	2.83	2.83

2024年，黑龙江省将持续深入开展"能力作风建设年"活动，强化学思践悟，大力弘扬担当实干精神，用好"四个体系"落实机制，推动各项目标任务落实落地。加强调查研究，深入基层"解剖麻雀"，察实情、干实事、谋实招、求实效。持续深化纠治"四风"，坚决反对形式主义、官僚主义，为基层减负。坚持严管和厚爱结合、激励和约束并重，坚持"三个区分开来"，更好激发广大干部的积极性、主动性、创造性。①

---

① 《政府工作报告——2023年1月12日在黑龙江省第十四届人民代表大会第一次会议上》，《黑龙江日报》2023年2月3日。

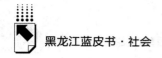

五 社会各群体对黑龙江省党员干部讲政治纪律和政治规矩的评价较高

问卷调查统计数据显示，对黑龙江省党员干部讲政治纪律和政治规矩的评价，公众认为"很好"和"比较好"的比例之和为85.73%，专家认为"很好"和"比较好"的比例之和为76.75%，党政干部认为"很好"和"比较好"的比例之和为95.29%，党政干部的评价要远远高于公众和专家，反映出社会各群体对黑龙江省党员干部讲政治纪律和政治规矩的肯定（见图5）。新修订的《中国共产党纪律处分条例》提出，坚决落实党的二十大关于坚持加强党的全面领导和党中央集中统一领导的各项部署要求，进一步严明政治纪律和政治规矩，有利于推动全党更加深刻领悟"两个确立"的决定性意义、更加坚决做到"两个维护"。因而，党员干部讲政治纪律和政治规矩十分重要，对于维护黑龙江省的政治安全意义重大。

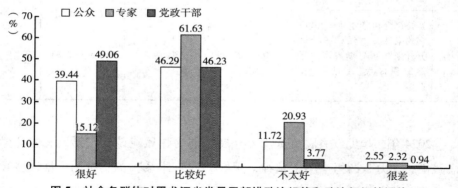

图5 社会各群体对黑龙江省党员干部讲政治纪律和政治规矩的评价

资料来源：2023~2024年黑龙江省社会形势调查问卷（居民卷、专家卷、党政干部卷）。

六 社会各群体对黑龙江省党员干部拥护"两个确立"并始终做到"两个维护"意识认同度很高

问卷调查统计数据显示，对黑龙江省党员干部拥护"两个确立"并始终做到"两个维护"意识的评价,近九成的专家和超九成的公众、党政干部认为"很坚定"或"比较坚定"(见图6),这从侧面反映出黑龙江省党政干部把握方向、把握大势、把握全局的能力和保持政治定力、驾驭政治局面、防范政治风险的能力等政治能力的提升,并得到社会各群体的认可。党政干部拥护"两个确立"并始终做到"两个维护",才能做到自觉同以习近平同志为核心的党中央保持高度一致。党政干部拥护"两个确立"并始终做到"两个维护",才能以自我革命精神纵深推进全面从严治党,持续修复净化政治生态,为黑龙江省政治经济发展和东北振兴提供坚实的政治保障。

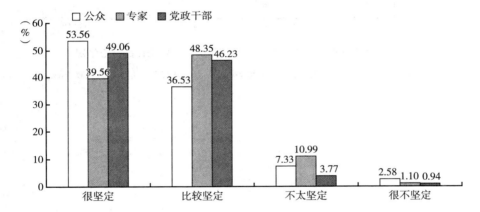

图6 社会各群体对黑龙江省党员干部拥护"两个确立"并始终做到
"两个维护"意识的评价

资料来源:2023~2024年黑龙江省社会形势调查问卷(居民卷、专家卷、党政干部卷)。

七 社会各群体对黑龙江省今后5年反腐败
工作的信心指数较高

问卷调查统计数据显示,社会各群体对黑龙江省今后5年的反腐败工作的信心较高,具体数据如图7所示,也从侧面反映出社会各群体对黑龙江省反腐败工作的肯定，并对未来 5 年黑龙江省反腐败工作取得显著成效持乐观态度。

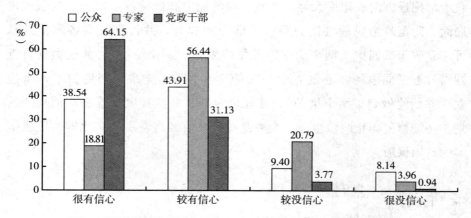

图 7 社会各群体对黑龙江省今后 5 年的反腐败工作的信心情况

资料来源：2023~2024 年黑龙江省社会形势调查问卷（居民卷、专家卷、党政干部卷）。

2023年黑龙江省社会质量调查报告

张 岩*

摘 要： 社会质量是从社会经济保障、社会凝聚、社会包容和社会赋权等四个维度对社会发展状况进行综合研究，有别于单独从某一特定角度对社会现象进行衡量。本报告从社会质量的角度对2023年黑龙江省的发展情况进行研究。结果显示，2023年黑龙江省民众对各级政府的认可度高，对政府的各项工作评价较好；社会包容度高，公平感强；安全感强，对各类机构信任度高。但也存在一些有待加强之处，如民众收入需持续稳定增加、对网络诈骗的担忧依然存在、食品安全方面相对缺乏安全感、某些与就业相关的问题使民众感到受到不公正待遇。本报告由此从多措并举增加居民收入，持续保护民众信息和隐私安全，保障食品安全、促进绿色食品产业发展，促进社会公平四个方面提出进一步提高黑龙江省社会质量的建议。

关键词： 社会质量 社会凝聚 社会包容 社会赋权

2023年，习近平总书记对黑龙江省进行考察并主持召开新时代推动东北全面振兴座谈会，随后，中国共产党黑龙江省第十三届委员会第四次全体会议和第五次全体会议召开。全会指出，习近平总书记的重要讲话"深刻阐明了新时代东北地区和黑龙江全面振兴的一系列根本性、全局性、战略性问题，标定了东北地区和黑龙江在党和国家事业发展全局

---

* 张岩，黑龙江省社会科学院社会学研究所助理研究员，研究方向为应用社会学。

中的历史方位，为黑龙江指明了高质量发展之路、可持续振兴之路、现代化建设之路、人民幸福之路"。① 同时，习近平总书记也指出"让人民过上好日子，是我们一切工作的出发点和落脚点"。② 人民群众的获得感、幸福感、安全感也是反映高质量发展成果的要素，这一点在很大程度上可以通过社会质量进行考察。

本报告运用黑龙江省社会科学院"2023～2024年黑龙江省社会形势调查问卷（民众卷）"中与社会质量相关的数据进行分析。

一　总体情况

（一）社会经济保障方面

社会经济保障维度指人们获取可用来增加个人作为社会人进行互动所必需的物质资源和环境资源的可能性，是从"经济"层面探讨相关问题。

本报告选取黑龙江省的居民收入、消费，以及民众对于相关问题的态度作为指标，对社会经济保障维度进行衡量。

表1为黑龙江省统计局公布的近3年（每年前10个月）常住居民人均可支配收入的数据。如表1所示，黑龙江省城乡常住居民人均可支配收入呈现增长态势。2021年城镇和农村常住居民的人均可支配收入分别为24408元和10987元，2022年分别为25531元和11119元，2023年分别为26641元和11802元。其中，受疫情影响，2022年的城镇和农村居民人均可支配收入的增幅有所降低，2023年农村居民人均可支配收入增幅有大幅度的回升。

---

① 《中国共产党黑龙江省第十三届委员会第四次全体会议决议》，http://hlj.people.com.cn/n2/2023/0928/c220027-40588501.html。
② 习近平：《论坚持推动构建人类命运共同体》，中央文献出版社，2018，第505页。

表1　常住居民人均可支配收入及其增长情况

单位：元，%

2021 年（1~10 月）				2022 年（1~10 月）				2023 年（1~10 月）			
城镇		农村		城镇		农村		城镇		农村	
收入	增长率	收入	增长率	收入	增长率	收入	增长率	收入	增长率	收入	增长率
24408	9.9	10987	10.9	25531	4.6	11119	1.2	26641	4.3	11802	6.1

资料来源：黑龙江省统计局网站（月度数据）。

表 2 反映的是被访者对自己所处社会经济地位的评价。观察数据发现，2023 年黑龙江省民众对自己所处社会经济地位的认识，普遍集中在"中"和"中下"，占比分别为 34.26% 和 30.39%，认为处于"上""中上""下"的占比分别为 2.10%、8.56%、17.13%，整体上呈正态分布的态势。相比于 2022 年的数据，"上""下"和"不好说"的比例略有提高，这与常住居民人均可支配收入的数据形成了某种联系，即收入增长的波动，使人们的心态也发生了一些变化。

表2　个人社会经济地位评价

单位：%

社会经济地位	占比	
	2022 年	2023 年
上	0.8	2.10
中上	8.7	8.56
中	38.7	34.26
中下	32.5	30.39
下	12.7	17.13
不好说	6.6	7.56

资料来源：2022~2023 年/2023~2024 年黑龙江省社会形势调查问卷（民众卷）。

表 3 是被访者（与 2022 年相比）对各项生活状况的满意程度，共分为四档。需要说明的是，满意程度只代表民众对于生活状况的态度，并不代表真实情况。数据呈正态分布，可见整体上民众对于生活状况的态度是相对稳

定的。

同时，生活状况满意程度"变低了"的占比略低于"变高了"。可见民众的态度更倾向于乐观（"变高了""没多大变化"累计占比为74.22%）。

表3　生活状况满意程度

单位：%

满意度	占比	满意度	占比
变高了	21.58	变低了	19.14
没多大变化	52.64	说不清	6.63

资料来源：2023~2024年黑龙江省社会形势调查问卷（民众卷）。

表4旨在调查2023年黑龙江省民众对家庭经济压力的主观感受。其中60.29%的被访者认为家庭的经济压力"越来越大"，相比2022年，该数据增长了3.23个百分点。认为"没多大变化"的占比减少了1.66个百分点，认为"越来越小"的占比增加了0.70个百分点，而认为"说不清"的占比减少了2.27个百分点。

通过表4可知，家庭经济压力增加得到了多数人的认同，这与前两个数据是能够相互印证的。同样，认为家庭经济压力减小的占比也略有提高，这也与前两组数据类似。

表4　对家庭经济压力的主观感受

单位：%

类别	2022年	2023年
越来越大	57.06	60.29
没多大变化	33.31	31.65
越来越小	2.74	3.44
说不清	6.89	4.62

资料来源：2022~2023年/2023~2024年黑龙江省社会形势调查问卷（民众卷）。

表5从主观感受的角度反映了各项支出压力。其中压力累计最高的前两项为"教育支出"和"医疗支出"，占比分别为48.02%和45.76%，均超过

40.00%，这与上年的情况是一样的。之后为"食品支出""住房支出""人情送礼支出""交通通信支出"，占比分别为 39.63%、33.50%、30.65%、30.31%，均超过了 30.00%。压力累计最低的为"文化休闲娱乐支出"（20.99%）。

往年排名第一的"住房支出"（2021 年为 52.7%），2022 年和 2023 年均持续下降。民众对教育支出和医疗支出的压力感上升最多，这一点中央政府也意识到了，2021 年"双减"政策的出台和 2023 年全国医药领域腐败问题集中整治工作便是针对这两个问题的，最终目的是减轻人民群众的经济负担。

以下两个问题值得说明，一是虽然 2023 年"医疗支出"的压力排名有所上升，但整体压力较上年是有所降低的，应该是随着疫情防控平稳转段，健康问题逐渐恢复到常态；二是"交通通信支出"的压力增加，原因应该也类似，随着人们开始正常出行，相对消费自然会增多，压力相应增加。

表5　各项支出压力

单位：%

类别	没压力	很少	一般	明显	非常大	压力累计	
						2023 年	2022 年
食品支出	15.95	9.24	35.18	20.57	19.06	39.63	36.9
服装支出	11.50	19.40	41.48	15.95	11.67	27.62	18.6
住房支出	22.17	14.19	30.14	13.85	19.65	33.50	38.5
家庭设备、用品及服务	14.44	15.95	42.23	15.03	12.34	27.37	26.8
交通通信支出	14.19	17.46	38.04	17.72	12.59	30.31	23.8
文化休闲娱乐支出	16.79	28.80	33.42	11.59	9.40	20.99	15.0
教育支出	17.30	12.76	21.91	18.72	29.30	48.02	41.1
医疗支出	12.26	14.44	29.0	28.80	16.96	45.76	49.8
人情送礼支出	13.85	17.72	37.78	15.70	14.95	30.65	32.0
赡养及赠与支出	19.73	18.72	33.50	12.51	15.53	28.04	28.9

资料来源：2022～2023 年/2023～2024 年黑龙江省社会形势调查问卷（民众卷）。

（二）社会凝聚方面

社会凝聚维度是衡量以团结为基础的集体认同，揭示的是基于共享的价值和规范基础上的社会关系的本质，这个维度主要考察一个社会的社会关系在何种程度上能保有整体性和维系基本价值规范。①

本报告通过民众对各类单位和部门的信任水平探讨了 2023 年黑龙江省民众在社会信任方面的情况，同时也通过 8 个指标探讨了民众对于安全的主观感受。

表 6 是民众对各级政府（含基层群众性自治组织）的信任情况。其中对省政府的信任度最高，占比累计（"比较信任"和"非常信任"）为 73.97%，其次是市/地政府（71.96%），然后是区（县）政府（69.77%）、社区/村两委（68.77%）、乡镇（街道）政府（66.67%）。整体信任程度比较高，从中体现出民众对各级政府（含基层群众性自治组织）的评价是比较好的。

表 6　对各级政府（含基层群众性自治组织）的信任情况

单位：%

各级政府	比较信任	非常信任	累计
省政府	40.30	33.67	73.97
市/地政府	41.06	30.90	71.96
区（县）政府	39.71	30.06	69.77
乡镇（街道）政府	37.53	29.14	66.67
社区/村两委	37.70	31.07	68.77

资料来源：2023～2024 年黑龙江省社会形势调查问卷（民众卷）。

表 7 是民众对各类机构的信任情况。分别有 66.84%、71.54%、63.89%、60.29%、57.35%、61.12%、66.58%的民众对"工、青、妇等群团组织""所在工作单位/公司""社会组织""新闻媒体""金融机构""医院""公检法"等机构表示信任，其中占比最高的为"所在工作单位/公司"，而"金融机构"的公信力相对来说有待提高。

---

① 张海东、石海波、毕婧千：《社会质量研究及其新进展》，《社会学研究》2012 年第 3 期。

表7 对各类机构的信任情况

单位：%

各类机构	比较信任	非常信任	累计
工、青、妇等群团组织	38.54	28.30	66.84
所在工作单位/公司	38.37	33.17	71.54
社会组织	36.86	27.12	63.89
新闻媒体	34.68	25.61	60.29
金融机构	34.34	23.01	57.35
医院	37.11	24.01	61.12
公检法	36.94	29.64	66.58

资料来源：2023~2024年黑龙江省社会形势调查问卷（民众卷）。

表8是被访者对安全的主观感受。其中排名前三的是对人身安全、财产安全和交通安全的主观感受，分别为82.03%、78.34%和74.90%；相对安全感较低的为"个人信息与隐私安全"和"食品安全"，分别为45.93%和51.05%。总体来说民众的安全感普遍较高，这与往年的情况是完全相同的，相信随着打击缅甸北部电信诈骗的成功，未来人们对于"个人信息与隐私安全"的担忧会逐渐降低。

表8 对安全的主观感受

单位：%

类别	很安全	比较安全	累计
财产安全	31.32	47.02	78.34
人身安全	35.01	47.02	82.03
交通安全	26.45	48.45	74.90
医疗安全	21.41	46.68	68.09
食品安全	17.38	33.67	51.05
药品安全	20.40	41.98	62.38
劳动安全	21.83	48.36	70.19
个人信息与隐私安全	16.29	29.64	45.93

资料来源：2023~2024年黑龙江省社会形势调查问卷（民众卷）。

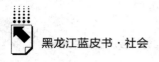

（三）社会包容方面

社会包容是指人们接近那些构成日常生活的多样化制度和社会关系的可能性，人们在何种程度上可以获得来自制度和社会关系的支持。①

本报告主要通过被访者对诸多先赋条件、社会属性和社会制度等方面的认识，以及对某些社会群体的包容程度，分析 2023 年黑龙江省民众的社会包容情况，以及对若干问题公平状况的态度。

表 9 意在考察个人对一些先赋条件在生活中受到不公正待遇时的公平感。其中涉及年龄、性别、性格和相貌身体等四个方面。从"比较严重"和"非常严重"累计占比的情况看，分别为 26.29%、21.08%、19.23%、24.43%。由数据可知，年龄和相貌身体相对使人感到受到不公正待遇，而性别和性格相对不公平感较低，而年龄与就业相关。

值得注意的是，这只是相对的排序，总体来说不公平感均未超过 30%。

表 9　对先赋条件公平感的认识

单位：%

类别	无此问题	不太严重	比较严重	非常严重	不好说	严重累计
年龄	31.32	27.96	20.24	6.05	14.44	26.29
性别	32.66	33.75	15.45	5.63	12.51	21.08
性格	33.92	33.08	14.36	4.87	13.77	19.23
相貌身体	29.81	32.91	16.37	8.06	12.85	24.43

资料来源：2023~2024 年黑龙江省社会形势调查问卷（民众卷）。

表 10 的数据分别从"户籍""宗教""受教育程度""政治观点""职业""家庭背景及社会关系"六个方面考量社会属性方面的公平感认识，认为"比较严重"和"非常严重"累计分别为 14.53%、9.91%、33.42%、20.99%、28.12%、34.51%。被访者认为自己受到不公正待遇

---

① 张海东、石海波、毕婧千：《社会质量研究及其新进展》，《社会学研究》2012 年第 3 期。

占比较高的为"家庭背景及社会关系"和"受教育程度",均超过了
30.00%,另外认为自己在"职业"方面受到不公正待遇的占比也较高,
这三项均与就业相关。

值得注意的是,"家庭背景及社会关系"体现的是"人情社会"的
弊端。

表 10   对社会属性公平感的认识

单位:%

类别	无此问题	不太严重	比较严重	非常严重	不好说	严重累计
户籍	36.52	36.02	10.75	3.78	12.93	14.53
宗教	42.32	31.40	6.47	3.44	16.37	9.91
受教育程度	26.53	28.46	22.00	11.42	11.59	33.42
政治观点	35.18	28.55	14.02	6.97	15.28	20.99
职业	29.30	28.88	10.24	17.88	13.69	28.12
家庭背景及社会关系	27.71	23.76	18.05	16.46	14.02	34.51

资料来源:2023~2024 年黑龙江省社会形势调查问卷(民众卷)。

表 11 为被访者对制度层面公平感的认知。涉及"高考制度""公民实
际享有的政治权利""司法与执法""公共医疗""工作与就业机会""财富
及收入分配""养老等社会保障待遇""城乡之间的权利、待遇"等八个方
面,认为公平的占比累计分别为 77.84%、71.62%、70.95%、62.98%、
57.10%、48.86%、60.70%、57.76%。其中认为公平感较高的前三项分别
为"高考制度""公民实际享有的政治权利""司法与执法",占比均在
70.00%以上;认为公平感较低的为"城乡之间的权利、待遇""工作与就
业机会""财富及收入分配",占比均未超过 60.00%。与前文的一些数据相
似,民众认为公平感较低的均与就业、收入等方面相关。累计有 63.56%的
被访者认为社会总体上是公平的。

表 11　对制度层面公平感的认识

单位：%

各项制度	非常公平	比较公平	累计
高考制度	32.16	45.68	77.84
公民实际享有的政治权利	28.21	43.41	71.62
司法与执法	27.54	43.41	70.95
公共医疗	20.49	42.49	62.98
工作与就业机会	18.56	38.54	57.10
财富及收入分配	16.37	32.49	48.86
养老等社会保障待遇	19.14	41.56	60.70
城乡之间的权利、待遇	18.47	39.29	57.76
总体上的社会公平状况	18.98	44.58	63.56

资料来源：2023~2024 年黑龙江省社会形势调查问卷（民众卷）。

表 12 考察的是被访者对各类社会群体的包容程度，包括"同性恋""乞讨者""刑满释放者""有不同宗教信仰者""艾滋病患者"等，数据显示能够接纳的累计为 38.45%、55.42%、57.85%、69.19%、34.00%。其中包容程度最高的为"有不同宗教信仰者"。

表 12　对各类群体的包容程度

单位：%

类别	非常能接纳	比较能接纳	累计
同性恋	12.59	25.86	38.45
乞讨者	14.61	40.81	55.42
刑满释放者	14.44	43.41	57.85
有不同宗教信仰者	21.75	47.44	69.19
艾滋病患者	8.31	25.69	34.00

资料来源：2023~2024 年黑龙江省社会形势调查问卷（民众卷）。

（四）社会赋权方面

社会赋权是指个人的力量和能力在何种程度上通过社会结构发挥出来，社会关系能在何种程度上提高个人的行动能力。[①]

本报告通过对社会参与、政治参与的水平和意愿，以及对部分政府工作的评价，对2023年黑龙江省社会质量中的社会赋权维度进行分析。

表13体现了被访者的社会参与和政治参与情况，其中"参加所在村居/单位的重大决策讨论""与他人或网友讨论政治问题""向政府部门反映意见"这三项的占比较高，分别为28.50%、24.60%和24.30%；"向报刊、电台、网络论坛等媒体反映社会问题"和"参加线上/线下集体性维权行动"两项参与度相对较低。

表13　社会参与和政治参与情况

单位：%

类别	是
与他人或网友讨论政治问题	24.60
向报刊、电台、网络论坛等媒体反映社会问题	19.10
向政府部门反映意见	24.30
参加所在村居/单位的重大决策讨论	28.50
参加线上/线下集体性维权行动	19.90

资料来源：2023~2024年黑龙江省社会形势调查问卷（民众卷）。

表14反映的是被访者的社会参与和政治参与意愿。意愿相对较强的是"参加所在村居/单位的重大决策讨论"（27.70%）、"向政府部门反映意见"（23.90%）和"参加线上/线下集体性维权行动"（21.10%）。表14和表13的内容相似，但值得注意的是"与他人或网友讨论政治问题"的意愿并不强，但实际参与的占比却要多一些。

[①]　张海东、石海波、毕婧千：《社会质量研究及其新进展》，《社会学研究》2012年第3期。

表 14　社会参与和政治参与意愿

单位：%

类别	愿意参与
与他人或网友讨论政治问题	17.00
向报刊、电台、网络论坛等媒体反映社会问题	19.60
向政府部门反映意见	23.90
参加所在村居/单位的重大决策讨论	27.70
参加线上/线下集体性维权行动	21.10

资料来源：2023~2024 年黑龙江省社会形势调查问卷（民众卷）。

表 15 反映了 2023 年被访者对黑龙江省政府部分工作的评价。数据显示，民众对于政府工作的认可度相似。其中相对较高的是"巩固提升绿色发展优势"（67.85%）和"加快现代化农业强省建设"（66.83%），这在一定程度上体现了黑龙江省农业强省和生态功能区的坚实地位。

表 15　对黑龙江省政府部分工作的评价

单位：%

类别	很好	比较好	累计
加快构建现代化产业体系	26.78	37.45	64.23
大力实施扩大内需战略	25.27	38.46	63.73
加快现代化农业强省建设	28.04	38.79	66.83
持续强化招商引资	25.78	36.27	62.05
加快实施创新驱动发展战略	25.61	37.03	62.64
持续深化重点领域和关键环节改革	25.19	38.46	63.65
推进高水平对外开放	27.20	37.62	64.82
巩固提升绿色发展优势	28.30	39.55	67.85
用心用力办好民生实事	29.14	35.68	64.82
加强政府自身建设	28.80	36.86	65.66
政府工作总体满意度	28.04	38.79	66.83

资料来源：2023~2024 年黑龙江省社会形势调查问卷（民众卷）。

二 黑龙江省社会质量综合分析

（一）2023年社会质量视角下黑龙江省发展整体向好

1.对各级政府的认可度高，对政府的各项工作评价较好

黑龙江省民众对从省政府到基层群众性自治组织均有较高的信任度，这与疫情防控平稳转段后黑龙江省迅速进入发展经济的状态是有关的。特别是黑龙江省作为农业强省，做到了"二十连丰"，起到了国家粮食安全"压舱石"的作用，这是有目共睹的成绩。在环境生态方面，2023年黑龙江省坚持质量领先，全力推动环境污染治理，也取得了很好的效果。以虎林市为例，《黑龙江省虎林市：深入践行"两山"理念打造生态文明建设样板》作为全国31个优秀典型案例之一，被编入《中国式现代化县域实践调研报告》，供全国各地参考借鉴；同时，该市推动完成了国家水利风景区的创建等。这些工作都体现了黑龙江省对可持续发展的工作力度。

2.社会包容度高，公平感强

黑龙江省人口来源多样、文化多元，从而在文化中形成了比较高的包容性。在社会生活中民众基本能感受到较强的公平感，如性别、性格、户籍、宗教、政治观点等方面绝大多数人能互相理解。当然，这种文化氛围的形成也与黑龙江省在收入、职业、教育等方面的分化程度较低有关，这使得民众在很多方面会产生相似的认知。在各类社会制度方面，也能感受到较强的公平感，特别是高考制度、公民实际享有的政治权利、司法与执法等方面。

3.安全感强，对各类机构信任度高

随着黑龙江省多年来在推进国家治理体系和治理能力现代化方面的不断发力，社会安定、治安形势持续向好，民众对财产安全、人身安全、交通安全、医疗安全、药品安全、劳动安全等方面均有较强的安全感。同时，对工、青、妇等群团组织、所在工作单位/公司、社会组织、新闻媒体、金融机构、医院、公检法各类社会机构也普遍比较信任。

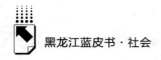

另外，黑龙江省民众在社会参与渠道方面不断向多样化发展，这是黑龙江省坚持和完善中国特色社会主义社会治理体系的必然结果。

（二）2023年社会质量视角下黑龙江省发展中的不足之处

1. 民众收入需持续稳定增加

通过数据可知，相比往年，城乡居民的可支配收入总量持续增高，增幅起伏较大，但未恢复至2021年的增长幅度。这也许会在一定程度上影响部分民众的心态，如在对个人社会经济地位的看法和对家庭经济压力的感受两个方面，相比2022年的数据，2023年呈现向两边分散的态势，虽然幅度很小，但也应引起重视。收入稳定增长，民众对生活的满意度也必然会增加（见表3）。

2. 对网络诈骗的担忧依然存在

2023年，公安机关以空前力度严打缅北电信网络诈骗犯罪，共破获电信网络诈骗案件43.7万起。① 黑龙江省电诈案件立案同比下降25.1%，财损同比下降23.5%，破案同比上升18.7%，抓获犯罪嫌疑人同比上升0.1%，阶段性实现"两降两升"。② 但长久以来，个人信息外泄进而造成财产损失这种现象对民众的认知产生了影响，未来随着打击电诈的高压态势的持续，特别是从严从重惩处行业"内鬼"泄露个人信息行为，相信民众在"个人信息与隐私安全"方面的安全感会不断增强。

3. 食品安全方面相对缺乏安全感

随着互联网自媒体的不断发展，越来越多食品添加剂滥用的现象被曝光，这使得民众对这方面的问题变得有些敏感。如果说过去人们更关注的是食品卫生问题，那么现在关注点的转变其实在一定程度上是一种进步，表明民众对食品安全的要求变高了。民众对食品安全的关注其实也是对健康的关

---

① 《缅北电诈"四大家族"覆灭 三组数据看2023年以来我国打击电诈犯罪成效》，https：//news. sina. com. cn/zx/gj/2024-01-31/doc-inafmpkc5686793. shtml。

② 《黑龙江电诈案件立案同比下降25.1%》，https：//baijiahao. baidu. com/s? id = 1786396410 643813059&wfr=spider&for=pc。

注，这正是人民对美好生活向往的一种体现。

4. 某些与就业相关的问题使民众感受到不公平

有相当一部分民众认为自己在"家庭背景及社会关系""受教育程度""职业"等方面，受到了不公正的待遇，其实这是一个普遍存在的问题。更充分、更高质量的就业关系到民众的收入，甚至关系到个人的发展，那么"家庭背景及社会关系"的不公平感，不但无益于社会的发展和进步，甚至极大程度地阻碍社会发展，包容度高的社会才会孕育出优质的营商环境。

三 进一步提高黑龙江省社会质量的建议

（一）多措并举增加居民收入

习近平总书记在新时代推动东北全面振兴座谈会上强调要"牢牢把握高质量发展这个首要任务和构建新发展格局这个战略任务"。① 高质量发展、东北的全面振兴牵涉每个黑龙江人的发展，区域的发展必将带动个人的发展，二者是有辩证关系的。那么随着黑龙江省坚持发展实体经济、坚持科技创新和产业升级、全面推进乡村振兴，未来必然会走向共同富裕。

（二）持续保护民众信息和隐私安全

近年来，打击电信网络诈骗取得了显著的成效，相关问题已经得到了明显的改善。随着"打防结合、预防为先"的理念不断深入人心，特别是堵住行业内部泄露个人信息的源头，相信未来相关问题会越来越少，希望未来能够持续保持这种高压态势。另外，也希望对于特定场所的偷拍设备持续进行检查，并且从源头上减少类似设备流向社会。

---

① 《习近平主持召开新时代推动东北全面振兴座谈会强调：牢牢把握东北的重要使命　奋力谱写东北全面振兴新篇章》，https://www.gov.cn/yaowen/liebiao/202309/content_6903072.htm。

（三）保障食品安全，促进绿色食品产业发展

2023 年，黑龙江省通过采取强化风险隐患排查整治、推动"两个责任"落地见效、健全完善社会共治格局等举措保障食品安全。同时，黑龙江省全国绿色食品原料标准化生产基地达 7093.5 万亩，居全国首位。① 在黑龙江省委、省政府提出的加快构建"4567"现代产业体系中，六大传统优势产业便包括食品产业，希望未来能够打造绿色食品的黑龙江品牌集群。

（四）促进社会公平

东北地区近些年下大力气打造营商环境，这对营造公平的市场环境起到了重要的作用。但在注重情义的地方文化背景下，在微观情境中依然存在"讲人情、重关系"的现象。未来仍需要在宏观和微观两个方面同时发力，即在政企关系层面要"轻人情、重制度"，在微观层面也要引导人们向"轻人情、重制度"的方向发展，逐渐做到"移风易俗"，减少不公平现象的发生，增强民众的公平感。

---

① 《黑龙江省全国绿色食品原料标准化生产基地达 7093.5 万亩 居全国首位》，https://www.hlj. gov. cn/hlj/c107856/202401/c00_31702436. shtml。

社会发展篇 ⟩⟩

B.10

黑龙江省居民收入与消费状况分析

关 月[*]

摘　要： 2023 年，黑龙江省居民收入实现稳定增长，居民消费潜力进一步释放。四大项收入呈现"三增一降"态势，其中，人均工资性收入、人均经营净收入、人均转移净收入均有所增长，人均财产净收入有所下降。2023 年黑龙江省居民消费持续恢复，农村居民消费支出增速快于城镇。但黑龙江省仍存在工资性收入比重偏低、城镇居民增收压力大、城镇居民消费意愿有待提升等问题，需要积极培育新的消费增长点、有效激发居民消费潜力。

关键词： 居民收入　消费支出　黑龙江省

　　2023 年，黑龙江省全面落实党的二十大精神，坚持稳中求进工作总基

---

　　* 关月，国家统计局黑龙江调查总队居民收支调查处，研究方向为城乡居民收入和消费。

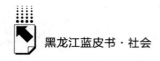

调，全面贯彻新发展理念，全力推进高质量发展，社会经济运行平稳，居民人均可支配收入实现稳定增长，居民消费潜力进一步释放。

一 居民收入总体情况

2023年，黑龙江省全体常住居民人均可支配收入29694元，同比增长4.8%，比上年同期高0.4个百分点。分城乡看，城镇居民人均可支配收入36492元，同比增长4.1%，与上年同期持平，增速低于全国1.0个百分点，比吉林、辽宁和内蒙古分别低1.6个、0.2个和1.0个百分点；农村居民人均可支配收入19756元，同比增长6.3%，比上年同期高2.5个百分点，增速低于全国1.4个百分点，比吉林、辽宁和内蒙古分别低1.1个、1.6个和1.7个百分点（见表1）。

表1　2023年全国与东北四省居民人均可支配收入增速情况

单位：%

地区	全体	城镇	农村
全　国	6.3	5.1	7.7
黑龙江	4.8	4.1	6.3
吉　林	6.5	5.7	7.4
辽　宁	5.3	4.3	7.9
内蒙古	6.1	5.1	8.0

资料来源：国家统计局。

二 居民四大项收入结构特点

从收入来源看，居民四大项收入呈现"三增一降"态势。工资性收入是主力，全体居民人均工资性收入同比增长6.0%，占可支配收入的47.1%，对可支配收入增长的贡献率为58.9%；全体居民人均经营净收入同比增长 3.9%，占可支配收入的 19.8%，对可支配收入增长的贡献率为 16.3%；受房价下跌等因素影响，全体居民人均财产净收入同比下降 6.7%，占可支配收入的 4.3%，对可支配收入增长的贡献率为-6.8%；全体居民人均转移净收入同比增长 5.3%，占可支配收入的 28.8%，对可支配收入增长的贡献率为 31.6%（见表 2）。

表 2 2023 年黑龙江省居民人均可支配收入情况

单位：%

指标名称	全体		城镇		农村	
	绝对值	增速	绝对值	增速	绝对值	增速
人均可支配收入	29694	4.8	36492	4.1	19756	6.3
人均工资性收入	13987	6.0	21006	5.6	3724	9.0
人均经营净收入	5894	3.9	3169	8.8	9877	1.8
人均财产净收入	1276	-6.7	1163	-17.4	1442	10.0
人均转移净收入	8538	5.3	11153	3.0	4713	13.5

注：表中部分数据因四舍五入，所以存在总计与分项合计不等的情况。
资料来源：国家统计局。

（一）稳岗政策持续助力就业增长，人均工资性收入较快增长

2023 年黑龙江省全体居民人均工资性收入为 13987 元，同比增长 6.0%。分城乡看，城镇居民人均工资性收入为 21006 元，同比增长 5.6%，对城镇居民人均可支配收入增长的贡献率为 76.6%，拉动同期可支配收入增长 3.2%，是城镇居民收入增长的主力。农村居民人均工资性收入为 3724 元，同比增长 9.0%，对农村居民人均可支配收入增长的贡献率为 26.1%，拉动同期可支配收入增长 1.7%。工资性收入得到较快增长的主要原因在于：一是扎实做好就业帮扶，积极开展五个专项行动，强化系统推进，持续发挥"六大体系"作用，促进高质量充分就业；二是部分大型煤矿、油田国企人员工资上涨；三是调整并补发边远地区机关事业单位人员艰苦边远津贴、应急管理津贴补贴等。

（二）第二、第三产业产能充分释放，推动人均经营净收入增长

2023年黑龙江省全体居民人均经营净收入5894元，同比增长3.9%。分城乡看，城镇居民人均经营净收入为3169元，同比增长8.8%，对城镇居民人均可支配收入增长的贡献率为17.6%，拉动同期可支配收入增长0.7%。农村居民人均经营净收入为9877元，同比增长1.8%，对农村居民人均可支配收入增长的贡献率为15.1%，拉动同期可支配收入增长1.0%。2023年黑龙江省提振消费，推动市场加快复苏，各地配套发放政府消费券拉动消费，同时打造直播带货、网络促销等新型消费场景，营造全省电商发展氛围，网络零售带动社消零售增长作用显著。成功举办第三十二届哈尔滨国际经济贸易洽谈会（简称"哈洽会"），进一步促进加工制造行业高质量发展。同时，在全省开展夏季避暑旅游"百日行动"，加大"引客入省"旅游支持力度，抢抓中秋国庆"双节"机遇，带动餐饮、旅游、娱乐、购物等消费，服务行业经营收益大幅增加。2023年全体居民人均二、三产业经营净收入同比分别增长18.8%和13.1%。

（三）受房价下滑影响，人均财产净收入下降

2023年黑龙江省全体居民人均财产净收入1276元，同比下降6.7%。分城乡看，城镇居民人均财产净收入为1163元，同比下降17.4%，对城镇居民人均可支配收入增长的贡献率为-16.9%，拉动同期可支配收入下降0.7%。国家统计局数据显示，2023年黑龙江省部分地区1~12月新建商品住宅销售价格指数和二手住宅销售价格指数同比下降，造成城镇居民财产净收入下降。农村居民人均财产净收入为1442元，同比增长10.0%，对农村居民人均可支配收入增长的贡献率为11.2%，拉动同期可支配收入增长0.7%。受2022年水稻和玉米价格上涨及近年来农作物丰收等因素影响，土地承包价格也随之上涨。2023年农村居民人均转让承包土地经营权租金净收入同比增长11.7%。

（四）惠农补贴力度加大，人均转移净收入稳定增长

2023 年黑龙江省全体居民人均转移净收入 8538 元，同比增长 5.3%。分城乡看，城镇居民人均转移净收入为 11153 元，同比增长 3.0%，对城镇居民人均可支配收入增长的贡献率为 22.6%，拉动同期可支配收入增长 0.9%。农村居民人均转移净收入为 4713 元，同比增长 13.5%，对农村居民人均可支配收入增长的贡献率为 47.6%，拉动同期可支配收入增长 3.0%。转移净收入增长的原因，一是大豆补贴标准大幅提高，农业补贴总量同比增加。2023 年农村居民人均现金政策性惠农补贴同比增长 18.4%。二是社会保障及救助标准稳步提升。企业及机关事业退休人员基本养老金定额增加，企业退休人员基本养老金人均水平提高；城乡居民基本养老保险发放和低保特困人员救助供养标准提高。三是医疗报销费用增加。新冠疫情转段后门诊住院正常化，秋季以来甲流、乙流等流感暴发，住院人数增多，医疗报销费用增加，2023 年全体居民人均报销医疗费同比增长 16.9%。

三　居民消费支出总体情况

2023 年以来，随着社会经济持续恢复，就业形势总体改善，消费场景恢复拓展，居民消费持续恢复，农村居民消费支出增速快于城镇。2023 年黑龙江省全体常住居民人均生活消费支出为 22052 元，同比增长 8.0%。分城乡看，城镇常住居民人均生活消费支出为 25882 元，同比增长 7.8%。农村常住居民人均生活消费支出为 16453 元，同比增长 8.5%。农村居民人均生活消费支出增速比城镇高 0.7 个百分点。

四　居民消费支出特点

从消费结构看，全体居民八大类消费全部呈现增长态势，食品烟酒、衣着、居住等生存型消费支出保持平稳增长，医疗保健、交通通信、教育文化娱乐等发展享受型消费增长势头明显（见表 3）。

表 3 2023 年黑龙江省城乡居民消费支出情况

单位：%

指标名称	全体		城镇		农村	
	绝对值	增速	绝对值	增速	绝对值	增速
消费支出	22052	8.0	25882	7.8	16453	8.5
食品烟酒	6648	4.5	7608	5.1	5245	3.2
衣着	1441	6.0	1790	9.4	930	-2.6
居住	4092	3.1	5207	2.1	2462	6.1
生活用品及服务	1013	6.8	1286	10.2	614	-2.4
交通通信	2993	14.3	3333	15.5	2496	12.0
教育文化娱乐	2386	13.4	2804	12.6	1774	15.2
医疗保健	2903	15.0	3104	10.9	2609	22.7
其他用品和服务	577	9.7	751	8.3	322	14.5

注：表中部分数据因四舍五入，所以存在总计与分项合计不等的情况。
资料来源：国家统计局。

（一）恩格尔系数下降

2023 年黑龙江省全体居民人均食品烟酒支出为 6648 元，同比增长 4.5%，恩格尔系数为 30.1%，较上年同期下降 1.0 个百分点。分城乡看，城镇居民人均食品烟酒支出为 7608 元，同比增长 5.1%，恩格尔系数为 29.4%，较上年同期下降 0.8 个百分点。农村居民人均食品烟酒支出为 5245 元，同比增长 3.2%，恩格尔系数为 31.9%，较上年同期下降 1.6 个百分点。

（二）消费支出"三驾马车"增速较快

一是医疗保健支出显著增长。2023 年黑龙江省全体居民人均医疗保健类支出为 2903 元，同比增长 15.0%。分城乡看，城镇居民人均医疗保健支出为 3104 元，同比增长 10.9%；农村居民人均医疗保健支出为 2609 元，同比增长 22.7%。受新冠病毒感染和季节性流感等因素影响，居民就医需求增长较为明显。全体居民人均医疗服务消费 1891 元，同比增长 15.2%。同时，居民对自身健康也愈发关注，购买药品及医疗保健器具增多，推动医疗保健消费快速增长。全体居民人均医疗器具及药品支出 1012 元，同比增长 14.5%。

二是交通通信、教育文化娱乐支出快速增长。全省加大力度推进消费政策落地实施，发放购车补贴、消费券等促进汽车消费，增强居民购车意愿。同时，居民出游需求释放，旅游市场回暖明显，带动交通通信支出较快增长。2023 年全体居民人均交通通信支出 2993 元，同比增长 14.3%，其中，人均交通支出 2264 元，同比增长 17.9%。分城乡看，城镇居民人均交通通信支出 3333 元，同比增长 15.5%。农村居民人均交通通信支出 2496 元，同比增长 12.0%。新冠疫情转段后线下教学恢复，教育支出实现较快增长。2023 年全体居民人均教育文化娱乐支出为 2386 元，同比增长 13.4%，其中，人均文化娱乐支出 550 元，同比增长 22.4%。分城乡看，城镇居民人均教育文化娱乐支出为 2804 元，同比增长 12.6%。农村居民人均教育文化娱乐支出为 1774 元，同比增长 15.2%。

（三）发展享受型消费强劲复苏

2023 年黑龙江省全体居民人均生活用品及服务、交通通信、教育文化娱乐、医疗保健、其他用品和服务等发展享受型消费支出 9872 元，同比增长 13.2%，增速比生存型消费支出快 9.0 个百分点。发展享受型消费占居民消费的比重为 44.8%，比上年提高 2 个百分点。与疫情前相比，生活用品及服务、交通通信、医疗保健、其他用品和服务均已超过 2019 年同期水平。分城乡看，城镇居民人均发展享受型消费支出 11278 元，同比增长 12.4%，增速比生存型消费支出快 7.9 个百分点，发展享受型消费占居民消费的比重为 43.6%，比上年提高 1.8 个百分点。农村居民人均发展享受型消费支出 7816 元，同比增长 14.8%，增速比生存型消费支出快 11.4 个百分点，发展享受型消费占居民消费的比重为 47.5%，比上年提高 2.6 个百分点。

（四）服务性消费支出增速高于生活消费支出

随着社会经济日益复苏，居民消费信心持续增强，在出游热和旺盛的文娱市场需求的带动下，在外饮食、交通出行、旅游等服务性消费支出快速增长。2023年黑龙江省全体居民人均服务性消费支出9089元，同比增长12.6%，增速高于全体居民人均消费支出4.6个百分点。服务性消费支出占居民消费支出的比重为41.2%，比上年同期增长1.7个百分点。分城乡看，城镇居民服务性消费支出11196元，同比增长10.6%，增速高于城镇居民人均消费支出2.8个百分点，占城镇居民消费支出的比重为43.3%，比上年同期增长1.1个百分点。农村居民服务性消费支出6008元，同比增长18.1%，增速高于农村居民人均消费支出9.6个百分点，占农村居民消费支出的比重为36.5%，比上年同期增长3个百分点。农村居民人均服务性消费支出增速快于城镇，但农村人均服务性消费支出所占比重低于城镇。

五 居民收入及消费需关注的问题

（一）收入结构中工资性收入比重偏低

2023年黑龙江省全体居民人均工资性收入占可支配收入的比重为47.1%，低于全国9.1个百分点（见表4）。当前黑龙江省面临着产业结构单一、传统产业占比大、新兴产业发展不足、龙头企业少等问题，同时黑龙江人才流失问题较为严重，高层次人才缺乏，工资水平较低，工资性收入增长速度相对较慢且同全国相比在收入结构中占比偏低。

表4 黑龙江省全体居民与全国平均水平收入结构对比情况

单位：%

指标名称	全国		黑龙江		差额	
	绝对值	占比	绝对值	占比	绝对值	个百分点
人均可支配收入	39218		29694		9524	
人均工资性收入	22053	56.2	13987	47.1	8066	9.1
人均经营净收入	6542	16.7	5894	19.8	648	-3.1

指标名称	全国		黑龙江		差额	
	绝对值	占比	绝对值	占比	绝对值	个百分点
人均财产净收入	3362	8.6	1276	4.3	2086	4.3
人均转移净收入	7261	18.5	8538	28.8	−1277	−10.3

注：表中部分数据因四舍五入，所以存在总计与分项合计不等的情况。
资料来源：国家统计局。

（二）财产净收入支撑不足，城镇居民增收压力大

2023 年，黑龙江城镇居民人均财产净收入占人均可支配收入的比重仅为 3.2%，促进增收有限。房价对财产净收入起到绝对支撑作用，近些年黑龙江人口老龄化问题加剧，人口外流情况较多，间接导致住房购买力不足、房价下滑，使得城镇居民增收基础不稳。

（三）部分农产品价格回落，高成本制约一产增收

2023 年黑龙江省粮食生产实现"二十连丰"，但大豆、玉米及部分畜牧业产品价格同比下降导致农村经营净收入增速放缓。包地费用及部分农牧业生产资料价格上涨，导致生产成本上升，挤压一产利润空间。2023 年全省农村居民人均农业净收入同比增长 1.8%。

（四）城镇居民消费意愿有待提升

2023 年黑龙江省城镇居民人均消费支出增速低于农村居民 0.7 个百分点，在增收压力较大情况下，城镇居民受教育医疗、失业风险、房贷负担等的影响，消费意愿还不够强，有待进一步提振消费信心。

（五）农村人口流失抑制消费支出

随着城镇化率提高、农村人口流失，农村常住居民中老年人比例也随之变大，而其消费意愿和消费能力相对较弱，这导致促进农村居民消费支出稳

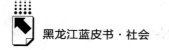

步增长难度加大。2023 年农村居民消费支出结构中，衣着和生活用品及服务支出呈现负增长，医疗保健支出增长幅度最大。

六 促进居民收入消费持续增长的建议

（一）抢抓机遇发展文旅，扩岗就业提升工资性收入

大力发展冰雪经济和特色文化旅游，推动冰雪运动、冰雪文化、冰雪装备、冰雪旅游全产业链发展。加强区域合作，实现省内资源共享、优势互补，共同打造旅游目的地，提高区域旅游的整体竞争力。加大对旅游行业企业的扶持力度，扩大用工规模，增加用工岗位，在拉动本地就业的同时加大对旅游行业人才的培养力度，提高旅游从业人员的素质和服务水平，为旅游企业提供高素质的人力资源，进而提高从业人员的收入水平，促进工资性收入增长。

（二）保障住房财产收益，科学引导居民理财

根据市场需求和经济发展情况，持续稳妥实施房地产长效机制，保障刚性用房需求，让优惠政策切实、精准落到有需要的群体身上，不断增加居民购房意愿，增强房地产市场活力，提升房地产企业经营信心，保障房地产市场的平稳发展。政府需出台相应激励政策稳定房地产价格，保障居民住房财产收益。同时推广多元化的投资渠道，引导和鼓励金融机构开发适合不同风险偏好和投资需求的理财产品，提供多元化的投资渠道，让居民有更多的机会实现财富增值。

（三）加大投入和支持力度，保障一产综合效益

加大对农业的投入和支持力度，加强农业科技创新和推广，引进先进的农业技术和设备，提高农业生产的技术含量和机械化水平，发展精深加工、特色养殖、生态旅游等新兴行业，引导新型经营主体与农户建立紧密的利益

联结机制，推动农业产业链向纵深发展，让农民获得更多产业链延长增值收益，促进农民增收致富。

（四）确保促消费政策落实落靠

结合本地消费市场实际，强化消费政策引领，加大对中小企业、个体工商户的扶持力度，助推电商产业健康发展，优化营商环境。扩大消费券发放范围，增加消费券种类，将更多的商品零售业、餐饮业、娱乐业店面纳入消费券使用范围，进一步激发居民消费热情，增强消费信心。

（五）丰富消费新业态新场景

推动数字技术发展与文旅消费、街区商圈、会展经济、夜市经济有效结合，打造产业链互通的线上线下融合的消费场景。培育壮大新型消费，大力发展数字消费、绿色消费、健康消费，积极培育具有黑龙江特色的文化旅游、体育赛事、国货"潮品"等新的消费增长点，有效激发居民消费潜力。

B.11

黑龙江省社会保障及就业状况分析

王欣剑*

摘　要： 2023 年黑龙江省社会保障制度改革扎实推进，社会保障及就业状况总体保持稳定。基本养老金按时、足额发放并持续提高；基本医疗保险覆盖面扩大，待遇水平稳步提升；通过系列稳定就业举措，城镇就业实现增长。但同时，养老保险基金缺口持续扩大；医疗保障"就医难"问题依然存在；就业困难人群、城乡低保和特困人群的救助需求增加。2023 年黑龙江省基本养老金政策调整向高龄群体倾斜，基本医疗保险省级统筹稳步推进，失业保险功能得到充分发挥，稳就业和救助政策顺利实施。本报告提出，黑龙江省应建立基金缺口分担机制，应对养老保险中长期困局；发展县域医共体和城市医联体，完善基层医疗卫生服务体系；关注困难人群多元需求，形成分层分类社会救助体系；满足不同群体培训需求，破解就业结构性矛盾。

关键词： 社会保障　社会保险　就业政策

一　基本状况

2023 年黑龙江省社会保障制度改革扎实推进，有效防范和控制基金监管风险、规模性失业风险；突出就业优先导向，通过稳就业政策推动重点群体就业。社会保障项目更加多层次，支撑体系更加完备，保障服务更加优质。

---

* 王欣剑，黑龙江省社会科学院社会学研究所副研究员，发展社会学研究室主任，研究方向为发展社会学、社会保障。

2023 年黑龙江省社会保障状况总体稳定，社会保障网的结构与功能得到优化。一是进一步完善基本养老服务体系，继续推进企业职工基本养老保险与全国统筹平稳衔接，从而保证基本养老金的按时、足额发放并持续增加；适时实施城乡居民基本养老保险丧葬补助金制度。二是基本医疗保险的覆盖面扩大，待遇水平稳步提升，基本医保参保率稳定在 95% 左右；2023 年医疗救助资金支出 4.38 亿元资助困难人员参保，困难群体参保率超过 99%。三是失业保险和工伤保险实现省级统筹，提前完成"十四五"规划目标；2023 年阶段性降低失业保险费率至 1%，单位费率和个人费率均为 0.5%；落实和细化就业优先政策，通过系列稳定就业举措，城镇新增就业达 35.7 万人；生产安全事故起数、死亡人数分别下降 12.3% 和 1.7%。四是健全社会救助体系，城乡低保保障水平持续提高，全省城市低保指导标准提高到每人 689 元/月，农村低保指导标准提高到每人 483 元/月，2023 年有 130 万名城乡低保对象得到救助；进行 2023 年水灾之后的重建工作，全面恢复受灾家庭的正常生活秩序。

同时，黑龙江省社会保障和就业发展也面临一些困难和挑战。首先是养老保险基金缺口持续扩大，从 2021 年的 372.3 亿元扩至 2023 年的 829.32 亿元，基金缺口列全国第二位，养老保险资金负担进一步加重。其次是医疗保障"就医难"问题依然存在，尤其是"大医院"医疗资源集中，基层医疗机构服务能力偏弱，相应的医保支持政策亟待加强。再次是就业困难群体、青年就业群体、低收入群体和零就业家庭在就业领域的援助需求增长，稳就业政策有待进一步调整和优化。最后是城乡低保和特困人群的社会救助水平需进一步提高，社会供养标准需按市场物价同步上调。

二　政策和举措

（一）基本养老金总体稳定增长，政策调整向高龄群体倾斜

社会养老保险既有保证基本生活水平的原则，也有分享社会经济发展成

果的需要。2023 年黑龙江省发布了养老金调整方案及细则，基本养老金总体水平呈现微涨态势。持续提高养老金待遇水平，加大了养老保障力度。黑龙江省养老金调整结构中，定额部分的涨幅较上年略有下降，每人每月增加28 元，上年养老金调整方案中的定额增加额为 30 元；与缴费年限挂钩部分的调整幅度与上年持平，缴费年限每满一年增加 1.3 元；与月基本养老金挂钩的部分略有增加，较上年提高 0.01%；养老金调整向高龄倾斜的部分有额外的增幅政策，对年龄达到高龄标准的退休人员给予政策照顾，70～79周岁的退休人员每月增加 30 元，80 周岁及以上的退休人员每月增加 40 元；由于气候因素，调整方案中给予部分地区的退休人员额外的养老金增加额，每月增加 5 元至 15 元不等。

（二）推进基本医疗保险省级统筹，健全基金管理法律规范

2023 年黑龙江省为深化医疗保障制度改革、强化基金保障功能，按照《国务院办公厅关于印发"十四五"全民医疗保障规划的通知》要求，积极推进基本医疗保险省级统筹，起草《黑龙江省推动基本医疗保险省级统筹实施意见（征求意见稿）》，并向社会公开征求意见。

2023 年黑龙江省进一步健全基金管理的法律规范，实施《黑龙江省医疗保障基金监督管理条例》，并出台《黑龙江省医疗保障基金使用监督管理举报处理暂行办法》《黑龙江省违法违规使用医疗保障基金举报奖励实施细则》，推动医疗保险的社会监督。加快构建医保基金使用常态化监管体系，做实日常监管，加强专项治理，提高非现场监管能力，维护医保基金安全。强化"双随机、一公开"监管机制，并加强部门间协作，健全统一部署、联合检查、案件通报、案件移交等工作机制。

（三）充分发挥失业保险功能，实施稳就业和援助政策

2023 年黑龙江省加大援助企业和稳定就业岗位的力度，充分发挥失业保险的稳就业和援助功能。一是失业保险激励政策，参保企业上年度未裁员或裁员率不高于 5.5% 的，30 人（含）以下的参保企业裁员率不高于参保职

工总数 20%的，可以申请失业保险稳岗返还；二是失业保险补贴政策，参加失业保险一年以上的企业职工，或取得职业资格证书、职业技能等级证书等的保险金领取者，可申请相应的技能提升补贴；三是失业保险的帮扶政策，包括代缴基本医疗保险费、生育保险费，以及失业农民工可领取一次性生活补助等。2023 年黑龙江省失业保险待遇随最低工资标准同步调整，已达到最低工资标准的 90%。

（四）扩大社会救助保障范围，加大就业困难人群帮扶力度

2023 年黑龙江省扩大社会救助范围，将符合条件的生活困难失业人员及家庭纳入临时救助范围，建立急难发生时的直接申请通道，"先行救助、后补手续"。黑龙江省还启动联动机制，及时将社会救助标准与物价涨幅挂钩，以价格临时补贴方式保障困难群体基本生活。

黑龙江省针对生活困难人群，包括零就业家庭、低保家庭、脱贫户、残疾人群和长期失业人群等，实行动态化和常态化管理。具体措施包括适时调整贫困认定标准、开展低收入人口动态监测等。同时制定个性化就业援助方案，优先提供就业门槛低、有稳定保障的爱心岗位，并向高校困难毕业生发放一次性求职创业补贴，对企业招用登记失业半年以上人员给予一次性就业补贴。

（五）支持创业与灵活就业，拓宽青年社会就业渠道

2023 年黑龙江省实施了一系列稳定就业政策，包括强化金融支持，畅通企业融资渠道，缓解小微企业融资难状况，提振市场信心；支持国有企业扩大招聘规模，稳定机关事业单位岗位规模；实施大项目拉动就业计划，完善人力资源配置等，推动黑龙江省就业市场的扩容。同时形成多元参与的就业支持网络。

首先，黑龙江省多渠道开发就业岗位，实施创业带动就业计划，支持创办投资少、风险小的创意性和个性化项目；增加相关制度性保障，提供更快捷、更高效的登记注册服务；落实创业担保贷款及贴息政策，简化担

保手续，建立风险分担机制。其次，支持多渠道灵活就业，以及新就业形态发展。鼓励电商带动更多人员灵活就业，加强从业人员权益保障，维护从业人员合法权益；推进就业市场标准化、规范化、信息化建设。最后，实施 2023 年青年就业见习岗位募集计划，激励高校毕业生向基层流动。实施特岗教师计划、"大学生乡村医生"专项计划、大学生志愿服务西部计划等基层服务项目。

三 问题应对策略

（一）建立基金缺口分担机制，应对养老保险中长期困局

黑龙江省养老保险基金缺口自 2016 年以来持续扩大，面临中长期困境。化解资金缺口问题是社会保险领域的重要任务，而目前中央调剂制度只能满足短时之需。实现基本养老基金全国统筹，建立合理的基金缺口分担机制，是保障黑龙江省社会保险平稳运行的有效途径。应逐步形成社会保险多支柱格局，在全国统筹的基础上，同时发挥商业保险机构和参保企业的积极性，形成多层次的资金支持体系，为养老保险提供补充，有效控制风险，增强基本民生保障能力。

（二）发展县域医共体和城市医联体，完善基层医疗卫生服务体系

黑龙江省基层医疗机构服务能力偏弱，医疗资源大多集中于大中城市的顶级医院。因此，加强以基层为重点的医疗卫生服务体系建设，大力发展紧密型县域医共体和城市医联体，制定相应的医疗保险支持政策，是目前医保改革的方向和目标。发展县域医疗服务共同体有利于促进职业流动与优化，促进县级医院、乡镇卫生院、社区卫生服务中心有限资源的合理化配置，实现责任、利益、规范和服务的一体化。城市医联体的目标是构建分级诊疗制度，推动医疗卫生机构由以治病为中心向以健康为中心的方向发展。城市医疗集团和县域医共体可实现医联体内资源共享。

（三）关注困难人群多元需求，形成分层分类社会救助体系

黑龙江省城乡低保和特困人群、低收入群体和零就业家庭、就业困难群体以及残疾人群体的救助需求日益多元化，对社会救助制度的高质量发展提出了新的要求。健全和完善分层分类社会救助体系有助于满足不同人群的特殊需求。社会救助应以最低生活保障为基础，以基本生活救助、专项社会救助、急难社会救助为主体，同时积极发挥社会组织的作用，以社会组织参与作为有机补充。借鉴多年来政府购买服务的实践经验，引进民间社会组织、专业社会工作团队，帮助救助对象构建社会支持网络。

（四）满足不同群体培训需求，破解就业结构性矛盾

黑龙江省在稳定就业政策方面，应大力推进职业技能提升行动，提高人岗匹配率。畅通线上和线下培训渠道，开展职业技能提升行动对接活动，满足不同群体培训需求，破解就业结构性矛盾。把职业技能培训作为保持就业稳定、缓解结构性就业矛盾的关键举措，作为经济转型升级和高质量发展的重要支撑，围绕产业发展、市场和劳动者需求，以企业职工培训为重点，兼顾就业重点群体，多层次、全方位开展职业技能提升行动。

B.12
黑龙江省人口发展状况与对策建议

罗丹丹*

摘　要：　东北振兴战略实施 20 多年来，黑龙江省人口发展取得了很大进步，全省人口素质整体提高，人们的生活质量显著提升，人才高质量发展成效显著，养老服务体系不断完善。但当前人口发展也面临很多的挑战：少子化和老龄化影响人口结构的均衡发展，人口流失阻碍了经济社会发展，老龄化加重了社会养老负担。要采取措施积极应对人口问题，包括构建生育支持体系，促进人口可持续发展；振兴龙江经济，吸引高层次人才；健全养老保障体系，提高养老服务水平。

关键词：　人口发展状况　人口素质　人口净流出　黑龙江省

2003 年中共中央、国务院发布《关于实施东北地区等老工业基地振兴战略的若干意见》，在东北地区等老工业基地实施振兴战略，振兴战略实施 20 多年来，黑龙江省经济社会发展取得巨大成就，人口素质和居民生活水平不断提高。但当前黑龙江省人口发展也面临很多新挑战：人口出生率快速下降、人口老龄化趋势加剧、人口外流显著等。

一　黑龙江省人口发展状况

（一）人口总量减少，人口素质、人们的生活质量提高

1. 人口总量减少

从 2000 年到 2022 年，黑龙江省人口自然增长率快速下降，从 3.93‰下

---

*　罗丹丹，黑龙江省社会科学院社会学研究所助理研究员，研究方向为人口社会学、应用社会学。

降到-5.75‰, 2015 年开始进入负自然增长率时期。随着人口生育率大幅下降, 黑龙江省人口总量也整体呈减少趋势, 从 2000 年的 3807 万人减少到 2022 年的 3099 万人, 22 年间减少 708 万人, 平均每年减少 32 万人 (见图 1、图 2)。人口总量减少将在很长一段时间内对本省未来的经济社会发展产生深刻影响。

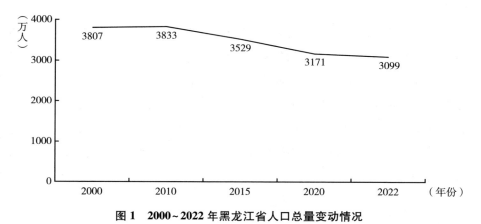

图 1　2000~2022 年黑龙江省人口总量变动情况

资料来源: 相关年份《黑龙江统计年鉴》、《2022 年黑龙江省国民经济和社会发展统计公报》。

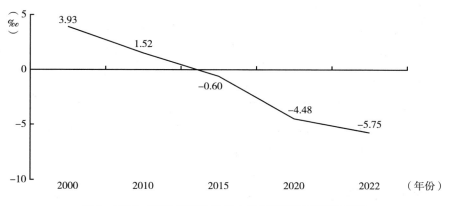

图 2　2000~2022 年黑龙江省人口自然增长率变动情况

资料来源: 相关年份《黑龙江统计年鉴》、《2022 年黑龙江省国民经济和社会发展统计公报》。

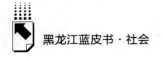

2. 人口素质整体提高

20多年来，黑龙江省人口数量虽然有所减少，但是人口整体素质明显提升。根据2022年《黑龙江统计年鉴》，每万人口大学生数量由2000年的52.6人增加到2021年的368.1人，增加了近6倍。每10万人中研究生招生数量由2000年的11.8人增加到2021年的121.8人，增加了9倍多。

全省劳动力的受教育水平持续提升，从图3可以看出，从2010年到2020年，15~59岁劳动力人口中高中/中专及以上文化程度的比例都有明显上升，尤其是大学本科和研究生的比例分别增加了6.5个百分点和0.6个百分点。高素质人口比重上升明显，人口红利逐渐向人才红利转变，人口素质的整体提高、人口的高质量发展为全省科技创新、产业创新提供了充足的智力支持，有利于实现高水平科技自立自强，有利于推动黑龙江省的全面振兴与发展。

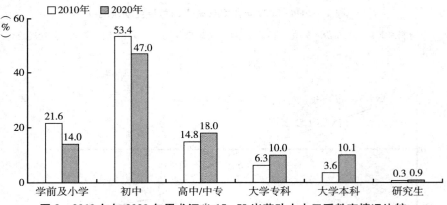

图3　2010年与2020年黑龙江省15~59岁劳动力人口受教育情况比较

资料来源：2010年、2020年《黑龙江省人口普查年鉴》。

此外，黑龙江省为了留住省内人才，吸引外来人才，制定了新时代人才振兴"60条"，根据市场、行业、社会评价及人才能力贡献，实施人才分类管理，人才按照类别享受相关待遇和服务。自2022年以来，黑龙江省引进海内外高端人才数量是 2016 年至 2021 年总和的 5.8 倍, 高校高级职称人才由净流出转为净流入, 高校毕业生留省就业人数为近 5 年最高。①

3. 人们的生活质量显著提升

东北振兴战略实施 20 多年来, 黑龙江省在科教、住房、医疗卫生服务、生育支持政策等各方面都有了很大的发展和进步, 人们的生活质量显著提升。

在科教方面, 全省科教资源丰富, 据统计, 现有 78 所高等院校、120 家独立科研院所, 研发经费和高新技术企业数量每年都有较大幅度的增长。② 全省公共文化设施建设成绩显著, 现有图书馆 103 个、文化馆 (群艺馆) 141 个、街道和乡镇文化站 1254 个、博物馆 218 个, 群众文化娱乐活动丰富多彩。③

在住房方面, 从 2000 年到 2020 年的 20 年间, 全省人均住房建筑面积从 17.53 平方米增加到 33.95 平方米, 增加了近 1 倍, 人们的居住条件得到很大改善 (见图 4)。

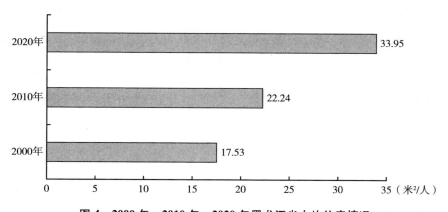

图 4　2000 年、2010 年、2020 年黑龙江省人均住房情况

资料来源: 2000 年、2010 年、2020 年《黑龙江省人口普查年鉴》。

---

① 许勤:《奋力开创黑龙江高质量发展可持续振兴新局面》,《求是》2023 年第 22 期。
② 崔佳、刘梦丹、张艺开:《黑龙江着力加强创新能力建设》,《人民日报》2023 年 4 月 28 日, 第 1 版。
③ 黑龙江省"非凡十年"主题系列新闻发布会第九场文字实录。

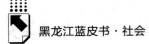

在医疗卫生服务方面，过去20多年来全省卫生机构数量、卫生机构床位数量、卫生技术人员数量都有了非常大幅度的增长。根据相关年份《黑龙江统计年鉴》，黑龙江省卫生机构数量从2000年的8038家增长到2022年的20599家，增长了1.6倍；每万人拥有卫生机构床位数量增长了1.7倍（由2000年的31.6张增加到2022年的84.3张）；每万人拥有卫生技术人员数量增长了0.8倍（由2000年的45人增加到2022年的81.7人）。卫生机构、卫生机构床位、卫生技术人员等数量的增长极大缓解了全省百姓看病难的问题。

在生育支持政策方面，2023年以来全国有多个省市陆续出台了一系列生育支持措施，诸如发放生育津贴、育儿补贴，加强住房保障支持等。根据实施方案，黑龙江哈尔滨市给予按政策生育第二个子女的家庭，每孩每月500元育儿补贴，而生育第三个子女的家庭，每孩每月1000元育儿补贴，直至子女3周岁。从生育补贴金额来看，哈尔滨市在一众城市中处于领先位置。除生育补贴之外，哈尔滨市还健全支持生育的住房保障政策，政策内生育第二个、第三个子女的家庭，在九城区购买新建住房的，分别给予1.5万元和2万元的购房补贴。这些生育支持政策在很大程度上能够缓解多子女家庭的经济压力，对鼓励生育有着很好的促进作用。

（二）人口净流出态势依旧，人口老龄化速度加快，养老服务体系不断完善

1.人口依旧呈净流出态势

第七次人口普查数据显示，黑龙江省省内流动人口约1154.9万人，其中省内各地之间流动人口约1072.0万人，占比为93%；省外流入人口82.9万人，占比7%。从第六次人口普查到第七次人口普查的10年间，全省流入人口与流出人口数量都有较大幅度增长，流出人口由255.4万人增加到393.2万人，每年平均流出人口约13.8万人；流入人口由50.6万人增加到82.9万人，年均流入约3万人（见图5）。十年间黑龙江省人口总数减少约646万人。

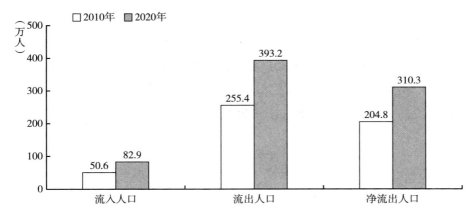

图5　2010年、2020年黑龙江省人口流动状况比较

资料来源：2010年、2020年《黑龙江省人口普查年鉴》。

2. 人口老龄化速度加快

截至2022年底，黑龙江省65岁及以上老年人口552.0万人，从2000年到2022年，全省65岁及以上老年人口占比由5.56%上升到17.80%，老年人口抚养比由7.36%增加到24.40%，同时少年儿童抚养比下降了一半左右（见图6）。全省人口出生率大幅下降，少年儿童数量下降，人口向深度老龄化社会迈进。

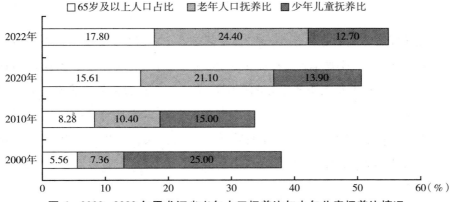

图6　2000~2022年黑龙江省老年人口抚养比与少年儿童抚养比情况

资料来源：相关年份《黑龙江统计年鉴》。

3.养老服务体系不断完善

目前，黑龙江省绝大部分老人选择传统的居家养老模式，但随着家庭结构小型化及出生率的下降，家庭养老功能日益弱化。从 2010 年到 2020 年的十年间，60 岁及以上人口主要生活来源中，家庭其他成员供养的比例下降了近一半（见图 7），社会化养老服务建设迫在眉睫。

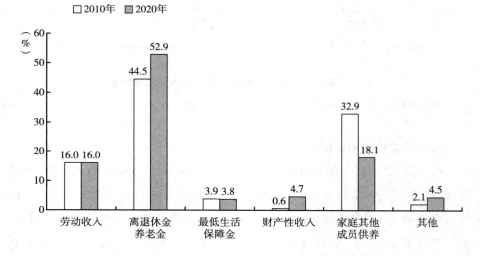

图 7　2010 年、2020 年黑龙江省 60 岁及以上人口主要生活来源情况

资料来源：2010 年、2020 年《黑龙江省人口普查年鉴》。

黑龙江省养老服务体系不断完善。截至 2021 年底，全省养老服务机构发展到 2204 家，各类养老机构床位已达 19.98 万张，其中护理型床位占比 46%。建成具备老年人服务设施的城镇社区服务中心 852 个，居家社区养老服务设施覆盖率达到 67%，农村互助服务设施覆盖率达到 73%。全省医养结合养老机构达到 131 家。康养品牌效应持续扩大，全省"候鸟"旅居年接待能力达到 50 万人次。[①]

---

① 《黑龙江省养老托育服务业发展专项行动方案（2022—2026 年）》。

二 黑龙江省人口发展面临的突出问题

（一）少子化影响人口结构的均衡发展

黑龙江省人口生育率处于极低水平，一方面是由于过去几十年计划生育政策执行得比较好，生育观念一直延续至今，另一方面当前的经济和社会发展、收入水平也影响着人们的生育决策。少子化势必会导致未来劳动力资源数量大幅下降，社会总生产力下降，市场供给与消费不足，整个市场缺乏活力。少子化对应着老龄化，黑龙江省的少子化、老龄化，乃至全国面临的少子化、老龄化状况，不仅会改变人口年龄结构，还会给整个经济社会发展带来非常大的影响。

（二）人口流失阻碍了经济社会发展

近两年来黑龙江省在吸引人才、留住人才方面取得了很大成效，但人口流失状况依然严峻，尤其是高素质人才的流失。近五年来黑龙江省具有高级职称的人才流出数量远多于流入数量，高级技术人才流入与流出数量差距显著，这部分人才的流出给全省教育、医疗、科技产业等方面的发展带来很大的负面影响。大量年轻人口的外流加剧了人口老龄化趋势，造成适龄劳动力短缺现象，养老保险基金缴纳不足，出现养老金亏空。

（三）老龄化加重了社会养老负担

黑龙江省人口呈现出快速老龄化的发展趋势，同时也是典型的"未富先老"，全省的养老保障支出面临极大的挑战。第七次人口普查数据显示，黑龙江省每100名适龄劳动人口需要负担21名老人，而同期全国每100名适龄劳动人口需要负担的老人是16名。从历年《黑龙江统计年鉴》可以看出，从2016年开始全省养老保险基金开始出现缺口，2021年缺口为372.3亿元，这期间2018年缺口最大，达到557.2亿元。财政部发布的2023年全

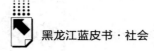

国统筹调剂资金上缴下拨情况表显示，下拨至黑龙江省的统筹调剂资金达到829.32亿元，仅低于辽宁省的844.31亿元，列全国第二位，全省养老金持续入不敷出，政府在养老保障方面的经济负担加剧。

此外，黑龙江省基本养老服务发展也面临着不少问题：养老机构、养老设施不足，城乡养老机构发展严重失衡，养老服务质量参差不齐，养老服务从业队伍建设不足，养老服务经费不足，等等。

三　黑龙江省人口发展对策建议

（一）构建生育支持体系，促进人口可持续发展

生育养育成本高昂是人口生育意愿降低的主要因素之一，要构建多方面的生育支持体系，除了给予生育补偿以外，政府应大幅度增加在少年儿童营养健康、教育、医疗等公共服务层面的投入，减轻家庭育儿负担，逐步构建完备的育儿保障体系，提高适龄人口的生育意愿。

子女教育也是影响人们生育决策的一大重要因素，要加大教育体制改革力度，减轻青少年课业压力，提倡素质教育，提高职业学校办学水平。

（二）振兴龙江经济，吸引高层次人才

黑龙江省城镇化水平较高，科教资源丰富，接受高等教育的人口较多，应该利用高素质人口众多的优势，把科教和产业优势结合起来，转变为发展优势，推动全省高水平科技自立自强。利用科技创新推动现代农业经济、冰雪旅游经济等龙江特色经济发展壮大，创造更大的经济效益、更多的工作岗位。

近两年来黑龙江省推出新时代振兴人才政策，引进人才、留住本地人才的成效也比较显著。可以进一步加强校企合作，吸引高校毕业生到省内工作；建立高层次人才需求库，精准引入和分配高层次人才。

（三）健全养老保障体系，提高养老服务水平

建立健全养老保障体系。当前，黑龙江省养老保险基金亏空严重，随着

人口生育率的不断下降，人口老龄化程度将进一步加深，应该着力扩大养老金的来源，除基本养老保险外，积极发展个人养老金制度、商业养老保险制度等。2016 年我国启动了长期护理保险制度试点工作，黑龙江应该积极推动参与国家长期护理保险制度试点，切实减轻失能人员家庭经济和事务的负担，逐步构建起多层次的养老保障体系。

提升基本养老服务均等化水平。建立和完善以居家养老为主体，以社区照料和养老机构为依托和补充的养老服务体系，提高养老服务机构的服务水平。在交通设施、居住环境、出行工具等方面要加快做好无障碍设施的建设。目前数字经济、电子支付等高科技手段快速发展，要着力做好老年人口在数字经济中的适应工作。

B.13
黑龙江省生态环境建设及发展报告

张斐男　佟志博*

摘　要：　2022~2023 年黑龙江省生态环境总体状况保持稳定，全省空气质量持续改善，水环境保持稳定，黑土地保护工作扎实推进。同时也要清醒地看到环境治理工作面临的一些挑战，如气候变化、土壤污染、环境治理手段单一等。在环境治理方面需要积极应对气候变化的挑战，保护好土地资源，积极应用数字技术，更好地完成美丽龙江和生态强省建设目标。

关键词：　气候变化　环境治理　黑土地保护　低碳减排

一　2022~2023年黑龙江省生态环境总体状况

（一）全省空气质量再创佳绩，整体空气质量稳中有升

空气质量持续向好，2019~2022 年黑龙江省优良天数比例从 93.3% 上升至 95.9%，上升 2.6 个百分点。2022 年轻中度污染天数同去年相比下降 1 个百分点，占比 3.6%，全省重度及以上污染天数比例仅占全年的 0.6%（见图 1）。黑龙江省空气质量整体较好，在东三省地区中较为突出。2022 年吉林省城市空气环境质量平均优良天数比例为 93.4%，轻中度污染天数比例为 6.2%；[①] 辽宁省平均优良天数比例为 90%，轻中度污染天数比例为 9.8%。[②]

---

*　张斐男，黑龙江省社会科学院边疆发展研究所副研究员，研究方向为环境社会学；佟志博，黑龙江省社会科学院边疆发展研究所实习研究员，研究方向为边疆环境治理。
[①]　吉林省生态环境厅：《2022 年吉林省生态环境状况公报》。
[②]　辽宁省生态环境厅：《2022 年辽宁省生态环境状况公报》。

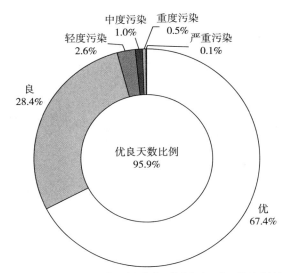

图1 2022年黑龙江省环境空气质量各级别天数比例情况

资料来源：黑龙江省生态环境厅《2022年黑龙江省生态环境状况公报》。

2022年，13个地市的优良天数范围为310~363天，重度及以上污染天数范围为0~10天。与2021年相比，全省大部分地市的优良天数比例上升，其中七台河、鸡西、双鸭山较为显著（见图2）。

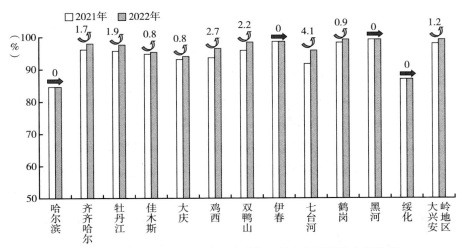

图2 2022年黑龙江省13个地市达标天数比例及同比变化情况

资料来源：黑龙江省生态环境厅《2022年黑龙江省生态环境状况公报》。

2023 年空气质量与 2022 年相比波动性较大，其中 2023 年 1 月、4 月空气质量较差，达标天数比例分别为 83.9%、80.0%。2023 年 1~10 月，全省平均达标天数比例为 93.12%，空气质量达标情况保持稳定（见图 3）。

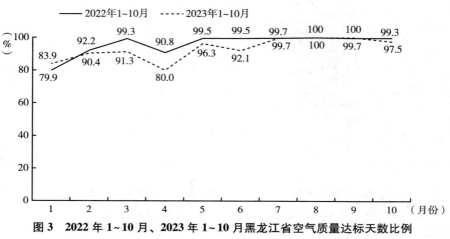

图 3　2022 年 1~10 月、2023 年 1~10 月黑龙江省空气质量达标天数比例

资料来源：根据黑龙江省生态环境厅环境监测数据制作。

（二）生态环境质量持续改善，开启建设美丽龙江新征程

2021 年 12 月发布的《黑龙江省"十四五"生态环境保护规划》明确指出，"十四五"期间，黑龙江省锚定美丽龙江建设的目标，持续改善生态环境质量，加速生态优势转化，全力推动绿色低碳发展。2020~2022 年黑龙江省 75 个县（市）生态环境质量稳步提升。依据生态环境指数（Ecological Environment Index），区域生态环境质量可分为五级，即优、良、一般、较差和差。该指数由生物丰度指数、植被覆盖指数、水网密度指数、土地退化指数和环境质量指数等 5 项指标计算合成。2022 年，全省各县（市）生态环境质量等级为"良"及以上的占比 100%，全省生态环境质量为"优"与"良"的县（市）分别有 28 个、47 个（见图 4）。全省森林覆盖率为 44.47%，森林蓄积量为 21.58 亿立方米。全省草地面积 117.64 万公顷，治理"三化"草原 2.77 万公顷，比 2021 年增加 0.08 万公顷。

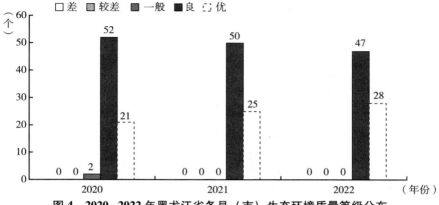

图 4 2020~2022 年黑龙江省各县（市）生态环境质量等级分布

资料来源：根据 2020~2022 年《黑龙江省生态环境状况公报》制作。

同时，黑龙江省在生态文明建设、生物多样性保护工作等生态环境工作上也取得了重要进展。2022 年黑龙江省生态文明建设示范点逐渐完善，全省已建成 8 个国家生态文明建设示范市（县）、2 个"绿水青山就是金山银山"实践创新基地。全省动植物资源丰富。陆生野生动物种类稳定，共 500 种，其中国家一级保护野生动物占 7.6%，二级保护野生动物占 17.2%，省重点保护野生动物占 14.2%。2022 年，黑龙江省野生植物物种比去年明显增多，同比增长 38.64%，共 2931 种，其中国家重点保护野生植物有27 种。①

（三）全省水环境保持稳定，个别地区水质有待提升

黑龙江省河流水环境整体质量稳定改善，但仍需对河流水环境的局部差异问题提高警惕（见图 5）。2022 年黑龙江全省河流水质状况总体仍为轻度污染，整体状况同 2021 年基本保持一致，全省Ⅰ～Ⅲ类水质比例上升 10.8 个百分点，劣Ⅴ类水质略有波动。四大水系中绥芬河水系的水质状况为良好，松花江水系、黑龙江水系和乌苏里江水系均为轻度污染，同 2021 年相

---

① 黑龙江省生态环境厅：《2022 年黑龙江省生态环境状况公报》。

比仅有松花江水系存在较大波动，其Ⅰ~Ⅲ类水质比例上升 11.4 个百分点，劣Ⅴ类水质比例上升 0.7 个百分点。①

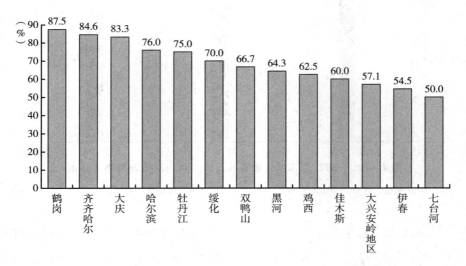

图 5　2023 年黑龙江省 13 个城市地表水考核优良断面比例

资料来源：根据黑龙江省生态环境厅网站数据制作。

截至 2023 年 10 月，黑龙江省地表水水环境质量排名前三的分别为大兴安岭地区、牡丹江和黑河，同 2022 年数据相比，上述地市地表水水环境质量稳定向好。各地市水质指数（CWQI）及排名见表 1，部分地市的地表水质量还亟待提高。

表 1　2023 年 10 月黑龙江省 13 个地市地表水环境质量排名

排名	城市	水质指数（CWQI）
1	大兴安岭地区	4.143
2	牡丹江	4.447
3	黑河	4.479
4	齐齐哈尔	4.499

---

①　黑龙江省生态环境厅：《2022 年黑龙江省生态环境状况公报》。

排名	城市	水质指数（CWQI）
5	伊春	4.651
6	鹤岗	4.780
7	佳木斯	4.838
8	哈尔滨	4.966
9	七台河	5.047
10	双鸭山	5.160
11	大庆	5.266
12	鸡西	5.425
13	绥化	5.793

资料来源：黑龙江省生态环境厅网站。

（四）扎实推进黑土地保护工作，做好国家粮食安全"压舱石"

黑土地的保护和利用一直受到党和国家的高度重视。根据黑龙江省第二次土地调查公布的数据，黑龙江省拥有国家黑土地保护总面积的近 60%。作为黑土地资源的主要分布区，黑龙江省积极开展黑土地治理与保护工作。根据黑龙江省农业农村厅的统计数据，2022 年黑龙江省黑土耕地的平均质量等级为 3.46 等，高于东北黑土区 0.13 个等级。土壤有机质的平均含量为 36.2 克/千克，是全国的 1.83 倍。秸秆还田和深松耕作使得耕层厚度达到 30 厘米以上。此外，黑龙江省出台了诸多黑土地保护政策，体制机制保障有力，如制定和发布了《黑龙江省"十四五"黑土地保护规划》、《黑龙江省黑土地保护利用条例》、《黑龙江省黑土地保护工程实施方案（2021—2025 年）》、《退化黑土快速培肥技术规程》（DB23/T 2986—2021）、《黑土耕地质量监测与评价技术规程》（DB23/T 3388—2022）、《黑土有机质流失程度等级划分标准》（DB23/T 3086—2022）等一系列政策和技术标准文件。其中，《黑龙江省黑土地保护利用条例》在 2022 年 3 月首次实施，并于 2023 年 12 月进行修订。该条例为黑龙江省黑土地的保护与利用提供了坚实的法律依据和指导原则。该条例明确了完善黑土地保护利用的基本原则和机制，包括设立违法行为发现机制、激励黑土地保护的奖励机制、强化保护利用的责任机制以及质量评价机制等。条例还提出要加大黑土地保护利用的财政支持力度，构建黑土地地理信息监管平台和黑土地数据库，鼓励并支持社会力量参与黑土地的保护工作。该条例的出台有利于黑龙江省更好地落实依法护土、管土和治土工作，同时也为国家粮食安全和生态安全提供了有效的保障。此外，黑龙江省所实行的"龙江模式"与"三江模式"等黑土地保护与利用模式，也已纳入我国黑土地保护工程实施方案之中，这一结果彰显了黑土地保护实践在省级层面所取得的成效。

二 黑龙江省生态环境建设与发展的挑战

（一）气候变化带来负面影响，社会民生领域面临新的挑战

全球气候变化是当今世界各国共同面临的问题，如何应对气候变化已成为各国共同关注的重要议题。我国积极参与全球气候治理，不断提升国家自主贡献水平，低碳减排对各行各业都产生了不可忽视的影响。尤其对于黑龙江省而言，在以煤炭为主的能源结构、以重化工业为主的产业结构调整还未完成的情况下，一系列低碳排放政策和措施必定会对经济社会发展产生影响。作为老工业基地，以重化工业为主的产业结构、以煤炭为主的能源结构和以公路货运为主的运输结构没有根本改变，碳排放和生态环境保护的严峻形势依然存在。从社会民生角度看，就业是第一要务，由于高碳产业大多为传统产业，通常具有强大的就业吸收功能，因此，碳排放治理对就业市场产生的影响不容小觑。

（二）土壤污染风险日益加大，农业用地可持续利用面临挑战

黑龙江省作为国家粮食安全"压舱石"，肩负着保障粮食安全和生态安全双重使命。保障粮食安全，土地资源是必不可少的生产要素。一方面，土地污染问题还未引起社会足够的关注和重视。从历年黑龙江省社会状况调查

情况来看，公众对于空气污染的认知度最高，对土壤污染认知度还比较低。但笔者在调研中，多位农业生产者均表达了对土壤污染问题的关心，他们认为秸秆还田技术还不成熟，会造成根瘤病导致施加更多化肥农药，并提出"适当烧荒对保护土壤环境利大于弊"的观点，从这一角度看，为保证空气质量、降低大气污染而严令禁止秸秆焚烧在一定程度上加剧了土壤污染，环境治理中应考虑各个生态系统间的关联性。另一方面，土壤重金属污染问题存在潜在风险。土壤有机质下降可以通过轮耕休耕等方式减缓，但重金属污染对动植物、人体健康的影响在短期内难以根除，会严重影响农业生产，对黑龙江省粮食生产质量造成潜在威胁。重金属主要是通过大气干湿沉降、污水灌溉、人类和畜禽粪便处置不当、化肥过量使用等渠道造成土壤污染。哈尔滨、大庆、齐齐哈尔等地单位土地废水负荷较高，工业"三废"排放量较大，对土壤环境治理造成压力。此外，资源型城市工矿塌陷等问题也造成了土壤流失、重金属下沉。有学者应用国际上广泛应用的 PSR（Press-State-Response）模型对黑龙江省农垦地区的土壤进行了测量，发现影响垦区土地生态安全的因素主要为生态因素和经济因素，包括化肥施用量、农药施用量、人均 GDP、人口密度、农场职工人均可支配收入等。[①] 黑龙江肩负保障粮食安全使命，完成粮食生产任务和化解土壤污染风险都是十分艰巨的挑战。

（三）环境治理模式创新性不足，数字赋能环境治理面临挑战

农业农村部、中央网络安全和信息化委员会办公室印发的《数字农业农村发展规划（2019—2025 年）》中，对数字技术在农村人居环境治理中的应用提出了明确要求："建立农村人居环境智能监测体系，结合人居环境整治提升行动，开展摸底调查、定期监测，汇聚相关数据资源，建立农村人居环境数据库。"这对农村地区环境治理，乃至整个城乡一体化的环境治理

---

① 杨琳、刘万波、刘洁：《基于 PSR 模型的黑龙江垦区土地生态安全评价》，《北方农业学报》2022 年第 1 期。

都提出了要求。目前城乡环境治理手段和措施以常规化治理和项目治理为主，在数字技术迅猛发展的今天，数字技术对于环境治理的功能作用还未能完全发挥。尤其是农村地区，由于基础设施、治理理念等的限制，农村环境数字治理的发展受到束缚，这主要体现在三个方面。一是在基层治理中，固化的科层制管理模式，使基层干部难以摆脱经验决策式、命令式、动员式的环境治理方式，在调研中，笔者发现很多基层干部尤其是年纪较大的农村基层干部，对新事物的学习能力不强、学习热情不高，这从客观上限制了数字技术在环境治理上的应用。二是黑龙江省基层环境治理中对数字技术的认识还存在误区，调研中笔者发现，有相当一部分工作人员认为数字技术只是硬件软件设施，其工作重心就是采购和建设硬件软件设施，而数字技术的应用则完全依赖于运营服务商，等等。这些错误的认知限制了数字技术在环境治理乃至基层治理中的发展和应用。三是为配合数字技术的推广基层环境治理的相关制度规范还有待完善和补充，国家层面已出台《数字农业农村发展规划（2019—2025 年）》《数字乡村发展战略纲要》等文件，为应用数字技术开展农村环境治理提供了前进方向与根本遵循，但具体的行动方案、整体流程以及验收标准等内容还没有进行整体设计和详细规划。

三 加强黑龙江省生态环境建设的建议

（一）积极应对气候变化对经济社会发展领域的影响

为减少为应对气候变化所采取的低碳减排等一系列措施对黑龙江省经济社会发展的负面影响，应考虑解决两个问题。第一，作为东北老工业基地，一些资源型城市还面临转型困难的问题，这就需要政府通盘考虑，从历史贡献和现实责任的角度出发，对不同地区的减排强度进行排序；建立有序退出传统高排放产业相关政策和支持机制，在资金、人才等方面给予落后地区必要的倾斜和支持，确保转型的稳定性、有序性和公平性。第二，从地方就业方面考虑，应关注就业容量和就业质量。为减轻气候政策对就业的负面影响，政府、企业和劳动者三类主体应同时发力，助推气候治理目标和就业目标的实现。一是为降低减碳目标对企业成本的影响，大力鼓励支持技术创新，激发企业创新活力，抵销由环境保护带来的成本并且提升企业在市场的盈利能力，保障劳动力需求；二是加大对初创实体支持力度，提供场地支持、租金减免、税收优惠、创业补贴等政策扶持；三是进一步吸引外资，创造更多就业岗位。要突出就业带动效应，推动实现更充分更高质量的就业。在低碳减排过程中，绿色经济的增长会带动碳减排等行业就业的新增长，这就需要促进市场供需匹配。在双碳目标下，为保障新型人才对碳减排工作的支撑，政府需要大规模多层次开展职业技能培训，引导培训资源向市场急需、企业生产必需的领域集中，动态调整政府补贴性培训项目目录，打造培训学习、创业实践、咨询指导、跟踪帮扶等一体化创业培训体系，切实提升职业技能培训质量。

（二）转变思路系统化防控土壤污染

从环境治理的角度来看，农业人口锐减、农业收入过低、施用化肥农药过量、土壤质量变差、水环境污染等，这一系列的问题是不可分割环环相扣的，"头痛医头脚痛医脚"的环境治理方式已经不足以应对复杂的环境问题，必须转变思路以系统化思维，扼住黑土地保护这一关键，以点带面推动整体农业面源污染的治理。一是继续实施常态化的黑土地保护措施，对重点区域、行业和污染物严格监管；通过推广技术创新减少土壤污染，如通过水质监测技术、测土配方技术、剥离换土、科学规划畜禽养殖等，减少化肥农药施用对土壤造成的污染。[1] 二是转变思路探索发展生态农业，比如由中国科学院研究人员设计创办的弘毅生态农场，在整个种养环节完全放弃农药化肥，只使用包括秸秆、杂草、厨余垃圾甚至蘑菇菌棒等在内的有机肥。通过"种养加销游"的模式，实现了农产品的六次升值，既提高了农民收入水平，又对环境保护做出了贡献，应在保证粮食生产的前提下尝试多种农业发

---

① 黄春英：《坚持政治站位当好国家粮食安全"压舱石"》，《黑龙江日报》2023 年 10 月 18 日，第 4 版。

展模式，开展系统化的农业生产领域的环境治理。三是提升认识水平，探索建立多元主体共同参与的黑土地保护长效机制，积极建立健全生态补偿机制。由气候变化、低碳减排要求、有效的环境保护行为、为可持续农业所作出的努力而导致的农业生产成本的增加不应该由农业和农民承担。补贴并不是对农业和农民环保行为的奖励，而是为形成可持续农业必须付出的代价，因此，建议从国家层面将黑土地保护以及其他发展生态农业的措施纳入生态补偿范围，以转移支付的方式拨付给粮食主产区地方政府及农业生产经营主体，从而增强农业生产者发展生态农业、全面保护农业生产资源的积极性，保障农业生产用地的可持续利用。

（三）以数字化技术推动环境治理高质量发展

以数字化技术推动环境治理要关注以下几个问题。第一，坚持线上治理和线下治理相结合，从技术条件看，短期内线上治理只能作为线下治理的一种补充，借助数据实时监控、实时共享等，助推线下治理。第二，要正确看待数字赋能环境治理的作用，环境问题客观上存在复杂性，既有结构性问题，也有技术性问题，既有区域关联性，又有领域关联性，数字技术可以作为一种优化环境治理的工具，比如从省内来看，环境治理大数据的应用有助于深化各地市间污染联防联控，构建区域常态化协作治理平台；从省际乃至国际层面看，对于加强区域环境污染交叉互查、监督防控也具有积极意义。但数字技术不能解决所有问题，要正确看待，避免数字依赖。第三，利用好数字技术降低治理成本、拓宽公众参与渠道，当前数字技术的应用在很大程度上降低了社会治理和环境治理的成本，比如在贵州省，通过"贵州数字乡村"App可以实时查看全省11万多个自然村的12万余个垃圾收集点近6000辆垃圾清运车的运行情况，可以直观查看当天作业车辆数目、垃圾清运数量等，为基层环境治理决策提供依据。一些小程序也被直接应用于公众参与中，比如村民通过扫描"黔农智慧门牌"就能进入政务服务的页面，发表对当地农村人居环境治理的意见和建议，这在客观上大大拓宽了公众参与环境治理的渠道，使公众参与环境治理更直接、更便捷。

  总的来说，《黑龙江省"十四五"生态环境保护规划》在开展二氧化碳达峰行动、维护土壤环境安全、加快农村环境治理等方面提出了具体要求，这些内容同时也是与公众社会生活密切相关的领域，应紧密结合环境治理实践，积极应对气候变化、保护好农业生产要素、以数字技术赋能环境治理，积极推进美丽龙江和生态强省建设。

B.14
黑龙江省医疗卫生事业发展报告

张友全　金红兵*

摘　要： 　2023 年，黑龙江省推进医疗卫生事业高质量发展，在公共卫生保障、健康龙江建设、医疗卫生服务能力、全生命周期健康管理、卫生健康可持续发展等领域取得积极成效。为更好地促进黑龙江省医疗卫生事业的发展，提升广大人民群众的生活质量和幸福感，黑龙江省应在加强人才培养、优化资源配置、提高医疗服务质量、发展中医药事业等方面发力，持续提升全省医疗卫生水平。

关键词： 　医疗卫生　医疗服务　健康龙江

2023 年是全面贯彻落实党的二十大精神的开局之年，黑龙江省卫生健康工作以新时代党的卫生与健康工作方针为指引，坚持稳中求进工作总基调，持续推进全省卫生健康事业高质量发展。

一　黑龙江省医疗卫生事业发展现状

（一）公共卫生保障水平不断提高

1."乙类乙管"平稳转段

2023 年黑龙江省因时因势优化防控策略，制定《关于贯彻落实〈关于

---

* 张友全，黑龙江省社会科学院社会学研究所助理研究员，研究方向为应用社会学；金红兵，黑龙江省卫生和计划生育委员会医疗卫生改革处处长。

进一步做好新冠疫情防控工作的通知〉的实施意见》《黑龙江省针对可能出现的新冠病毒致病力增强变异株应对预案》等，科学指导落实落细"乙类乙管"各项措施。推进发热门诊扩容和二级以上医疗机构重症床位改造，储备重症救治床位 1.2 万张，储备具备重症诊疗护理能力医护人员 3.23 万人，围绕感染防控、患者救治培训基层卫生技术人员 283.2 万人次。建立"全省一盘棋，全院一张床，全员治新冠"工作格局和"新冠病毒感染患者救治总医院"运行模式。印发《黑龙江省承担疫情重点救治任务医院能力建设项目实施方案》，选取黑龙江省传染病防治院等 6 家医院作为项目建设单位，提高医防结合能力和重大疫情救治能力。组织国家突发急性传染病防控队参加 2023 年东北三省跨区域陆海空紧急医学救援联合演练，全面加强跨区域紧急医学救援和突发传染病防控合作。

2. 监测预警能力大幅提升

2023 年全省 13 个地市均具备独立开展基因测序的能力，测序报告过程用时全国最短。细化制定境外输入变异株监测、本土变异株监测、哨点医院监测、污水监测、社区人群哨点监测 5 个技术方案。共完成变异株基因测序 2484 份，形成新冠疫情监测预警分析日报 47 期、专报 32 期和周报 41 期，向各类学校、托幼机构、养老机构、农场等发布预警信息 256 条。

3. 重大疾病防治成果进一步巩固

2023 年黑龙江省持续巩固重大疾病防治成果，印发《黑龙江省艾滋病防治工作流程》《黑龙江省地方病防治巩固提升行动实施方案（2023—2025年）》等文件，结核病患者成功治疗率达 96.3%，全省艾滋病抗病毒治疗成功率达 97.7%，承办全国地方病防治工作会议暨巩固提升行动部署会并在会上作经验交流。规范开展急性传染病防治工作，印发《黑龙江省猴痘疫情控制应急预案》。选派省级专家赴大庆市指导部分学校诺如病毒感染流调排查、健康监测和现场消杀工作，赴七台河、鹤岗等市指导处置皮肤炭疽感染事件，努力做好慢性病防治工作。完成了 4 个国家级、15 个省级慢性病综合防控示范区现场复评审工作，全省已建成 10 个国家级和 53 个省级示范区。完成心脑血管病筛查与干预项目任务，脑卒中任务完成率达

130.05%，心血管病任务完成率达182%，项目进度全国第一。

4.应急处突能力持续提升

2023年黑龙江省第一时间完成齐齐哈尔市第三十四中学校体育馆坍塌事故、桦南县体育馆坍塌事故、五大连池市垃圾填埋中毒事故、东宁市吉丰农业生物科技有限公司养菌车间菌袋坍塌事故等44起事故的卫生应急处置和医疗救治工作。

5.防汛救灾及灾后重建工作有序有力

2023年黑龙江省选派省级专家深入受灾乡镇、村屯指导医疗救治和疫情防控工作，与北部战区、省军区医疗队组织联合义诊。135个受淹饮用水水源全部完成消毒，341个村屯消杀工作全部完成，受灾的103家医疗卫生机构全部恢复诊疗服务。

（二）健康龙江建设水平不断提高

1.加力推进健康龙江行动

2023年黑龙江省印发《健康龙江行动2023年工作要点》，完成2022年度健康龙江行动省级自评和监测评估。组建健康龙江行动宣讲队伍，拍摄宣传片4个，围绕15个专题录制专家访谈节目。制定《酱腌菜小作坊生产卫生规范》（DBS 23/019—2023）等4项食品安全地方标准。深化区域性营养创新平台建设，依托平台数据研究分析全省2.3万名居民的烹饪方式与健康的关系。推进营养健康餐饮示范单位创建，新增43家营养健康餐饮示范单位。制发《2023年黑龙江省职业病防治项目实施方案》，用人单位工作场所职业病危害因素监测完成率100%，重点行业用人单位工作场所职业病危害因素监测占比100%。

2.强化数字化健康管理

2023年黑龙江省完成"全民健康大数据信息化基础建设项目"和"卫生健康政务服务、公共卫生行业服务、监管信息系统项目"中全部11个信息系统子项目基本建设。实现4个市级全民健康信息平台、12个省垂系统、21家省直医院与省全民健康信息平台以及省全民健康信息平台与医保电子处方平台、医保移动支付系统跨行业互联互通。省互联网医疗服务监管平台累计提供互联网医疗服务 175 万余人次。省健康卡管理系统累计发卡 1853.7 万张、用卡 2.7 亿次。完成政府数据共享目录 35 项，提供数据 3000 万余条。完成与省营商环境建设监督局前置数据库对接，提供医疗健康共享数据 7.21 亿条。

3. 着力提升居民健康素养

2023 年黑龙江省卫生健康委员会、省委宣传部、科技厅、省科协联合举办了全省健康科普能力大赛。联合省医疗保障局、省中医药管理局、省疾控局举办了 2023 年黑龙江医疗大健康博览会暨第六届健康龙江嘉年华。开展黑龙江省卫生健康委员会 2023 年"三下乡"集中示范活动暨健康知识普及行动。与新媒体联合推出"龙江健康科普云讲堂"第四季，累计播放次数达 2845 万次。推进健康县区建设工作，完成第六批、第七批健康县区验收评估工作，创建评定国家级健康县区 11 个，省级健康县区 33 个。

4. 广泛开展爱国卫生运动

2023 年黑龙江省组织开展春季爱国卫生月、夏秋季爱国卫生运动和"爱卫新征程 健康龙江行"活动。共发动党员干部群众 248 万人次、开展集中清整活动 7649 次、植树 188.7 万株。制发卫生城镇创建省级规范性文件 10 个，指导黑河市、伊春市卫生城市通过国家现场评估。制发健康细胞和健康乡镇评价指标体系 8 个。

（三）医疗卫生服务能力不断提高

1. 医药卫生体制改革持续深化

2023 年以黑龙江省委办公厅和黑龙江省政府办公厅名义印发《黑龙江省进一步完善医疗卫生服务体系实施方案》，制定《黑龙江省进一步深化改革促进乡村医疗卫生体系健康发展实施方案》。推动落实市县两级全部由 1 位政府领导统一分管"三医"职能的政府分工。会同黑龙江省财政厅推荐佳木斯市为深化医药卫生体制改革真抓实干成效明显地市。制定包括国家公立医院综合改革绩效评价与高质量发展评价指标在内共 28 个省级评价指标体系。组织全省公立医疗机构完成 2022 年度药品使用监测 YPID 比对、数据上报和质量控制工作，监测医疗机构覆盖率达到 100%。实施医疗服务价格动态调整机制，组织开展新增医疗服务项目论证，配合黑龙江省医疗保障局进行新增医疗服务项目定价审批。

2. 优质医疗资源扩容加快推进

2023 年黑龙江省推进呼吸、儿童、中医（肿瘤）3 个国家区域医疗中心项目，哈尔滨医科大学附属第二医院国家紧急医学救援基地和省妇幼保健院门诊住院综合楼改扩建项目开工建设并完成年度建设任务。同时启动省疾控中心异地新建项目二期工程建设。申报国家区域公共卫生中心和国家重大传染病防治基地建设项目。推动佳木斯大学附属第一医院等 4 个省级区域医疗中心项目全部完成主体工程建设。印发《2023 年黑龙江省国家临床重点专科能力建设项目实施方案》，新增建设哈尔滨医科大学附属第一医院妇产科等 8 个国家临床重点专科。

3. 整合型医疗卫生服务体系不断完善

2023 年黑龙江省印发《黑龙江省推进紧密型城市医疗集团建设试点工作方案》，选取齐齐哈尔市和牡丹江市作为全省试点地。推进 23 家三级医院对口帮扶 28 家已脱贫县县级医院及 1 家能力薄弱县级医院，14 家三甲医院组团式援助 18 家边境县（市、区）医院。制定《"卫生健康组团式援大兴安岭行动"实施方案》。积极推动中西医协同"旗舰"科室建设工作，推荐 12 家医院的 13 个科室参加国家评审。黑龙江省卫生健康委员会协调省医疗保障局印发《关于进一步做好紧密型县域医共体医保总额付费试点工作的通知》，在兰西县开展试点工作。建成紧密型县域医共体 113 个，通过牵头县级医院建设分院、门诊部、业务科室等形式，充分将优质医疗服务资源向乡村延伸和下沉。黑龙江省财政厅等部门联合印发《黑龙江省关于推进家庭医生签约服务高质量发展的实施方案》，明确由基本公共卫生服务经费和医保基金承担家庭医生签约服务基础包服务费。

4. 优化患者就医体验

2023 年黑龙江省印发《黑龙江省全面提升医疗质量行动实施方案

（2023—2025 年）》《黑龙江省提升病历内涵质量专项行动计划（2023—2025）实施方案》《黑龙江省手术质量安全提升三年行动工作方案》《黑龙江省患者安全专项行动工作方案（2023—2025 年）》，进一步提升黑龙江省医疗质量安全管理精细化、科学化、规范化水平。加快互联网医院建设，全省三级公立医院（含中医医院）全部取得互联网医院许可，并开展线上诊疗服务。印发《黑龙江省"改善就医感受提升患者体验"主题活动实施方案（2023—2025 年）》《黑龙江省进一步改善护理服务行动计划工作方案（2023—2025 年）》，持续提升患者就医体验。

（四）全生命周期健康管理水平不断提高

1. 大力发展普惠托育服务

2023 年黑龙江省向上争取 6 个市级中心、10 个公办（社区）、8 个普惠专项行动中央预算内投资托育建设项目，争取资金 1.96 亿元，额度全国第一。黑龙江省卫生健康委员会指导哈尔滨市入选"首批全国婴幼儿照护示范城市"，为东北三省唯一一个；指导哈电集团、哈飞集团 2 个单位获评"全国爱心托育用人单位"。全省现有托位总量 78567 个，比上年末增长了 22.24%；千人口托位数为 2.54 个，比上年末增加 0.48 个，提前并超额完成国家卫生健康委员会下达的"十四五"规划年度任务。

2. 全力做好妇幼重点人群医疗服务保障

2023 年黑龙江省启动省、市、县危重孕产妇和危重新生儿救治体系评估，召开首届正常分娩接产技能大赛，提升全省安全助产、危重孕产妇和新生儿救治能力。获得国家项目资金 3600 万元，新增 18 个县级妇幼保健机构能力建设项目单位。推荐并指导哈尔滨医科大学附属第一医院获得国家新生儿保健特色专科建设单位称号。聚焦妇女儿童突出健康问题举办全省妇幼健康技能竞赛，提升妇幼健康系统人员理论水平和实战能力。全省新生儿先天性心脏病筛查率达 96.58%，国家免费孕前优生健康检查和脱贫边远地区免费婚前医学检查项目受益群体达 5.5 万余人。免费"两癌"检查项目已覆盖 75 万名适龄妇女。

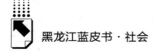

3. 扎实开展老年健康服务工作

2023 年黑龙江省卫生健康委员会指导齐齐哈尔、大庆、双鸭山入选第三批国家安宁疗护试点市。全省二级及以上综合医院和公立综合医院老年医学科创建比例分别达到 73.95% 和 82.08%，完成《健康中国行动（2019—2030）》提出的"50%"的既定目标；全省老年友善医疗机构建设率达到 84.39%，完成国家卫生健康委提出的"80%以上"的既定目标。实施老年健康素养促进、阿尔茨海默病防治、老年心理关爱、老年营养改善、老年口腔健康促进、老年眼健康促进六大行动。编制出台《安宁疗护服务规范》（DB 23/T 3396—2022）地方标准。协调黑龙江省市场监督管理局将《医养结合机构服务质量评价地方规范》（DB 23/T 3657—2023）纳入黑龙江省 2023 年地方标准制定修订项目。

（五）卫生健康可持续发展能力巩固提升

1. 积极打造医学科教高地

完成 2023 年度农村订单定向免费医学生培养 285 人招生任务。完成 2023 年度 2848 人西医类别住培及助理结业考核工作，住培首考通过率 92.36%。组织内科、全科等 5 支参赛队伍赴海南参加省际联盟住培大赛，哈尔滨医科大学附属第一医院内科专业基地获内科组第一名。开展全科、急诊科、麻醉科专业临床实践能力省级大赛。创建黑龙江省第一家职业卫生科研教学基地。成立省卫生健康委生物经济专班，通过选派专家开展指导等方式推动佳木斯"牙城"建设。将卫生健康创新工作纳入《关于新时代加快推动创新龙江建设的意见》等文件。细胞移植重点实验室和病因流行病学重点实验室通过国家"十三五"运行评估。分子探针与靶向诊疗国家卫生健康委重点实验室通过建设验收。积极争取医疗科技项目，汇聚黑龙江省寒地"四大慢病"5 个方面 30 项科技需求，向国家报送寒地"四大慢病"立项建议书。主动对接浙江省创建的卫生健康科技研发与转化平台，成为全国 6 个省际联盟单位之一。推进哈尔滨医科大学和黑龙江省疾病预防控制中心 P3 实验室建设，完成中国农业科学院哈尔滨兽医研究所 2 个项目的现场评估论证工作。

2. 深入开展"蓝盾护航"行动

2023 年黑龙江省启动 14 部门严厉打击非法应用人类辅助生殖技术专项活动和 7 部门联合开展抗（抑）菌制剂突出问题专项整治工作，共检查技术准入医疗机构 10 家，非技术准入医疗机构 1280 家，检查抗（抑）菌制剂生产和经营、使用单位 4066 家。完成打击无证行医专项执法检查，查处无证行医案件 240 例，罚款 1011.01 万元。开展住宿场所卫生监督"百日行动"专项执法检查，共检查住宿场所 6461 处。严格落实国家下达的 7048 个"双随机"抽查任务，完结率达 100%。

3. 持续优化卫生健康发展环境

2023 年黑龙江省 78 项行政许可事项、高频事项全部实现网办和零跑动，时限压缩 88%，即办件比例提高到 60% 以上。深化"证照分离"改革工作案例被纳入《黑龙江省"证照分离"改革典型案例汇编》。印发《黑龙江省规范卫生健康行政处罚裁量权实施办法》和《黑龙江省卫生健康行政处罚裁量基准（2023 年版）》，对 73 部法律、法规和规章规定的由卫生健康部门执行的行政处罚事项进行裁量。制定《黑龙江省医疗纠纷预防和处理规定》并以省政府令的形式颁布，填补黑龙江省立法空白。牵头启动医药领域腐败问题集中整治工作，会同省教育厅等 9 部门印发工作方案，制定《黑龙江省纠正医药购销领域和医疗服务中不正之风 2023 年度工作要点》《2023 年整治"红包"问题工作方案》《医疗领域介绍患者"提成"问题专项整治工作方案》等，持续推动集中整治工作逐步深入。

4. 积极实施人才强医工程

2023 年黑龙江省印发《黑龙江省卫生健康委专业技术领军人才梯队管理办法（试行）》，建立年度新建、梯次培育、动态调整、持续培养的管理机制。新建涵盖骨外科学、眼科学、传染病学等重点学科的厅级领军人才梯队 18 个。

5. 牢固树立安全责任意识

2023 年黑龙江省印发《全省卫生健康系统安全风险隐患排查整治工作实施方案》《关于深刻汲取近期事故教训切实加强安全生产工作的通知》，

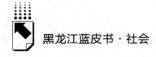

对省属医疗机构开展集体约谈。印发《全省卫生健康系统 2023 年安全生产月活动实施方案》，全省共组织开展宣讲活动 248 场，参与 9714 人次。全省共组织事故应急演练 276 场，参与 6415 人次。开展"安全宣传咨询日"现场活动 117 场，参与 4528 人次。

二 黑龙江省医疗卫生事业发展存在问题

医疗卫生事业是关系民生的大事，近年来，黑龙江省在医疗卫生事业方面取得了一定的成绩，但在人口老龄化应对、医疗卫生资源分配、医疗卫生服务水平提升、中医药事业发展方面还存在一些不足。

（一）人口老龄化日益突出

黑龙江省的人口老龄化问题日益突出，预计未来几年老年人口占比将持续增加。老年人的健康需求与青壮年人口存在较大差异，因此需要针对老年人的特殊需求提供适宜的医疗保健服务。然而，当前的医疗资源尚未能完全满足老年人的需求。老年人常常面临多种慢性疾病，如高血压、糖尿病和心血管疾病等，需要持续的医疗服务和药物治疗。但一些偏远地区的老年人往往难以获得及时有效的医疗支持。部分长期生活在农村地区的老年人往往缺乏医疗保健知识和意识，导致许多慢性病患者忽视了早期的症状，延误了最佳治疗时间。另外，老年人对医疗服务的需求更加综合和细致。除了常规的医疗服务外，他们还需要提供康复护理、心理支持和社交活动等方面的服务。而目前的医疗体系主要侧重于疾病治疗，对于老年人的综合性医疗和护理存在不足。

（二）医疗卫生资源配置不均衡

黑龙江省的医疗卫生资源主要集中在省会哈尔滨市和其他大城市，农村地区医疗资源相对不足，导致城乡医疗卫生服务不平衡。这种不平衡状况对农村地区居民的健康造成了一定的影响，他们往往需要花费更多的时间和成本来获得合适的医疗服务。同时，不同地区医疗设备和床位数量存在差异，一些地区设备更新换代较慢，床位不足，难以满足居民的医疗需求。这导致了患者在等待治疗和手术时经常面临排队等待和转诊的情况。此外，黑龙江省医生数量相对较少，且分布不均衡，部分地区医疗资源紧缺。这种现象不仅给居民就医带来了困扰，也给医生的工作和生活带来负面影响。

（三）医疗卫生服务水平有待提高

尽管黑龙江省在医疗设施方面不断发展，但医疗服务质量与发达地区存在较大差距。一方面，黑龙江省的基层医疗机构人员结构不合理，医护人员配置不足，特别是在一些偏远地区，医疗资源相对匮乏，导致就医需求与供给之间的巨大落差。这种情况使得居民就医体验不理想，患者就医等待时间长，且获得的医疗服务欠缺专业性和及时性。另一方面，黑龙江省的一些基层医疗机构的医疗技术水平相对较低。这可能是因为人才流失导致了技术团队的缺失，或者缺乏先进的医疗设备和培训机会的限制。由于技术水平的不足，一些疾病的医疗效果无法得到充分保障。这种情况也影响了患者对医疗服务的满意度。

（四）中医药事业发展缓慢

黑龙江省中医药资源尚未得到充分挖掘和利用。在高等教育领域，尽管已经有一些中医药相关专业的设置，但培养模式和课程设置仍然需要进一步优化。院校在强调理论学习的同时，更应该注重实践操作和临床实习，以提高学生的实际应用技能。同时，在中医药人才引进方面还存在困难。由于一些政策和制度的限制，外地优秀中医药人才难以来到黑龙江工作。这限制了省内中医药事业的发展，也影响了中医药的科研和临床水平的提升。此外，中医药教育和科研机构之间的联系不紧密，也是导致中医药临床和科研水平不高的原因之一。

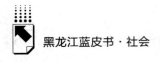

三　黑龙江省医疗卫生事业发展建议

面对医疗卫生事业发展问题，要结合省内不断变化的人口情况和就医需求，持续深化医疗卫生体制改革，进一步推动黑龙江省医疗卫生事业的发展。

（一）医疗卫生人才培养更科学

加强对医学院校的投入，提高医学教育的质量，包括增加教学设备和其他各种资源，改善实习条件，吸引更多优秀的教师和研究人员加入。此外，还可以加大对医学生的奖励和资助力度，为他们提供更好的学习和发展环境。这将有助于培养更多专业技能过硬、医德高尚的医学人才。政府还可以加大对基层医护人员的培训力度，提供持续的职业发展支持，并通过设立奖励制度，鼓励医护人员到基层工作，提高基层医疗服务的质量和效率。

（二）医疗卫生资源配置更均衡

积极推动在农村地区建立医疗卫生中心，以增加医疗资源供给。这些中心可以配备专业医疗团队，并提供基本医疗服务，开展常见病、多发病的诊断和治疗。这样一来，农村居民就可以更方便地获得及时就医的机会，减少因就医不便而导致的健康风险。另外可借助现代科技手段，通过建设医疗卫生网络来实现资源共享和跨地区医疗服务。通过网络平台，不同地区的医疗机构可以进行合作和交流，共享医疗资源、医疗技术和专业知识。政府还可以鼓励医生、护士等医疗专业人员到资源匮乏地区执业，以进一步增加其医疗人员的数量，提升医疗服务质量，进而提高全省医疗资源的分布均衡性。

（三）医疗卫生服务质量更均等

在推进基层医疗机构设备更新，加强相关人员技术培训的同时，还可以进一步建立专业化团队，提升基层医疗服务的水平。通过引进先进的医疗设备和技术，以及制定持续的培训计划，确保基层医院能够提供更为准确和高效的医疗服务。为了提高医院的综合服务质量，可以推行全面的医院评价制度。这项制度可以对医院的各项服务进行评估，包括医疗技术水平、设施条件、医护人员素质等。通过定期的评估和监测，及时纠正问题，提高医院服务的质量和效率。同时，加强医患沟通也是提高医疗服务质量的重要手段之一。医院可以引入更多的专家和医生，通过定期举办健康讲座、座谈会等形式，与患者进行面对面的交流和沟通。此外，还可以建立在线平台，方便患者与医生进行远程沟通。通过改善医患关系和提升患者就医体验，提高患者对医疗服务的信任度和满意度。

（四）中西医发展更协调

加强中医药研究和技术开发。通过加大投入力度，提升研究人员的科研能力，推动中医药理论研究和临床实践的深入发展。同时，借助现代科技手段，开展中医药的系统性研究和探索，深入挖掘中医药的宝贵资源，探索疗效机制。积极推动中医药与现代医学的结合。通过制定相关政策和指导意见，促进中医药与现代医学的融合，探索中西医结合的新模式。培育一批具备中西医结合背景的医生和研究人员，推动中医药与现代医学互补互联，为患者提供更全面、更个性化的医疗服务。注重培育中医药创新人才。加强对中医药专业人才的培养，提高中医药教育质量，培养更多具备创新意识和实践能力的医学人才。建立中医药创新平台，鼓励有关院校和科研机构加强科技创新，推动中医药从传统经验到科学创新的转变。提升中医药产业的创新能力。加强中医药产业的组织和管理，推动相关企事业单位开展科技创新和技术转移，加快推进中医药科技成果的产业化进程。鼓励中医药企业增加研发投入，加强技术引进与合作，提高产品的科技含量和竞争力。积极开拓国际市场，推动中医药产业的国际合作与交流，提升中医药在全球范围内的影响力和竞争力。

社会问题篇

B.15
黑龙江省高等院校师范生融合教育
素养调查研究

——以某师范院校为例[*]

田秋梅 刘 妍 周姊毓[**]

摘 要： 本报告以黑龙江省某师范院校为例对黑龙江省高等院校师范生的融合教育素养现状展开调研，研究者通过对 7 个师范专业 1038 名学生进行调查发现，黑龙江省高等院校师范生融合教育知识水平一般，融合教育能力有待提高，不同专业学生融合教育素养存在显著差异，并据此提出切实可行的策略，以期推动黑龙江省师范生融合教育素养的提升，进而促进黑龙江省

* 本报告为黑龙江省教育科学"十四五"规划 2023 年度重点课题"黑龙江省学前教育师范生融合教育能力培养的实证与对策研究"（GJB1423231）、2021 年度黑龙江省哲学社会科学规划扶持共建项目"黑龙江省学前融合教育教师'U-G-K'协同培养运行机制研究"（21EDE309）、黑龙江省教育科学规划 2023 年度重点课题"'新师范'背景下教师教育专业集群内涵建设探索与实践"（GJB1423226）的研究成果。

** 田秋梅，绥化学院副教授，研究方向为学前融合教育；刘妍，绥化学院副教授，研究方向为学前融合教育；周姊毓，绥化学院教授，研究方向为特殊教育师资培养。

融合教育的高质量发展。

关键词： 师范生 融合教育 融合教育素养

习近平总书记在中国共产党第二十次全国代表大会中指出，坚持以人民为中心发展教育，加快建设高质量教育体系，发展素质教育，促进教育公平。《"十四五"特殊教育发展提升行动计划》提出到 2025 年适龄残疾儿童义务教育入学率达到 97%；教育质量全面提升，融合教育全面推进。同年，《黑龙江省"十四五"特殊教育发展提升实施方案》提出，"以适宜融合为目标，拓展学段服务，推进融合教育"。可以看出推进融合教育是特殊教育的工作要点，也是促进教育公平的有效手段。本报告以黑龙江省某师范院校为例进行调查，以了解黑龙江省高等院校师范生的融合教育素养现状并发现问题，提出切实可行的策略，为教育行政部门制定决策提供现实依据。本报告对于推进黑龙江省融合教育，完善师范类教育培养制度具有一定意义，可以为提高黑龙江省融合教育质量提供有益参考。

本次调查通过问卷星面向某师范院校学生发放调查问卷，共回收问卷 1038 份，有效问卷 1001 份，有效回收率为 96.44%。本次调查问卷采用西南大学陈红编制的"高等院校师范专业本科学生融合教育素养调查问卷"，问卷分为融合教育知识、融合教育能力及融合教育理念与师德三部分，共计 27 个问题。[①] 本次调查对象为汉语言文学、英语教育、小学教育、学前教育、特殊教育、体育教育、美术教育 7 个专业的学生，学段覆盖大一到大四，取样覆盖该学校的理科教育专业、文科教育专业、艺术教育专业，具有一定的广泛性。

---

① 陈红：《高等院校师范专业本科学生融合教育素养现状、问题及对策研究》，硕士学位论文，西南大学，2019。

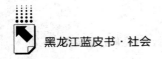

一　黑龙江省高等院校师范生融合教育素养

（一）调查对象的基本情况

提交问卷的学生共计 1038 人，有效问卷 1001 份，这 1001 份问卷来自 7 个师范类专业，其中男生 274 人，女生 727 人。从专业分布来看，体育教育专业的学生参与人数最多，共有 220 人参与调查，占总数的 22%；其次为英语教育专业 177 人，占总数的 17.7%；再次为汉语言文学专业 156 人，占总调查对象的 15.6%；小学教育和美术教育专业的学生人数较少，分别为 96 人与 79 人。从年级分布上看，大一为 121 人，大二为 322 人，大三为 351 人，大四为 207 人（见表 1）。

表 1　调查对象的基本情况　（$N=1001$）

类别		人数（人）	占比（%）	累计占比（%）
性别分布	男	274	27.4	27.4
	女	727	72.6	100.0
专业分布	汉语言文学	156	15.6	15.6
	英语教育	177	17.7	33.3
	小学教育	96	9.6	42.9
	学前教育	120	12.0	54.8
	特殊教育	153	15.3	70.1
	体育教育	220	22.0	92.1
	美术教育	79	7.9	100.0
年级分布	大一	121	12.1	12.1
	大二	322	32.2	44.3
	大三	351	35.1	79.3
	大四	207	20.7	100.0

资料来源：黑龙江省高等院校师范生融合教育素养专项调查。

（二）调查工具的信效度

信效度分析：对师范生融合教育素养的调查问卷进行信效度测量，该问卷的可靠性统计 Cronbach's α 系数为 0.960，大于 0.8，说明该问卷信度符合研究要求；KMO 值为 0.976，大于 0.8，巴特利特球形检验的显著性 P<0.05，则该问卷的再测效度符合研究要求。

（三）黑龙江省高等院校师范生融合教育素养的总体特征

第一，利用 IBM SPSS Statistics 26 对数据进行描述性统计，通过均值可以看到，黑龙江省高等院校师范生的融合教育素养得分为 3.9142，其中融合教育知识模块平均分为 3.7332，融合教育能力模块平均分为 3.7979，融合教育理念与师德模块平均分为 4.2114。Likert 5 点量表计分一般以 3、3.75、4.25 为判断调查对象得分高低的临界点，调查对象得分在 3 以下为差，得分在 3 与 3.75 之间为一般，在 3.75 与 4.25 之间为较高，而在 4.25 及以上为非常高。[1] 从黑龙江省高等院校师范生融合教育素养各维度统计数据中可以看出，融合教育素养中得分排序依次为融合教育理念与师德、融合教育能力、融合教育知识（见表 2）。

表 2　黑龙江省师范生融合教育素养总体性描述统计（N=1001）

类别	均值	标准偏差
融合教育知识	3.7332	0.93114
融合教育能力	3.7979	0.89917
融合教育理念与师德	4.2114	0.78702
融合教育素养	3.9142	0.78309

资料来源：黑龙江省高等院校师范生融合教育素养专项调查。

---

[1]　徐志勇、赵志红：《北京市小学教师工作满意度实证研究》，《教师教育研究》2012 年第 1 期，第 85~92 页。

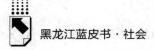

第二，从黑龙江省师范生融合教育知识统计数据中可以看出，A3 了解特殊儿童的教育安置形式、A4 了解特殊儿童的身心发展特点、A9 了解帮助特殊儿童适应普通班学习环境的辅助技术设备知识的得分在 3.75 与 4.25 之间，属于较高水平，其余几个维度在 3 到 3.75 之间，属于一般水平（见表 3）。

表 3 黑龙江省师范生融合教育知识描述统计 （N=1001）

类别	均值	标准偏差
A1 了解我国融合教育的最新发展趋势	3.737	1.039
A2 熟悉我国融合教育相关政策及法规	3.622	1.109
A3 了解特殊儿童的教育安置形式	3.771	1.061
A4 了解特殊儿童的身心发展特点	3.782	1.040
A5 了解如何根据某类特殊儿童的身心特点来实施教育	3.710	1.071
A6 了解特殊儿童行为评估、学业评估内容	3.695	1.051
A7 了解特殊儿童生活适应能力、社会适应能力评估内容	3.736	1.043
A8 了解个别化教育计划方面的知识	3.747	1.030
A9 了解帮助特殊儿童适应普通班学习环境的辅助技术设备知识	3.796	1.005

资料来源：黑龙江省高等院校师范生融合教育素养专项调查。

第三，从黑龙江省师范生融合教育能力的统计数据中可以看出，B1~B10 10 个问题的得分都在 3.75 与 4.25 之间，属于较高水平，说明在融合教育能力方面各维度能力均属于较高水平，其中 B1 能够鉴别特殊儿童的优势及教育需求、B2 能为特殊儿童制定适合的个别化教育计划、B4 能采用有效的教育教学策略对特殊儿童进行教学三个方面与一般水平比较接近（见表 4）。

表 4 黑龙江省师范生融合教育能力描述统计 （N=1001）

类别	均值	标准偏差
B1 能够鉴别特殊儿童的优势及教育需求	3.750	1.011
B2 能为特殊儿童制定适合的个别化教育计划	3.754	1.016
B3 能有效实施个别化教育计划	3.791	0.992
B4 能采用有效的教育教学策略对特殊儿童进行教学	3.764	1.013

类别	均值	标准偏差
B5 能根据特殊儿童需求对课程或教材进行调整	3.778	0.995
B6 能为特殊儿童安排适宜的课后作业	3.821	0.979
B7 能灵活运用多种评价方法全面地评价特殊儿童	3.837	0.968
B8 能与家长、资源教师或者相关工作人员进行沟通与合作	3.820	0.973
B9 能对融合班级实施有效的管理	3.834	0.973
B10 能利用行为矫正原理对特殊儿童的问题行为进行干预	3.828	0.981

资料来源：黑龙江省高等院校师范生融合教育素养专项调查。

第四，从黑龙江省师范生融合教育理念与师德统计数据中可以看出，C1~C8 8 个问题的得分都在 3.75 以上，说明在融合教育理念与师德方面各维度均属于较高或以上水平，其中 C5 不歧视特殊儿童、C7 愿意配合并支持融合教育教学工作的开展得分在 4.25 以上，属于非常高的水平（见表5）。

表5 黑龙江省师范生融合教育理念与师德描述统计（$N = 1001$）

类别	均值	标准偏差
C1 能欣赏特殊儿童的优点	4.139	0.866
C2 我的班级愿意接纳特殊儿童	4.168	0.872
C3 我愿意包容、帮助、关心特殊儿童	4.235	0.855
C4 我会耐心对待特殊儿童	4.202	0.867
C5 不歧视特殊儿童	4.252	0.872
C6 愿意教导特殊儿童	4.208	0.889
C7 愿意配合并支持融合教育教学工作的开展	4.268	0.864
C8 主动学习融合教育并能积极储备相关知识	4.221	0.878

资料来源：黑龙江省高等院校师范生融合教育素养专项调查。

（四）黑龙江省师范生融合教育素养的差异性研究

第一，利用 IBM SPSS Statistics 26 对数据进行 t 检验，以了解融合教育知识、融合教育能力、融合教育理念与师德在性别这一变量上是否存在差异，检验结果见表6、表7。

表6　黑龙江省师范生融合教育素养男女生组独立样本检验

类别		莱文方差等同性检验		平均值等同性 t 检验			
		F	显著性	t	自由度	Sig.（双尾）	平均值差值
融合教育知识	假定等方差	12.521	0.000	7.665	999	0.000	0.49193
	不假定等方差			7.161	433.635	0.000	0.49193
融合教育能力	假定等方差	20.608	0.000	6.792	999	0.000	0.42349
	不假定等方差			6.203	417.630	0.000	0.42349
融合教育理念与师德	假定等方差	22.809	0.000	2.695	999	0.007	0.14986
	不假定等方差			2.461	417.635	0.014	0.14986
融合教育素养	假定等方差	40.047	0.000	6.528	999	0.000	0.35509
	不假定等方差			5.794	399.286	0.000	0.35509

资料来源：黑龙江省高等院校师范生融合教育素养专项调查。

表7　黑龙江省师范生融合教育素养男女生组对比统计

类别	性别	个案数	平均值	标准偏差	标准误差平均值
融合教育知识	男	274	4.0904	1.00569	0.06076
	女	727	3.5985	0.86463	0.03207
融合教育能力	男	274	4.1055	1.01014	0.06102
	女	727	3.6820	0.82510	0.03060
融合教育理念与师德	男	274	4.3203	0.90105	0.05443
	女	727	4.1704	0.73601	0.02730
融合教育素养	男	274	4.1721	0.91827	0.05547
	女	727	3.8170	0.70216	0.02604

资料来源：黑龙江省高等院校师范生融合教育素养专项调查。

通过方差齐性检验，可以看出融合教育知识、融合教育能力、融合教育理念与师德、融合教育素养四个方面方差齐性对应的 P 值均小于 0.05，即说明方差不齐。不假定等方差时，融合教育知识统计中 F = 12.521，t = 7.161，P = 0.000（P<0.05），说明在融合教育知识方面男女生存在显著差异，结合平均值可以看出，男生在融合教育知识模块优于女生；融合教育能力统计中 F = 20.608，t = 6.203，P = 0.000（P<0.05），说明在此方面男女生存在显著差异，结合平均值可以看出，男生在融合教育能力模块优于女生；融合教育理念与师德统计中 F = 22.809，t = 2.461，P = 0.014（P<0.05），说

明在这方面男女生存在显著差异，结合平均值可以看出，男生在融合教育理念与师德模块优于女生；从融合教育素养总分来看，$F = 40.047$，$t = 5.794$，$P = 0.000$（$P < 0.05$），说明在这方面男女生存在显著差异，结合平均值可以看出，男生融合教育素养优于女生。

第二，利用 IBM SPSS Statistics 26 对数据进行 t 检验，先对专业进行重新编码，分为特殊教育专业和非特殊教育专业，以了解融合教育知识、融合教育能力、融合教育理念与师德在专业这一变量上是否存在差异，检验结果见表 8、表 9。

表 8　黑龙江省师范生融合教育素养不同专业组独立样本检验

类别		莱文方差等同性检验		平均值等同性 t 检验			
		F	显著性	t	自由度	Sig.（双尾）	平均值差值
融合教育知识	假定等方差	50.498	0.000	−2.516	999	0.012	−0.20526
	不假定等方差			−3.436	311.269	0.001	−0.20526
融合教育能力	假定等方差	33.931	0.000	−1.165	999	0.244	−0.09197
	不假定等方差			−1.473	274.631	0.142	−0.09197
融合教育理念与师德	假定等方差	11.072	0.001	−2.226	999	0.026	−0.15356
	不假定等方差			−2.627	249.885	0.009	−0.15356
融合教育素养	假定等方差	37.904	0.000	−2.189	999	0.029	−0.15027
	不假定等方差			−2.921	299.005	0.004	−0.15027

资料来源：黑龙江省高等院校师范生融合教育素养专项调查。

表 9　黑龙江省师范生融合教育素养不同专业组对比统计

类别	专业	个案数	平均值	标准偏差	标准误差平均值
融合教育知识	非特殊教育专业	848	3.7018	0.97467	0.03347
	特殊教育专业	153	3.9070	0.61197	0.04947
融合教育能力	非特殊教育专业	848	3.7838	0.93516	0.03211
	特殊教育专业	153	3.8758	0.66233	0.05355
融合教育理念与师德	非特殊教育专业	848	4.1879	0.80934	0.02779
	特殊教育专业	153	4.3415	0.63625	0.05144
融合教育素养	非特殊教育专业	848	3.8912	0.81826	0.02810
	特殊教育专业	153	4.0415	0.53308	0.04310

资料来源：黑龙江省高等院校师范生融合教育素养专项调查。

通过方差齐性检验可以看出，融合教育知识、融合教育能力、融合教育理念与师德以及融合教育素养四个方面方差齐性对应的 P 值均小于 0.05，即说明方差不齐。不假定等方差时，融合教育知识统计中 F=50.498，t=-3.436，P=0.001（P<0.05），说明在融合教育知识层面特殊教育专业与非特殊教育专业学生存在显著差异，结合平均值可以看出，特殊教育专业学生在融合教育知识模块优于非特殊教育专业学生；融合教育能力统计中 F=33.931，t=-1.473，P=0.142（P>0.05），说明在融合教育能力方面不同专业不存在显著差异；融合教育理念与师德统计中 F=11.072，t=-2.627，P=0.009（P<0.05），说明在融合教育理念与师德方面特殊教育专业与非特殊教育专业学生存在显著差异，结合平均值可以看出，特殊教育专业学生在融合教育理念与师德模块优于非特殊教育专业学生；从融合教育素养总分来看，F=37.904，t=-2.921，P=0.004（P<0.05），说明在融合教育素养总分上特殊教育专业与非特殊教育专业存在显著差异，结合平均值可以看出，特殊教育专业学生融合教育素养优于非特殊教育专业学生。

第三，利用 IBM SPSS Statistics 26 分析不同年级学生在融合教育知识、融合教育能力、融合教育理念与师德方面是否存在差异，检验结果见表10、表11。

表 10　黑龙江省师范生融合教育素养不同年级组独立样本检验

类别		莱文方差等同性检验		平均值等同性 t 检验			
		F	显著性	t	自由度	Sig.（双尾）	平均值差值
融合教育知识	假定等方差	1.216	0.270	3.019	999	0.003	0.21849
	不假定等方差			3.095	332.536	0.002	0.21849
融合教育能力	假定等方差	1.817	0.178	3.047	999	0.002	0.21295
	不假定等方差			3.247	351.456	0.001	0.21295
融合教育理念与师德	假定等方差	0.733	0.392	1.838	999	0.066	0.11275
	不假定等方差			1.846	323.562	0.066	0.11275
融合教育素养	假定等方差	2.702	0.101	2.980	999	0.003	0.18140
	不假定等方差			3.190	353.864	0.002	0.18140

资料来源：黑龙江省高等院校师范生融合教育素养专项调查。

表 11　黑龙江省师范生融合教育素养不同年级组统计

类别	年级	个案数	平均值	标准偏差	标准误差平均值
融合教育知识	非毕业年级	794	3.7783	0.93525	0.03319
	毕业年级	207	3.5598	0.89646	0.06231
融合教育能力	非毕业年级	794	3.8419	0.91403	0.03244
	毕业年级	207	3.6290	0.82009	0.05700
融合教育理念与师德	非毕业年级	794	4.2347	0.78729	0.02794
	毕业年级	207	4.1220	0.78144	0.05431
融合教育素养	非毕业年级	794	3.9517	0.79726	0.02829
	毕业年级	207	3.7703	0.70977	0.04933

资料来源：黑龙江省高等院校师范生融合教育素养专项调查。

通过方差齐性检验可以看出，融合教育知识、融合教育能力、融合教育理念与师德、融合教育素养四个方面方差齐性对应的 P 值均大于 0.05，即说明方差齐。假定等方差时，融合教育知识统计中 F = 1.216，t = 3.019，P = 0.003（P<0.05），说明在融合教育知识层面毕业年级与非毕业年级存在显著差异，结合平均值可以看出，非毕业年级在融合教育知识模块优于毕业年级；融合教育能力统计中 F = 1.817，t = 3.047，P = 0.002（P<0.05），说明在融合教育能力方面毕业年级与非毕业年级存在显著差异，结合平均值可以看出，非毕业年级在融合教育能力模块优于毕业年级；融合教育理念与师德统计中 F = 0.733，t = 1.838，P = 0.066（P>0.05），说明在融合教育理念与师德方面毕业年级与非毕业年级不存在显著差异；从融合教育素养总分来看，F = 2.702，t = 2.980，P = 0.003（P<0.05），说明在融合教育素养总分上毕业年级与非毕业年级存在显著差异，结合平均值可以看出，非毕业年级在融合教育素养方面优于毕业年级学生。

二　黑龙江省高等院校师范生融合教育素养存在的问题

（一）黑龙江省高等院校师范生融合教育知识水平一般

通过调查可见，黑龙江省高等院校师范生的融合教育素养得分为

3.9142，其中融合教育知识模块平均分为 3.7332，融合教育能力模块平均分为 3.7979，融合教育理念与师德模块平均分为 4.2114。虽然整体水平得分 3.9142 处于 3.75 至 4.25 之间，属于较高水平，但融合教育知识模块得分 3.7332，处于 3 至 3.75 之间，属于一般水平。融合教育知识各维度中涉及融合教育的发展趋势、融合教育相关政策法规、特殊儿童教育方法、特殊儿童行为评估等方面的题项得分均在 3.75 以下，说明黑龙江省高等院校师范生在融合教育知识的这几个维度自评得分较低，学生未能很好掌握融合教育的基本知识，必要的职前融合教育培养缺乏或者培养效果不佳。融合教育知识是融合教育素养的基本组成部分，也是融合教育素养的基础和前提，因此师范生加强融合教育知识学习是十分必要的。

（二）黑龙江省高等院校师范生融合教育能力有待提升

在对融合教育能力进行的调查中，共分为鉴别特殊儿童的优势及教育需求，为特殊儿童制定适合的个别化教育计划，有效实施个别化教育计划，采用有效的教育教学策略对特殊儿童进行教学，根据特殊儿童需求对课程或教材进行调整，为特殊儿童安排适宜的课后作业，灵活运用多种评价方法全面地评价特殊儿童，与家长、资源教师或者相关人员进行有效沟通与合作，对融合班级实施有效的管理，利用行为矫正原理对特殊儿童的问题行为进行干预 10 个维度，包含了开展融合教育的各种能力。从统计结果可以看出，其中鉴别特殊儿童的优势及教育需求、为特殊儿童制定适合的个别化教育计划两个方面得分分别为 3.750、3.754，与一般水平比较接近。由此可见虽然融合教育能力自评得分在较高水平，但仍有一些方面需要提升。对于融合教学中的特殊儿童教育需求的鉴别是有针对性的教育开始的前提，是开展融合教育的基础能力，只有了解学生的教育需求，才能为学生提供适宜的教育；而根据评估结果制定个别化教育计划，是开展融合教育的必备能力，融合教育要求"一生一案"，要针对特殊学生的教育需要，提供个别化教育支持，如果不能为特殊学生制定恰当的教育计划，那么融合教育活动只能是形式的"融合"。

（三）黑龙江省高等院校师范生融合教育素养存在差异性

通过调查可以看出，黑龙江省高等院校师范生融合教育素养在专业层面、性别层面以及年级层面都存在显著差异。例如，在性别方面，男生在融合教育知识、融合教育能力以及融合教育理念与师德方面均优于女生，这表明男生在融合教育方面具有更高的自我效能感，对于特殊学生的教育具有更高的自我评价，而部分女生在自己的融合教育能力方面存在不自信，并有退缩性心理。在不同专业的差异性研究中发现，即便是相同的师范类教育专业，在课程开设方面也存在较大差异，在融合教育类课程内容、学时以及融合教育实践场所上均存在显著差异。一般师范类专业没有相应的融合教育、特殊教育见习或研习的环境，即便开设了相关的融合教育或者特殊教育课程，效果也不太理想；而特殊教育专业所开设的系统化的特殊教育课程和所安排的到特殊学校、康复机构进行见习、研习、实习等的实践环节能够为特殊教育学生提供系统学习融合教育知识和培养实践能力的机会，这直接导致了不同专业的学生在融合教育素养方面存在显著差异。在年级方面，尤其是比较毕业年级与非毕业年级，发现非毕业年级与毕业年级存在显著差异，并且非毕业年级融合教育素养高于毕业年级。研究者的调查时间为 2023 年 9 月，毕业年级的学生刚开始教育实习，从教育实践观摩到真正走上讲台，毕业年级的学生对于教育教学本身困难的应对能力不足，因此打分较低，而在校生大多并没有真正参与过教育教学实践，对于融合教育的认识更多来自书本的学习，对于融合教育的判断还不客观，进而评分较高。

三 提高黑龙江省高等院校师范生融合教育素养的对策

（一）开设融合教育课程，丰富学生的融合教育知识

2017 年修订的《中华人民共和国残疾人教育条例》提出"师范专业应

当设置特殊教育课程，使学生掌握必要的特殊教育的基本知识和技能，以适应对随班就读的残疾学生的教育教学需要"。但在实际的调查中发现，所调查的7个师范类专业中，除特殊教育专业外各专业开设的融合教育课程或特殊教育课程差异较大。如英语教育专业，没有开设任何的融合教育或者特殊教育课程，毕业目标中也并未将开展融合教育作为毕业五年内的发展目标；小学教育专业则分别在专业方向主修课程模块和专业方向兼修课程模块中设置了融合教育模块，在主修模块中设置了"特殊教育概论""特殊儿童教育诊断与评估""融合教育导论""学习障碍儿童心理与教育""特殊儿童个别化教学活动设计与实施"5门课程，而在兼修模块设置了"融合教育课程与教学""正向行为支持与积极心理干预""情绪行为障碍儿童心理与教育""资源教室运作和管理"4门课程；学前教育专业则是在教师教育必修课程中设置了"融合教育导论"，在选修模块中设置了包括"行为矫正"在内的3门融合教育课程。可以看出，不同师范类专业在融合教育课程设置上差异较大，为了避免各个学校、各个专业在融合教育课程设置方面的不均衡性，应从国家层面对于师范类课程标准加以界定，如通过《普通高等学校本科专业类教学质量国家标准》或《普通高等学校师范类专业认证实施办法（暂行）》对师范类专业融合教育课程的设置作出说明，以确保所有师范类专业均能开设相应的融合教育课程，丰富师范生的融合教育知识。

（二）加强校内校际合作，利用特殊教育专业师资提高学生融合教育能力

在实际的调查中发现，缺少特殊教育师资是融合教育课程不能顺利开展的主要原因，那么解决的方法一是各专业招聘专门的特殊教育教师完成相关教学任务，二是通过校内校际合作解决师资问题。由于专业不同在职称评聘中会产生制约，因此，第二种方法无疑是更有效的。通过校内资源共享，邀请特殊教育专业教师讲授融合教育课程或者通过校际合作，开发线上教育资源；为确保教学效果，可以请专业教师协同合作，将融合教育与专业教学相结合，实现不同学科、不同学段学生融合教育能力提升的目标。建议有条件的学校也可尝试建立教育基础学部，招聘特殊教育教师与教育学教师、心理学教师、现代教育技术教师共同组成教师教育公共课教研室。该模式下应注意将特殊教育教学理论和方法与专业教学法相结合，从而对特殊儿童的学科教学需求做出合理判断，并制定个别化教学计划。与此同时，教学策略的使用既满足学科属性要求，又符合特殊儿童的心理发展水平和学习特点，从而更有效地实现通过融合教育手段为特殊儿童提供高质量教育的目标。各级各类学校根据本校的实际情况，选择恰当的教师引进方法，满足学生融合教育的需求，使学生能够学习专业的融合教育知识，并在教师的指导下形成更为全面的能够满足融合教育教学需求的职业能力。

（三）拓宽实习见习基地，促进各专业学生的融合教育素养均衡发展

影响师范生融合教育素养的第三个因素是缺乏融合教育或特殊教育的实习见习基地，致使师范生即便学习了融合教育的相关课程，也只是"纸上谈兵"。教育是一个交互的过程，教学能力需在实践中提升。为提高师范生的融合教育素养，各相关专业都应该建立融合教育实习见习基地，带领学生入基地观摩，使其了解各种残障类型儿童的学习特点，能够针对具体的幼儿设置个别化教学计划。如实习见习基地短缺，不能满足所有学生观摩学习需求，可以采用观看教学录像或以小组形式进行教学实践的方式。例如，从班级里选举最有代表性的几组个别化教育方案，进行入校实践，将实施教学计划的过程拍摄成视频，组织班级同学进行讨论、反思、改进，以满足各专业学生的教育需求。特殊教育专业的学生在融合教育知识、融合教育能力、融合教育理念与师德方面都高于非特殊教育专业的学生，一方面是因其所开设的相关课程更加系统全面，另一方面是因其与特殊教育学校和教育康复中心的接触更加密切，有更多的机会接触特殊儿童及特殊儿童教育。因此，其他相关专业也应该结合院系特点，拓宽实习见习渠道，为学生提供融合教育实践环境，使所有师范类专业学生都能在教育学习中不断提高自身的融合教育素养。

B.16
乡村振兴背景下黑龙江省农村妇女
经济参与状况研究

赵云 伊佳*

摘　要：　农村妇女在全面推进乡村振兴中发挥着越来越重要的作用，但是与在乡风文明和美丽家园建设等中发挥的作用相比，妇女在农村经济发展中的表现还存在不足。本报告通过对哈尔滨市宾县、齐齐哈尔市龙江县和绥化市绥棱县的实地调研，对黑龙江省农村妇女经济参与状况进行深入分析，发现存在农村妇女劳动参与率不高、创业就业带头人较少、收入较低、对家庭经济状况满意度较低等问题，并从人力资本、社会资本、家庭和社会环境因素等方面进行原因分析，进而提出相应的对策建议。

关键词：　乡村振兴　农村妇女　经济参与

实施乡村振兴战略，是习近平总书记于 2017 年在党的十九大报告中提出的重大战略部署。2023 年 10 月，习近平总书记在同全国妇联新一届领导班子成员集体谈话时指出，要激励广大妇女在贯彻新发展理念、构建新发展格局、推动高质量发展、实现高水平科技自立自强、全面推进乡村振兴中发挥自身优势和积极作用。① 农村妇女是乡村振兴的主体力量之一，是农村经

---

* 赵云，黑龙江省妇女研究所（黑龙江省妇女干部学院）副研究员，研究方向为社会性别与公共政策、农村社会学；伊佳，黑龙江省妇女研究所（黑龙江省妇女干部学院）副研究员，研究方向为家庭社会学。
① 《坚定不移走中国特色社会主义妇女发展道路　组织动员广大妇女为中国式现代化建设贡献巾帼力量》，《人民日报》2023 年 10 月 31 日，第 1 版。

济发展的重要参与者，在实现乡村振兴战略中发挥越来越重要的作用。但是，与农村妇女在乡风文明建设和美丽家园建设等方面发挥的作用相比，妇女在农村经济发展中发挥的作用还不够明显。本报告通过对农村妇女经济参与状况的分析，深层次挖掘影响农村妇女经济参与的主要因素，并提出相应的对策建议。

一　调查基本情况

本次调查采用问卷调查、个案访谈和召开座谈会等方式，在哈尔滨市宾县、齐齐哈尔市龙江县、绥化市绥棱县开展实地调研。宾县地处黑龙江省南部，以种植业和畜牧业为主，是全国粮食生产大县、黑龙江省肉牛生产基地，农村人口28.2万人；龙江县地处黑龙江省西北部，经济多年位列全省前列，是全国产粮大县、绿色食品基地、基本实现主要农作物生产全程机械化示范县，农村人口28.9万余人；绥棱县位于黑龙江省中部，是典型的半山区县，地貌大体为"六山一水三分田"，农村人口17.6万余人。三个县的经济社会发展都极具特色，在黑龙江省具有一定代表性。

（一）问卷调查

本次调查在宾县、龙江县和绥棱县发放问卷，问卷调查对象为具有农村户口且近半年主要在村里居住的村民，共回收有效问卷664份。其中，女性占73.2%，男性占26.8%；不识字者或小学以下学历者占1.8%，小学学历占11.6%，初中学历占44.7%，高中学历占15.4%，中专、中技、职业高中学历占13.4%，大学专科学历占10.2%，大学本科学历占2.9%；群众占57.7%，中共党员占42.0%，民主党派人士占0.3%；未婚者占5.5%，初婚有配偶者占81.0%，再婚有配偶者占8.7%，离婚占3.3%，丧偶者占1.5%；30岁以下占6.3%，30~39岁占18.4%，40~49岁占38.4%，50~59岁占30.7%，60岁及以上占6.2%。

从地理位置分布来看，宾县占37.8%，龙江县占40.5%，绥棱县占

21.7%；15.2%的受访者所居住的村与所在县中心城区的车行距离是 5 公里以内，25.8%的距离在 5~20 公里，30.4%的距离在 20~40 公里，28.6%的距离在 40 公里及以上。

从村民生活水平来看，与本县其他乡镇的村相比，19.3%的受访者表示其所在的村的生活水平好很多，22.9%的受访者表示生活水平好一点，42.8%的受访者表示生活水平差不多，9.2%的受访者表示生活水平差一点，5.9%的受访者表示生活水平差很多。

（二）座谈会

本次调查在宾县、龙江县和绥棱县共召开 6 场座谈会，每个县分别召开 2 场座谈会。一是召开政府部门座谈会，邀请县农业农村局、县乡村振兴局、县妇联以及各乡镇妇联人员参加，主要了解当地农业农村发展状况、农村妇女经济参与整体情况以及各方在促进农村妇女经济参与方面所做的工作；二是召开农村妇女座谈会，主要了解当地农村妇女劳动参与状况、障碍、困境和主要需求。

（三）个案访谈

对 10 位农村女性经济能人进行半结构式访谈，通过对其家庭背景、受教育经历、劳动参与状况、社会环境等情况进行分析，深层次分析农村妇女经济参与状况及影响因素。

二 农村妇女经济参与基本状况

（一）农村妇女劳动参与率不高，且主要以种植业为主

问卷调查结果显示，67.3%的农村妇女从事有收入的工作或劳动，比男性低 16.4 个百分点。其中，67.0%的农村妇女从事种植业，比男性高 0.6 个百分点；6.1%的农村妇女从事养殖业，比男性低 0.6 个百分点；仅

有 6.7%的农村妇女近一年曾外出打工，比男性低 0.7 个百分点；5.2%的农村妇女曾外出干零活，比男性高 2.5 个百分点。

（二）返乡创业女青年逐年增多，农村妇女创业就业带头人仍然较少

近年来，随着乡村振兴战略的实施和各项优惠政策的出台，越来越多的青年返回广阔的农村寻找创业赛道，发挥自己的优势，在成就自己事业的同时助力乡村振兴。返乡创业女青年也在不断增多，有的成为种植养殖能手、建立特色基地，有的建立直播平台助力农产品销售，有的以当地庭院经济为基础构建地方有机蔬菜销售网络，有的通过代耕代种社会化服务成为乡村振兴新农人，有的成为新时代农村劳动力经纪人，有的成为当地美丽休闲乡村建设的带头人，等等。

虽然有越来越多的女青年返乡创业，但是农村创业就业带头人的比例仍然较低。问卷调查结果显示，有 31.5%的农村妇女是种植养殖能手，比男性低 9.5 个百分点；5.1%的农村妇女是致富带头人，比男性低 0.5 个百分点；1.2%的农村妇女是企业家，比男性低 2.2 个百分点；1.0%的农村妇女是合作社或集体经济的带头人，比男性低 2.9 个百分点；0.8%的农村妇女是专业户，比男性低 2 个百分点；0.4%的农村妇女是农村劳动力经纪人，比男性低 1.3 个百分点。

（三）农村妇女收入较少，对收入的满意度较低

问卷调查显示，受访农村妇女个人纯收入的中位数为 15000 元，男性为 30000 元，仅为男性的一半；且仅有 33.1%的农村妇女有个人独立收入，比男性低 2.9 个百分点；只有 9.2%的农村妇女有固定收入，比男性低 4.9 个百分点。42.8%的农村妇女对自己的收入表示非常满意或比较满意，比男性低 15 个百分点；25.4%的农村妇女对自己的收入表示不太满意或非常不满意，比男性高 17.6 个百分点。

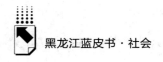

（四）农村妇女对家庭经济状况的满意度较低

问卷调查显示，男性与女性受访者的家庭纯收入没有明显差异，妇女的平均家庭纯收入为51223.3元，男性为51023.6元。但是，在对家庭经济状况的满意度方面，存在明显的性别差异。42.2%的农村妇女对家庭经济状况非常满意或比较满意，比男性低13.4个百分点；23.6%的农村妇女对家庭经济状况不太满意或很不满意，比男性高13.5个百分点。

三 影响农村妇女经济参与的主要因素

（一）人力资本因素

1.农村妇女整体受教育程度低于男性

虽然农村妇女整体受教育水平在不断提高，但是与男性相比，仍然存在一定的差距。特别是伴随人口流失和农村人口老龄化，留在本地生活和发展的农村妇女，她们的受教育程度较多集中在初中及以下。问卷调查显示，58.0%的农村妇女受教育程度在初中及以下，比男性低0.5个百分点；高中、中专、中技、职业高中的农村妇女占30.5%，比男性高6.4个百分点；但是大学专科和大学本科的农村妇女仅占11.5%，比男性低5.9个百分点。

2.农村妇女接受技术培训比例较低

问卷调查显示，只35.2%的农村妇女接受过技术、技能培训，比男性低0.8个百分点。其中，30岁以下农村妇女中接受过技术、技能培训的比例仅有29.0%，比男性低16.5个百分点。其中，80.1%的参加过培训的农村妇女觉得培训对自己有很大的帮助或有一定的帮助，比男性低10.5个百分点；有16.4%的农村妇女觉得培训对自己有一点儿帮助，比男性高10.1个百分点；还有3.5%的农村妇女觉得没什么帮助，比男性高0.4个百分点。由此可以看出，目前现有的培训在培训效果上具有明显的性别差异，这在一定程度上可以说明目前的培训方式或培训内容与女性发展方向的契合度还不够高。

从政府部门座谈会中了解到，各级政府部门组织的各类实用技术培训中女性参与比例较低，其主要原因为：一是实用技术培训名额按家庭分配，一般情况下，男性是一个家庭参加培训的首位人选，其次才是妇女；二是妇女自信心较低，认为自己可能学不会，参加实用技术培训的主动性较低。只有那些专门为农村妇女开展的技术培训或类似手工编织等的技术培训，女性参加的比例较高。这直接导致农村妇女较为缺乏创业就业所需的实用技能，最终影响妇女劳动参与率。

3. 农村妇女外出务工比例较低、经验较少

从座谈会中发现，目前，在农村劳动力大规模非农转移中，外出务工、非农就业中男性较多，妇女更多选择留守农村，照顾家庭，兼顾农业生产。问卷调查显示，只有 26.7% 的农村妇女（包括受访男性的配偶）有外出务工经历，比男性（包括受访妇女的配偶）低 20.3 个百分点；只有 16.7% 的农村妇女（包括受访男性的配偶）今年有外出务工的打算，比男性（包括受访妇女的配偶）低 15.4 个百分点。从年龄来看，30～39 岁是外出务工的黄金年龄期。从本次调查数据也可以明显看出，30 岁以下的男女两性差异不大，但 30～39 岁的男女两性差异较大，30～39 岁妇女占留在当地的占 21.4%，比男性高 11.3 个百分点。外出务工可丰富农村妇女阅历，增长见识，使其有可能接触到与农业不同的其他经济业态，这些都将为农村妇女今后非农就业和创业提供宝贵的经验。

（二）社会资本因素

本次调查依据在正式组织（村"两委"等基层自治组织）中的任职情况和参加非正式组织（社会组织）的情况来衡量农村妇女的社会资本情况。

1. 农村妇女在正式组织中参与比例较低

村"两委"等基层自治组织是农村最基层的组织架构，对上联系乡镇，对下联系村民，还可和其他村互通有无，蕴含着丰富的社会关系网络

资源。本次问卷调查发现，27.4%的农村妇女担任或曾经担任过村委会委员，比男性低6.1个百分点；12.3%的农村妇女担任或曾经担任过村党支部委员，比男性低5.1个百分点；6.6%的农村妇女担任或曾经担任过村民小组长，比男性低6.9个百分点；11.9%的农村妇女担任或曾经担任过村民代表，比男性低6.6个百分点。妇女在村"两委"等基层自治组织中任职比例较低，妇女所获得的官方资源、创业就业信息和机会等在一定程度上也较少。

2. 农村妇女在非正式组织中参与比例较低

2018年以来，黑龙江省逐渐注重培育农村社区社会组织，并促进其在乡村振兴和治理中发挥积极作用。农民可从社会组织中获取一定的社会关系网络资源，社会组织中其他成员的行为对农民自身行为有"榜样"或"约束"作用。本次问卷调查结果显示，44.4%的农村妇女参加过社会组织或社会团体，比男性高4个百分点。但是从参加的社会组织性质来看，女性较多参加的是文化、兴趣类的社会组织。24.7%的农村妇女参加过种植养殖协会、家政行业协会等专业性、行业性社会组织，比男性低6.2个百分点；9.3%的农村妇女参加过联谊会等联谊性社会组织，比男性高2个百分点；22.0%的农村妇女参加过志愿者组织等社会公益组织，比男性低6.1个百分点；22.0%的农村妇女参加过文化队、舞蹈队等兴趣类活动组织，比男性高11.3个百分点；8.6%的农村妇女参加过心理互助组等民间自助组织、互助组织等，比男性低0.4个百分点。由此可以看出，农村妇女参与的更多的是文化、兴趣类社会组织，而对农村妇女经济参与有直接帮助的专业性、行业性社会组织，其参与比例不足1/4。

3. 农村妇女在获取和控制生产资料上处于劣势

调查发现，农村妇女虽然在农业生产中发挥着重要作用，但与男性相比，在获取和控制与生产效益直接相关的生产资料如种子、设备、技术、资本等方面存在明显的劣势。以农村妇女集体经济参与情况为例。本次问卷调查显示，仅有12.1%的农村妇女加入合作社，比男性低7.6个百分点。22.6%的农村妇女在村集体组织中有股权，比男性低16.7个百分点；有

11.5%的农村妇女对此不清楚，比男性高4.2个百分点。71.4%的农村妇女有承包地，比男性低8.9个百分点。

（三）家庭因素

1. 生育、家庭照料是影响农村妇女经济参与的主要因素

本次问卷调查显示，在未从事有收入的工作或劳动的农村妇女中，因生育、照料孩子的占32.7%，比男性高18.9个百分点；因陪伴照料家里的老人、病人或残疾人的占23.9%，比男性高3.2个百分点；有24.5%的妇女因自己身体原因未从事有收入的工作或劳动，比男性低13.4个百分点。

随着孩子数量的增加，农村妇女的劳动参与率逐渐下降，与男性之间的差距也有所增大。问卷调查结果显示，没有孩子的农村妇女中从事有收入的工作或劳动的比例为78.9%，比男性低1.1个百分点；有一个孩子的农村妇女中从事有收入的工作或劳动的比例为69.7%，比男性低10.3个百分点；有两个孩子的农村妇女中从事有收入的工作或劳动的比例为62.5%，比男性低30个百分点。

2. 农村妇女是养育孩子的主要承担者

本次调查发现，在农村，因幼儿园的稀缺和出于经济成本的考量，0~6岁孩子的养育主要依靠母亲和隔代亲属照料，并且隔代亲属也以妇女为主，男性较少。问卷调查结果显示，在最小的孩子3岁以前，白天由自己来照顾的占76.9%，比男性高51.1个百分点；由隔代亲属照料的占13.8%，比男性高1.5个百分点；由配偶照顾的仅占2.9%。最小的孩子3~6岁时，白天主要由自己照顾的农村妇女占69.6%，比男性高46.2个百分点；由配偶照顾的仅占3.5%；由隔代的农村妇女亲属照料的比例为16.5%，与男性相同；仅有6.4%的在幼儿园。

3. 繁重的家务劳动阻碍农村妇女参与经济活动

受传统社会性别观念影响，"男主外，女主内"的分工模式仍然存在，家务劳动被认为是农村妇女的"分内事"。本次问卷调查结果显示，农村妇女平均每天的家务劳动时间为5.28小时，比男性多1.73个小时。从事有收

入的工作或劳动的农村妇女每天做家务劳动的时间为4.94小时，比男性多1.45个小时；未从事有收入的工作或劳动的农村妇女每天做家务劳动的时间为6.03小时，比男性高2.14个小时。由此可见，家务劳动占据农村妇女过多时间，严重阻碍农村妇女非农就业和外出就业创业。

（四）社会环境因素

1. 传统社会性别观念在一定程度上阻碍农村妇女经济参与

在当今农村，男性仍较多被视为家庭的经济支柱，而妇女是家务劳动的主要承担者。本次问卷调查结果表明，55.6%的妇女和47.2%的男性认为丈夫对家庭的经济贡献最大，45.3%的妇女和50.9%的男性认为妻子承担的家务劳动最多。同时，"男主外、女主内"的传统社会性别观念直接影响农村妇女的劳动积极性。本次问卷调查结果显示，有59.2%的受访者认为本村妇女的劳动积极性非常高或较高，34.9%的受访者认为一般，只有5.9%的受访者认为较低或非常低。

多数男性支持女性外出务工的前提是照顾好家庭。本次问卷调查结果显示，虽然有51.5%的农村妇女的配偶对于妇女外出务工是持积极支持态度的，但仍有30.0%的农村妇女的配偶是在妇女照顾好家庭的前提下支持其外出务工，还有6.9%的农村妇女的配偶是不支持妇女外出务工的，更有5.4%的农村妇女的配偶是坚决反对妇女外出务工的，有4.6%的农村妇女的配偶仅是口头支持。

2. 经济参与有助于提高农村妇女家庭生活满意度，邻里效应带动更多妇女参与经济活动

问卷调查显示，76.1%的从事有收入的工作或劳动的农村妇女对家庭生活"非常满意"或"比较满意"，比没有从事有收入的工作或劳动的农村妇女高19.5个百分点。在农村妇女座谈会上也发现，农村妇女家庭地位的提高与其经济收入的提高有关，农村妇女收入提高了，经济地位也就提高了，手里有钱，家里家外自然"说话底气足"，其对家庭生活的满意度也随之提高。

与城市相比，村庄中的邻里关系较为亲近，往来交流较为频繁。"谁家过得好，谁家过得不好，全村都知道，过得好的谁不羡慕！"这种邻里效应会带动更多的农村妇女投入经济活动中，调动农村妇女的劳动积极性。

3. 有女性"榜样"的村妇女经济参与情况较好

当本村书记或村主任是妇女时，该村妇女中的经济能人更多。问卷调查结果显示，本村书记或村主任是妇女时，受访农村妇女中企业家的比例为12.1%，比本村书记或村主任是男性的高11.7个百分点；受访农村妇女中种植养殖能手的比例为42.4%，比本村书记或村主任是男性的高11.7个百分点；受访农村妇女中合作社或集体经济带头人的比例为3.0%，比本村书记或村主任是男性的高2.1个百分点；受访农村妇女中致富带头人的比例为9.1%，比本村书记或村主任是男性的高4.2个百分点；受访农村妇女中农村劳动力经纪人的比例为3.0%，比本村书记或村主任是男性的高2.8个百分点；受访农村妇女中电商的比例为3.0%，比本村书记或村主任是男性的高2.3个百分点。

显而易见，受人力资本、社会资本、家庭和社会环境等因素影响，与男性相比，农村妇女调动资源的能力和与市场打交道的能力（议价能力）均有所欠缺，最终影响农村妇女生产能力、非农就业能力、创业能力的提高。

四 加强农村妇女经济参与的对策建议

（一）加强就业创业培训，提高农村妇女人力资本水平

各级政府部门应通过加强就业创业培训等措施增强农村妇女人力资本积累，提升农村妇女就业技能水平。基于过去接受的培训、自身经济地位以及社会地位等因素的不同，与男性相比，农村妇女的培训需求也有所差异。目前的培训方式或培训内容与农村妇女发展方向契合度不够高，有关部门应切实改变"大帮哄""集中时间授课"等传统培训方式，针对不同农村妇女群体的现实需求开展有针对性的个性化培训；有关部门应指导培训机构将社会

性别因素纳入各类培训之中，采用适合农村妇女、农村妇女乐于接受的培训方式，如分散灵活授课等；积极利用互联网平台和相关网络资源，为农村妇女接受就业创业培训创造更多的机会。

（二）不断提升农村妇女互联网素养和能力

移动互联网的迅速普及和各类社交媒体的兴起，打破了时空因素对农村妇女学习、就业、创业的束缚。农村妇女既可以利用各类网络平台增加自身人力资本、社会资本，也可以借助数字技术实现工作与家庭的平衡。但是目前，黑龙江省农村妇女数字素养和技能水平普遍较低，不能有效链接、利用各类网络资源，同时，一些偏远地区农村的互联网等基础设施也有待进一步完善。问卷调查结果显示，仅有 16.1% 的农村妇女利用互联网平台销售自家农产品。因此，各级政府应加速推动农村数字化建设，整合各类优质社会培训资源，对农村妇女进行相关专业知识培训，提高农村妇女数字媒体能力，并紧密结合能充分发挥妇女优势的应用场景，为农村妇女提供更多的就业和创业机会，进一步助力乡村数字经济的发展。

（三）消除性别偏见，引导农村妇女扩大社会关系网络

传统的"男主外、女主内"的社会性别观念是对农村妇女的基于性别的认知偏见，随着时代的进步与发展，农村妇女的生活半径正在逐步扩大，社会活动也呈多样化。特别是互联网信息及数字化、智能化技术在农村的普及，打破了时间和空间上的限制，农村妇女的社会交往范围正在不断扩大。各级政府部门应通过线上和线下方式，积极开展多种形式的社区活动，为农村妇女交流经验、开阔视野、扩大社会资本提供平台；积极为农村妇女、女性经济能人提供前往先进地区农村学习考察的机会，使她们在增长见识的同时，扩大社会关系网络，为今后参与各类经济活动提供经验借鉴。

（四）加速推动农村公共服务的发展，减轻农村妇女家庭负担

承担生育、家庭照料和家务劳动等家庭重担，是阻碍农村妇女经济参与

的主要因素。为减轻家庭照料对农村妇女，特别是对育龄妇女经济参与的挤出效应，政府应加速推动将托幼、养老等家庭照料服务纳入农村公共服务范围。然而当前，农村的公共幼教资源不足，质量良莠不齐，农村孩子更多需要送到乡镇去上幼儿园，随之流失的就是青年女性劳动力。因此，各级政府应重视农村托幼养老等公共服务，为其提供政策和财政支持，承担起保障公共服务供给的政府责任；充分调动各类社会资源，提供多种形式的、高质量的、农村家庭负担得起的公共服务，同时还可以引导一部分农村妇女实现灵活就业、就近就业。

（五）着力打造农村女性人才队伍，为乡村振兴提供人才保障

黑龙江省是农业大省，伴随人口外流，农村妇女已经成为农村经济发展的主要力量之一，应切实加大对各类农村妇女人才的培养力度，推动农村妇女在龙江乡村振兴中发挥更大的作用。各级政府和部门应加大对乡村产业振兴女性带头人的培育力度，特别是加强对休闲农业、电子商务等新业态女性带头人的培育，有针对性地对农村妇女"头雁"进行培训，切实发挥"头雁"的引领带动作用。同时，各级政府部门应积极出台各种激励和优惠政策，吸引更多的青年女性、女乡贤返乡发展，助力农村经济发展，为乡村振兴提供人才支撑。

B.17
新时代黑龙江省民营企业家精神研究[*]

周红路[**]

摘　要： 党的二十大报告明确提出：完善中国特色现代企业制度，弘扬企业家精神，加快建设世界一流企业。本报告从文化社会学的视角对黑龙江民营企业家精神进行研究，并提出培育"龙商精神"的路径建议，在实践中通过深化精神引领，全面推动龙江经济社会高质量发展，鼓舞和激励龙江的民营企业家们以饱满而崭新的精神状态，在实现龙江全面振兴、全方位振兴的征程中前进笃行。

关键词： 龙商精神　企业家精神　民营企业家

　　以习近平同志为核心的各级领导对民营经济健康发展高质量发展高度重视，对弘扬企业家精神十分关注，发表了一系列重要讲话，做出了系统性部署。2023 年 10 月 24 日，在中华全国工商业联合会成立 70 周年之际，中共中央总书记、国家主席、中央军委主席习近平发来贺信：希望广大民营经济人士切实贯彻新发展理念，大力弘扬企业家精神，争做爱国敬业、守法经营、创业创新、回报社会的典范，为全面建设社会主义现代化国家、全面推进中华民族伟大复兴贡献力量。[①] 2023 年 3 月 13 日，国务院总理李强在十四届全国人大一次会议记者会上指出："时代呼唤广大民营企业家谱写新的

---

　*　本报告为国家社科基金课题"慢生活的文化社会学研究"（19BSH096）及黑龙江省社会科学院 2023 年度智库课题"黑龙江企业家精神研究"的阶段性成果。

　**　周红路，黑龙江省社会科学院社会学研究所研究员，硕士生导师，研究方向为文化社会学。

　①　《习近平致中华全国工商业联合会成立 70 周年的贺信》，https：//www．gov．cn/yaowen/liebiao/202310/content_6911301．htm。

创业史。……希望民营企业家大力弘扬优秀企业家精神，坚定信心再出发。……当年江浙等地发展个体私营经济、发展乡镇企业时，创造的'四千'精神，走遍千山万水、说尽千言万语、想尽千方百计、吃尽千辛万苦。虽然现在创业的模式、形态发生了很大的变化，但是当时那样一种筚路蓝缕、披荆斩棘的创业精神，是永远需要的。"① 2023 年 3 月 20 日，黑龙江省委书记、省人大常委会主任许勤主持召开龙商助力振兴家乡发展座谈会时指出："要弘扬企业家精神，秉持家国情怀，始终把企业发展同国家繁荣、龙江发展紧密结合起来，积极回乡投资兴业，当好家乡形象代言人，参与和兴办社会公益慈善事业，争做爱国敬业、守法经营、创业创新、回报社会的典范。"②

一 构建与弘扬新时代"龙商精神"的背景

德鲁克（Drucker，1985）认为：企业家精神是一种社会创新精神，只有一个充满企业家精神的社会，才能获得源源不断的发展力量，无论是企业家精神还是创新，都是推动社会持续发展过程中不可缺少的力量。自党的十八大以来，我们党就尤为强调企业家精神的地位和价值，2021 年 9 月 28 日，党中央批准并发布了第一批中国共产党人精神谱系，其中之一就是企业家精神。近代以降，"实业救国、服务社会"曾成为一代企业家的精神追求。改革开放以来，中国特色社会主义市场经济繁荣发展，中国的企业家精神面临社会转型所带来的机遇和挑战，各省致力于培养具有本地文化特色的企业家群体和企业家精神，把本区域的企业家群体冠以冀商、鲁商、徽商、川商等称号，使社会主义企业家群体和企业家精神得到多元化发展。

2022 年春节前夕，习近平总书记在山西平遥了解晋商文化和晋商精神的孕育、发展时强调，要坚定文化自信，深入挖掘晋商文化内涵，更好弘扬

---

① https：//www. gov. cn/zhuanti/2023jzhjn/ie/chapterdata. html? chapter＝4.
② 《许勤：认真贯彻习近平总书记重要讲话精神 推动民营经济健康发展高质量发展》，http：//www. hljtyzx. gov. cn/web/article/376ebd0cff994a83ba69595b2ff59b35。

中华优秀传统文化，更好服务经济社会发展和人民高品质生活。[①] 对本地区商业精神的概括、提炼，形成高度认同和普遍认可的商业精神，对于提升当地商业市场竞争力，塑造与提升商人整体形象具有重要作用。浙江、福建、山西等地都总结和提炼了当地的商业精神，形成了广为人知、声名远播的浙商精神、闽商精神、晋商精神等。2023 年 4 月，由福建省委统战部、福建省工商联主办，中国新闻社福建分社、福建省闽商文化发展基金会承办的"新时代闽商精神"社会征集活动得到了全球闽商的积极响应。6 月 27~29 日在天津召开的世界经济论坛第十四届新领军者年会（又称"2023 天津夏季达沃斯论坛"）的主题是"企业家精神：世界经济驱动力"。7 月 19 日发布的《中共中央　国务院关于促进民营经济发展壮大的意见》再次强调培育和弘扬企业家精神。

在 20 世纪之前，黑龙江地区的商业活动一直以民间边贸为主。1907 年，新上任的东三省总督徐世昌在奉天建立了"商务总会"，在哈尔滨等地也设立了分会。这些商务机构首次确认了一批"商务会员"，这便是东北历史上第一批被"官方"认定的商人。哈尔滨民族商业的两位领军人物张廷阁、武百祥就是其中杰出的代表。2022 年 6 月 11 日龙商总会正式成立，并向全体会员和广大龙商发出"回乡报桑梓、建设新龙江"的倡议，勠力同心为家乡的振兴发展做出新的更大贡献。龙商总会的成立，标志着"龙商"已经发展到了一个新的阶段，随着"龙商"品牌建设不断完善，"龙商"必将成为中国未来商界的重要力量，在新时代的画卷上留下浓墨重彩的一笔！

习近平总书记指出："精神是一个民族赖以长久生存的灵魂，唯有精神上达到一定的高度，这个民族才能在历史的洪流中屹立不倒、奋勇向前。"[②] 黑龙江这片肥沃的黑土地不仅盛产粮食、石油、煤炭、木材等物质财富，同样也盛产精神财富。黑龙江先后产生了东北抗联精神、北大荒精神、大庆精神（铁人精神）等优秀精神。在这些优秀龙江精神的鼓舞下，黑龙江的经

---

① 《时政新闻眼丨从晋中之行看中国之治，习近平传递这三个关键词》，http：//politics. people. com. cn/n1/2022/0128/c1001-32342526. html。

② 《习近平关于社会主义文化建设论述摘编》，中央文献出版社，2017，第 13 页。

济社会发展一度处在全国前列。而目前，作为曾经辉煌一时的北方大省，黑龙江却面临着经济排名"南升北降"、创新发展"南强北弱"、人口人才"南入北出"的不利局势。2023 年 9 月 7 日，习近平总书记在哈尔滨市主持召开新时代推动东北全面振兴座谈会时强调：要支持、鼓励、引导民营经济健康发展，实施更多面向中小企业的普惠性政策，形成多种所有制企业共同发展的良好局面。① 在习近平总书记的亲切关怀和国家有关部委的大力支持下，如今黑龙江的政治生态日益清朗、营商环境持续优化，民营经济活力加速迸发，正努力发展成为祖国北疆创业兴业的新热土，对北开放的新高地。尤其是从 2023 年底开始，哈尔滨的冰雪文化和旅游火爆"出圈"，生动诠释了"冰天雪地也是金山银山"的发展理念。当前，构建与弘扬新时代"龙商精神"，凝练提出新时代"龙商精神"表述语，使其成为龙江经济发展驱动力，正当其时，意义深远。

二 "龙商精神"的历史逻辑

"一方水土养一方人"，各地不同的自然环境、文化背景影响着人们的生产与生活方式，从而体现了各具地域特色的商业文化。"龙商"不是"黑龙江"与"商人"或"经商"的简单叠加，而是有着深厚且独特的文化内涵，是对经商理念、经商行为、经营风格都受到黑龙江文化影响的商业经营者的称谓。

龙商较之徽商、晋商、浙商、温商形成的时间较晚，如徽商始于南宋，发展于元末明初，形成于明代中叶，盛于嘉靖年间，清代乾隆时期达到鼎盛，有相当长的发展历史。中国历史上赫赫有名的"十大商帮"，都活跃于明清之际。而龙商最早形成时间是 20 世纪初，1907 年，清政府开放哈尔滨为国际性商埠，各国侨民、商品和资本涌入哈尔滨，给原本传统封闭的哈尔

---

① 《习近平主持召开新时代推动东北全面振兴座谈会强调 牢牢把握东北的重要使命 奋力谱写东北全面振兴新篇章》，http：//politics. people. com. cn/n1/2023/0909/c1024-40074002. html。

滨带来了西方文化元素，东三省总督徐世昌建立了"商务总会"哈尔滨分会，确认了第一批"商务会员"。哈尔滨最初的一批工商业也产生于20世纪初，中东铁路的修建和通车增强了哈尔滨对外来人口的吸引力，推动了"闯关东"人口向哈尔滨地区流动。哈尔滨的"老字号"秋林公司、同记商场、世一堂、老鼎丰、正阳楼、马迭尔宾馆等是最早的龙商，但均不是由当地人所创办。1858年，在俄国境内的边境城市已逐渐发展起来。19世纪末，仅华人经营的商业店铺就有500多家，其中最大的店铺有同永利、永和栈和华昌泰等。① 而在中国一侧，瑷珲城很快成为黑龙江沿岸的政治、经济和文化中心，其中商业尤为发达，形成一条初具规模的商业街。由此可见，龙商是以侨民和"闯关东"群体为基础发展起来的，外来的多元文化以及"闯关东"人的勤劳勇敢、自强不息、开拓创新的品质，造就了这一时期的龙商精神表现为开拓进取、开放包容的精神品质。

新中国成立初期至20世纪70年代，伴随着北大荒开发、知识青年上山下乡，黑龙江大农业、大工业、大贸易发展，资源型产业、重工业、农业为社会主义革命与建设做出了重要贡献，也是龙商发展历史上最辉煌的时期。这一时期以发展国防重工业为主，为维护国家安全这一战略任务服务，相应这一时期的龙商精神凸显的是爱国奉献的情怀和大国重器的担当精神。

20世纪80年代至党的十八大，伴随着改革开放的浪潮，黑龙江经历了国有企业的改制重组，民营经济起步发展较缓慢，一部分有胆识的企业家在国有企业改革的过程中艰难地发展壮大起来，还有一部分黑龙江人走向了全国甚至海外，发扬"闯关东"精神和北大荒精神，创立了自己的企业，取得了成功。这一时期的龙商精神主要凸显的是攻坚克难、开拓创新、国际视野的精神品质。

党的十八大以来，中国特色社会主义进入新时代，随着经济的发展和时代的变迁，龙商群体发生了深刻变化，龙商队伍展现出新的面貌，龙商精神也孕育了新的内涵。深刻认识总结和凝练新时代"龙商精神"意义重大，通过总结提炼龙商精神，使之成为凝聚企业家力量的纽带，对于提振发展信

---

① 赵颖：《黑河与布拉戈维申斯克的边境贸易》，《黑河日报》2021年6月17日，第A3版。

心、激发创新活力具有重要作用。以创新、诚信、担当、合作为底色的商业精神，是经济发展的驱动力。在黑龙江省经济面临多重挑战的复杂形势下，构建新时代"龙商精神"对于加快经济复苏和促进经济合作至关重要。

2022年6月11日龙商总会正式成立。龙商总会是由黑龙江省内外（包括港澳台、海内外）黑龙江籍企业家和在黑龙江省内投资创业或工作学习过的非黑龙江籍企业家及相关社会团体和个人自愿结成的联合性、非营利性社会团体。本报告依据历史上对"十大商帮"的界定方式将"龙商"界定为黑龙江省内外（包括港澳台、海内外）黑龙江籍和户籍曾在黑龙江的民营企业家。

三 新时代"龙商精神"的内涵

龙商兴则龙江兴，龙商强则龙江强。今日龙江，江河壮丽，龙商豪迈，前程远大。时代为龙商发展提供了前所未有的广阔舞台。推动龙商发展、建设"六个龙江"，广大龙商义不容辞，责任在肩，大有可为。构建新时代"龙商精神"，凝聚起强大的精神力量，务求立足龙江实际，在实践中通过深化精神引领，全面推动龙江经济社会高质量发展，鼓舞和激励龙江的民营企业家们以饱满而崭新的精神状态，在实现龙江全面振兴全方位振兴的征程中前进笃行。

本报告基于习近平总书记关于企业家精神"爱国敬业、守法经营、创业创新、回报社会"的深刻论述，结合黑龙江企业家的历史文化、地域特色和时代价值，试对黑龙江企业家应该具有的精神即"龙商精神"做出如下内涵界定，概括为"四创四径"。

南有"四千四万"，北有"四创四径"，即"四创精神"通过"四个路径"实现。

创业：艰苦创业、艰险向前，"艰难困苦，玉汝于成"是龙商发展的秘籍。

创新：守正创新、大胆发展，"惟创新者胜"是龙商发展的核心。

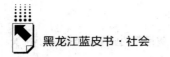

创造：价值创造、开创未来，"一勤天下无难事"是龙商发展的法宝。

创富：持续创富、实现共富，"达则兼济天下"是龙商发展的目标。

敬业：敬天爱人、爱国敬业，龙商应成为创新发展的奋斗者。

竞争：竞争有序、合作共赢，龙商应成为市场竞争的优胜者。

净洁：净洁其心、守法经营，龙商应成为法律规矩的守护者。

境界：境界崇高、回报社会，龙商应当成为贡献社会的践行者。

四 弘扬新时代"龙商精神"的建议

构建和弘扬新时代"龙商精神"，应采取"六个一"举措，即"成立一个工作专班、构建一种新时代'龙商精神'、出版一系列学习读本、组建一个宣讲团、设计一条参访线路、创作一批文艺精品"，具体如下。

一是成立构建和弘扬"龙商精神"工作专班，成员单位包括省工商联、省委宣传部、省委统战部、省委史志研究室、省社会科学院、省文联、省作协、省书画院等相关部门，办公室设在省工商联。

二是由构建和弘扬"龙商精神"工作专班牵头组织相关部门共同开展对龙商精神的深入研究，可在全省范围内通过各种媒体开展构建"龙商精神"大讨论，经专家组研讨，由省委确定形成"龙商精神"。

三是待"龙商精神"研究确定后，通过各种媒体和渠道在全省范围内宣传推广，同时编撰构建和弘扬"龙商精神"读本。

四是组建宣讲团，走进全省机关、企事业单位等宣传弘扬"龙商精神"。

五是设计一条参学线路，汇集黑龙江省极具代表性的民营企业，让广大民营企业家在参访的过程中得到教育和启发。

六是请省作协、省文联及省书画院等单位组织德艺双馨的文艺工作者，聚焦"龙商精神"主题，通过文学、书法、绘画、影视、音乐、舞蹈、摄影、曲艺、动漫等多种文艺形式，宣传弘扬"龙商精神"。

"精神成砥砺，千载此中寻。"黑龙江正处于乘势而上的机遇期，转型升级的攻坚期和振兴发展的关键期。面对困难、挑战和机遇，我们构建与弘扬新时代"龙商精神",旨在凝聚起强大的精神力量,提振广大龙商干事创业的"精气神",以新的精神状态和奋斗姿态,闯难关、攀高山、跳起摸高、换道超车,确立新目标,激发新动能,谋求新发展,加力建设"六个龙江",迎来龙江更加光明美好的未来。

社会治理篇

B.18

强化组织引领 分类分步推进黑龙江省文明城市创建*

王建武**

摘 要： 文明城市创建对推动经济社会高质量发展具有重要意义，本报告探讨了强化组织引领、分类分步推进黑龙江省文明城市创建的对策。通过实地调研，总结典型经验，提出从强化组织引领、分类分步推进以及完善常态化机制等方面着力，提升黑龙江省文明城市创建的整体效能，强调树立全局观念、坚持高位推动、形成纵横联动机制，以及通过全国文明城市示范引领、省级文明城市带动牵引、县级文明城市规划培育、城乡融合文明创建扶持等多维度推进文明城市创建。同时，建议建立工作推进、督查问效、学习培训以及精细管理机制，以确保文明城市创建工作的持续性和长效性。这些措施对于提升黑龙江省文明城市创建水平、实现高质量发展具有重要意义。

---

* 本报告系黑龙江省社会科学院 2023 年度智库项目"黑龙江省全域文明城市创建研究"成果。

** 王建武，黑龙江省社会科学院社会学研究所副研究员，硕士生导师，研究方向为发展社会学、政治社会学。

关键词：　文明城市　创建机制　高质量发展

文明城市是含金量高、创建难度大的城市品牌，是一个城市十分重要的无形资产和战略资源，创建文明城市对推动黑龙江省经济社会高质量发展具有重要支撑作用。推进文明城市创建需制定有效的对策，以实现全面、协调、可持续的发展目标。目前黑龙江省各地高度重视、积极推进文明城市创建，不断健全创建机制，城市基础设施建设得到加强，创建活动丰富多彩，群众参与度高，宣传氛围浓厚，创建理念深入人心。黑龙江省文明城市创建已经起势，但还应该在组织引领、创建策略等方面强化常态长效机制。本报告基于对上海市及黑龙江省桦南县的实地调研，总结典型经验，探讨推进文明城市创建的对策，从强化组织引领、分类分步推进、完善常态化机制等方面提出建议，以期为各地文明城市创建工作提供参考和借鉴。

一　强化组织引领，坚持高位推动构建创建大格局

黑龙江省在推进文明城市创建的过程中，强化组织引领，坚持高位推动构建创建大格局至关重要。这一战略举措旨在确保各级政府和各相关部门形成统一意志，打造协同作战的良好局面，推动文明城市创建工作朝着整体目标稳步前进。

（一）树立"一盘棋"全局观念

在推进文明城市创建的过程中，树立"一盘棋"全局观念是推进文明城市创建工作的基础和前提。一是将文明城市创建纳入区域经济社会发展的总体格局中。各级政府将文明城市创建工作作为当前经济社会发展的重要内容，将其融入区域发展的战略规划和年度工作计划中。只有将文明城市创建与经济建设、社会治理、生态保护等各项工作相结合，才能更好地形成合力，形成整体推进的局面。二是注重整体规划和资源整合。文明城市创建需

进行全面规划，合理整合、调配资源，这就需要建立健全的资源整合机制，促进各类资源的共享和优化配置，以最大限度地提高资源利用效率，实现文明城市创建工作的高效推进。三是强调共建共享、合作共赢。文明城市的创建是一个群众性的工作，需要广泛动员。因此，需倡导全民参与、全民共建的理念，激发社会各界的积极性和创造性，形成共建共享的良好局面。加强与企业、社会组织等各方面的合作，实现优势互补、资源共享，共同推动文明城市创建工作向前发展。

（二）坚持"一把手"工程推动

调研发现，文明城市创建工作推进较好的地区大多将文明城市创建确定为"一把手"工程，各级领导挂帅，带头推动，确保创建工作始终保持高位推动的态势，坚持"一把手"工程推动是推进文明城市创建的有效路径。一是加强文明城市创建工作的统一领导和组织指导。市级和县级领导担负着领导全局工作的责任，通过将文明城市创建工作纳入重要工作日程中，主持召开专题会议、调度文明城市创建工作进展情况，有效统筹各方资源、解决工作中的难题，提高文明城市创建工作的整体效率和效果。二是努力形成干部群众的强大凝聚力和向心力。领导干部挂帅推动文明城市创建工作，能够激发广大干部群众的积极性和主动性，形成共同行动的良好氛围。领导干部身体力行、率先垂范，能够有效地发挥示范引领的榜样效应，带动全域干部群众积极投身到文明城市创建的工作中来。三是加强党委政府责任担当和服务保障。各级领导亲自推动文明城市创建工作，将其作为一项重要的政绩考核指标，强化政府的责任担当意识，提升政府工作的执行力和效率。坚持"一把手"工程推动是推进文明城市创建工作的重要路径，只有领导干部亲自抓、亲自管、亲自推动文明城市创建工作，才能够真正形成合力，实现文明城市创建目标。

（三）形成"一张网"纵横联动

调研发现，形成"一张网"纵横联动是推进文明城市创建的重要举措，旨在构建起各部门、各领域的密切合作和协同推进机制，形成全方位、立体化的工作格局，以实现文明城市创建工作的全覆盖和高效推进。一是通过"一张网"纵横联动实现政府各部门的协同合作和资源共享。文明城市创建涉及多个领域和部门，需要各相关部门密切配合，共同推进。通过建立跨部门、跨领域的联席会议、工作组织机制，统筹协调各部门的工作力量和资源，形成高效率、高效能的工作机制。二是通过"一张网"纵横联动充分发挥各方力量。通过建立政府、企业、社会组织等多方参与的合作机制，充分调动各方积极性，形成合力，推动文明城市创建工作向前发展。桦南县积极创新推动社会组织建设，如志愿服务组织、社区治理中心等，为社会组织提供更多参与文明城市创建的机会。三是通过"一张网"纵横联动实现城乡、上下游的协同发展和互补推进。文明城市创建工作需要统筹城乡发展、协调上下游关系，形成合力。通过建立城乡联动、上下游衔接的工作机制，实现资源共享、优势互补，推动城市和农村、上游和下游的协同发展，促进文明城市创建工作的全域推进。四是通过"一张网"纵横联动促进文明城市创建工作的长效机制建设和持续推进。文明城市创建是一个系统工程，需要长期坚持、持续推进。通过建立健全长效运行机制，保持政策的稳定性和连续性，实现全覆盖、全过程的高效推进。

二 强化分类分步推进，打造"四个一批" 以创促建全覆盖

在推进文明城市创建的过程中，全国文明城市示范引领、省级文明城市带动牵引、县级文明城市规划培育和城乡融合文明创建扶持是推动黑龙江省文明城市建设分类分步实施的关键。

（一）全国文明城市示范引领一批

调研发现，选取具有代表性和示范引领作用的地区，加大政策支持和宣传力度，推动这些地区成为全国文明城市的示范典范，可以为其他地区提供

可借鉴的经验和模式。如桦南县入选第六届全国文明城市，是黑龙江省唯一入选的县（全国共入选 79 个县级市和县）。桦南县自 2018 年创建全国文明城市以来，形成了以创城工作为核心，辐射带动全盘工作共同推进的良好格局，激发城市发展新活力，各项事业呈现勃勃生机。最直观可见的是桦南县城市形象、发展环境进一步优化，县域美誉度、知名度进一步提高，吸引力、竞争力进一步提升，人民群众的精神面貌焕然一新。接下来，黑龙江省全国文明城市创建还应继续做好如下工作。

一是加大政策支持和宣传力度。对示范引领地区给予更多的支持，包括财政资金支持、政策倾斜、人才支持等。同时，还应该加大对这些地区的宣传力度，通过各种渠道，向社会广泛宣传示范引领地区的成功经验和典型案例，激发其他地区学习和跟进的积极性。二是要加强示范引领地区的体制机制创新和经验总结。省内其他城市可以与示范引领地区建立长期稳定的合作关系，开展交流合作、经验分享等活动，促进经验共享和共同进步。三是做好对示范引领地区的经验总结，形成可复制、可推广的模式和方法，为其他地区提供参考和借鉴，促进文明城市创建工作的全面推进。

（二）省级文明城市带动牵引一批

发挥省级文明城市在地域辐射和资源带动方面的优势，引导其带动周边县域进行文明城市创建，实现资源优势的共享和互补。一是建立省级文明城市与周边县域的合作机制。省级文明城市可以与周边的县域合作成立工作组织机构等，促进双方的沟通与合作。在合作中，可以明确省级文明城市在带动周边县域文明城市创建方面的责任和义务，同时也明确县域的支持和配合措施，形成合力推进文明城市创建工作的良好局面。二是制定具体的带动政策和措施。省级文明城市可以根据周边县域的实际情况，制定相应的带动政策和措施，包括财政资金、项目合作、技术培训等方面的支持，组织专家团队，为周边县域提供技术指导和培训服务，提升周边县域的文明城市创建能力。三是加强信息共享和交流合作。省级文明城市可以与周边县域建立信息共享平台，及时分享文明城市创建的经验和做法，促进双方的共同学习和进步。通过省级文明城市的带动作用，有效促进周边县域的文明城市创建工作，实现资源优势的共享和互补。这不仅有利于提升全区域的文明程度和形象，也有助于实现各地区的共同发展和繁荣。

（三）县级文明城市规划培育一批

县级文明城市规划培育是推动文明城市创建的重要举措，需要根据各县域的实际情况，制定具体的规划方案，注重培育县级文明城市的特色和优势，推动其成为县域经济社会发展的重要支撑点。一是强化基础设施建设，提升公共服务质量。县级文明城市的创建需要有良好的基础设施支撑和公共服务保障。因此，要加大投入力度，加快基础设施建设的步伐，包括交通、水利、能源、通信等方面的建设，提升公共服务水平，满足居民的生活和工作需要。二是注重产业发展和经济转型升级。县级文明城市的创建不仅要关注城市形象的提升，更要关注经济社会的可持续发展。因此，要结合县域的产业结构和资源禀赋，制定产业发展规划，推动经济的转型升级，培育新的经济增长点，提升县域的竞争力和发展活力。三是加强文化传承和创新发展。文明城市的创建需要注重文化传承和创新发展，要充分挖掘县域的历史文化资源，展现人文底蕴，打造具有地方特色和文化内涵的城市形象。

（四）城乡融合文明创建扶持一批

城乡融合文明创建是推动文明城市建设的重要环节，要特别关注城乡接合部地区，整合资源要素，促进城乡融合发展，推进城乡一体化的文明城市创建。一是明确发展定位。城乡融合文明创建需要根据城乡的实际情况，科学规划城乡发展布局和发展定位，统筹城乡资源，优化空间结构，实现城乡一体化发展。二是加强基础设施建设和公共服务改善。城乡融合文明创建需要加大对城乡基础设施建设的投入力度，缩小城乡差距，提升农村地区的基础设施水平和公共服务品质。要重点解决城乡交通、水利、能源、信息等方面存在的问题，扩大基础设施的覆盖范围，提升服务水平，促进城乡融合发展。三是促进产业融合和经济协调发展。城乡融合文明创建要注重促进城乡产业的融合发展，实现产业互补、优势互补，推动城乡经济的协调发展。要发挥城市的产业集聚和技术创新优势，支持农村地区发展特色产业和乡村旅游，促进城乡产业的融合发展，提升城乡经济的整体竞争力。四是加强社会治理和文化建设。城乡融合文明创建需要加强城乡社会治理体系建设，促进城乡社会资源的整合和共享，增强城乡社会治理的有效性和公信力。同时，要注重加强城乡文化建设，传承和弘扬中华优秀传统文化，培育和践行社会主义核心价值观，提升城乡居民的文明素养和道德水平。

三 强化完善常态化机制，立品牌树形象聚焦创城常建长效

创建文明城市不能一蹴而就，要把文明城市创建融入发展大格局，走高质量发展和文明城市创建融合之路，放大"1+1>2"的叠加效应。

（一）建立工作推进机制

建立工作推进机制是确保文明城市创建工作有序进行、持续推进的关键。一是建立定期召开创城工作会议的制度。邀请相关部门负责人和专家学者，全面总结工作进展情况，分析存在的问题和困难，制定下一阶段的工作计划和措施。二是明确工作责任、任务分工和推进进度。明确各部门、各单位在文明城市创建工作中的具体责任和任务，并建立责任清单和考核机制。同时，制定详细的工作计划和时间表，明确推进进度，确保各项任务按时完成。三是及时解决工作中的问题和困难。在工作推进过程中，建立问题反馈和解决机制，鼓励各部门主动报告问题，及时调整工作方向和策略。充分发挥政府部门的领导作用，加强对文明城市创建工作的组织领导和统筹协调，提供必要的资源和政策支持，解决工作中的资金、人力、物力等方面的保障问题，确保创城工作的顺利推进。

（二）建立督查问效机制

建立健全督查问效机制，设立专门的督查机构或督查组织，加强对文明城市创建工作的督导和检查，确保各项工作措施的有效实施。一是制定详细的督查问效方案和标准。督察部门制定具体的工作计划和任务清单，明确督查的内容、对象、方法和频次，建立科学合理的督查评估标准和指标体系，确保督查工作的针对性和有效性。二是建立问责机制和奖惩机制。督察部门对于督察工作中发现的问题和不足，及时提出整改意见和建议，对责任单位和责任人进行问责，确保问题得到及时解决。同时，对于工作中取得的突出成绩和优秀表现，及时给予表彰和奖励，激励广大干部群众积极参与文明城市创建工作。三是加强信息公开和舆情监测。督查机构及时向社会公开文明城市创建工作的进展情况和成果，接受社会监督和评价，及时回应社会关切。同时，加强舆情监测，及时了解和掌握社会各界的意见和建议，为改进文明城市创建工作提供参考依据。建立健全督查问效机制，做到组织健全、制度完善、力度加强、问责有力。

（三）建立学习培训机制

建立学习培训机制是推动文明城市创建工作持续发展的重要举措。一是建立健全培训计划和体系。文明城市创建涉及多个领域和多个层面的工作，因此需要制定全面的培训计划，明确培训内容、对象、方式和时间安排。二是开展多种形式的培训活动。培训形式可以包括集中培训、现场观摩、实地考察、案例分析、网络培训等多种形式，以满足不同参与者的需求。培训内容可以涵盖文明城市创建的政策法规、工作流程、典型案例、先进经验等方面。三是建立学习分享平台和机制。通过建立学习分享平台和机制，促进参与者之间的交流和互动，分享工作经验和成果，形成学习共同体，推动工作的共同进步。四是注重长效机制和持续推进。通过定期组织培训活动、建立学习档案、评选表彰先进个人和单位等方式，激发参与者学习的热情和动力，推动文明城市创建工作不断取得新的进展和成果。

（四）建立精细管理机制

建立精细管理机制是确保文明城市创建工作顺利推进、持续改进和长效运行的关键举措。一是强化数据统计和信息管理。建立健全文明城市创建的数据统计和信息管理系统，实现对相关数据的及时、准确、全面的采集、整理和管理，包括建立台账、档案、数据库等，记录各项工作的进展情况、问题整改情况、资金使用情况等信息，为后续的绩效评估和决策提供可靠的数据支持。二是定期开展绩效评估。设立定期的绩效评估机制，对文明城市创建工作的进展情况进行全面、系统的评估。评估内容包括各项指标的达成情况、存在的问题和不足、改进措施的落实情况等。三是开展成果展示。定期组织成果展示和交流活动，充分展示文明城市创建工作取得的成果和经验。可以通过展览、发布会、宣传片等形式，向公众和社会各界展示文明城市创建的优秀案例，传播典型经验。四是推动精细化管理和长效运行。在数据统计、信息管理、评价指标体系、绩效评估和成果展示等方面实现精细化管理，不断优化工作流程和管理机制，提升工作的效率和质量。

B.19
黑龙江省慈善组织发展报告

李竹翠　翟福利*

摘　要：　公益慈善事业是中国特色社会主义事业的重要组成部分，慈善组织是现代公益慈善事业的重要载体，是动员慈善资源的重要力量。本报告以2023年黑龙江省慈善工作情况调研的样本数据和慈善组织发展统计数据为参考，分析了黑龙江省慈善组织的发展情况，从法律和制度保障、政府部门协调激励机制、慈善组织功能和分布、慈善人才培养和储备等方面剖析了慈善组织发展存在的问题，探讨新的历史起点上如何采取积极有效措施推动慈善组织健康可持续发展，并在第三次分配、增进民生福祉、实现共同富裕等方面发挥积极作用，担当起时代赋予的历史使命。

关键词：　慈善组织　公益慈善　黑龙江省

公益慈善事业是中国特色社会主义事业的重要组成部分，慈善组织是现代公益慈善事业的重要载体，是动员慈善资源的重要力量。慈善组织的发展情况不仅关系到公益慈善事业能否实现高质量发展，更关系到新时代公益慈善事业能否在第三次分配、增进民生福祉、实现共同富裕等方面充分发挥应有作用，担当起时代赋予的历史使命。因此，对慈善组织的发展现状、存在的问题和趋势方向进行分析，有助于深入了解一个地区的公益慈善发展生态，为慈善领域相关地方政策的制定提供参考。本报告基于2023年黑龙江

---

*　李竹翠，黑龙江省社会科学院社会学研究所副研究员，研究方向为社会工作、公益慈善管理；翟福利，黑龙江省民政厅慈善事业促进和社会工作处处长，研究方向为公益慈善政策。

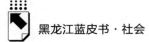

省慈善工作情况调研的样本数据和慈善组织发展统计数据，分析黑龙江省慈善组织的发展情况及变化趋势。

一 慈善组织发展现状

近年来，黑龙江省高度重视公益慈善事业发展，全面贯彻落实党的二十大关于"引导、支持有意愿有能力的企业、社会组织和个人积极参与公益慈善事业"的部署要求，为鼓励发展慈善组织，增进公益慈善领域交流合作，推动全省公益慈善事业和慈善组织健康发展，采取了一系列促进措施。

（一）慈善组织数量及构成

2023年黑龙江省慈善工作情况调研的样本数据和慈善组织发展统计数据显示，截至2023年末，黑龙江省共有登记认定的慈善组织263家，多数为基金会和社会团体。其中，基金会105家占比40%，社会团体145家占比55%，社会服务机构13家占比5%（见图1）。社会团体中又以省、市、县三级慈善会系统数量为最多，达到133家，慈善会数量占全部慈善组织的50.6%。

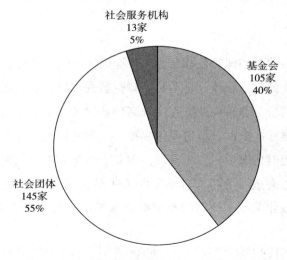

图1 黑龙江省登记认定的慈善组织构成情况

从登记注册时间来看，1991 年黑龙江省成立慈善组织 2 家；1992~2000 年新登记注册慈善组织的数量呈缓慢增长趋势，有 10 家；2001~2015 年新登记注册慈善组织数量增幅加大，有 83 家；2016 年《中华人民共和国慈善法》（以下简称《慈善法》）出台后，慈善组织获得较快发展，2016~2023 年，登记注册 167 家，且大部分组织在成立之初就直接登记为慈善组织（见图2）。

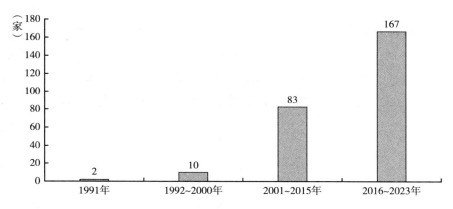

图2　1991~2023 年黑龙江省登记注册慈善组织数量

（二）相关政策文件

《慈善法》颁布前，黑龙江省关于公益慈善事业发展的专门文件是 2015 年省政府印发的《关于促进慈善事业健康发展的实施意见》，其中就对"培育发展慈善组织""健全慈善组织体系""加强组织自身建设"等内容进行了规定。近年来，尤其是民政部设立"慈善事业促进和社会工作司"以后，黑龙江省、市两级民政部门也相应完善了慈善管理组织架构和职能设置。行政职能部门的配齐配强对区域慈善法规政策制定出台起到了非常重要的作用。全省为促进慈善组织发展颁布实施了一系列重要文件，省委省政府两办联合出台了《关于改革社会组织管理制度促进社会组织健康有序发展的实施意见》；省政府办公厅印发了《关于推进社会公益事业建设领域政府信息公开的实施意见》《关于推进社会信用体系建设高质量发展促进形成新发展格局的实施意见》；省民政厅启动了《黑龙江省慈善条例》起草工作，并制定了《关于〈慈善组织信息公开办法〉的实施意见》《关于贯彻实施〈慈善组织保值增值投资活动管理暂行办法〉的意见》《关于贯彻〈公开募捐平台服务管理办法〉的指导意见》等，为慈善组织发展提供了政策支撑。

（三）相关激励促进措施

慈善组织的发展速度与政府的激励促进措施有非常密切的联系。以2023年为例，相关政府部门将基层慈善会体系建设列入年度工作指标任务。在当年登记、认定的45家慈善组织中，就有市级慈善会1家，县（区）级慈善会40家，新增慈善会占新增慈善组织数量的91%（见图3）。

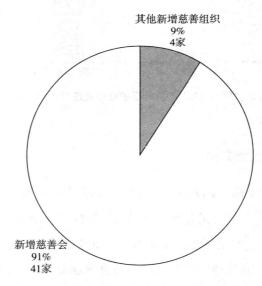

图3 新增慈善会在新增慈善组织中的占比

同时，各级政府部门加大对慈善组织的扶持力度。省民政、财政、税务等部门每年开展慈善组织公益性捐赠税前扣除资格认定、非营利性组织免税资格认定等工作，落实税收优惠政策。经黑龙江省委、省政府批准，设立"龙江慈善奖"作为省级工作部门评比达标表彰项目，并于2023年开展全省第一届评选表彰活动，加大了对社会慈善行为的正向激励力度。黑龙江省民政厅联合多部门印发《关于推进政府购买社会救助服务工作提高基层民政服务能力的通知》《关于落实政府购买服务强化基层社会救助经办服务能力的实施意见》，鼓励慈善组织承接社会救助关爱服务项目；哈尔滨市平房区、佳木斯市桦川县启动慈善组织孵化培育项目，通过财政列支资金、链接社会捐赠方式，鼓励社会组织运营创新园和开展公益创投活动。

（四）慈善组织发展的人才保障

近年来，黑龙江省社会工作人才储备呈持续向好趋势，参加社会工作职业水平考试的人数整体呈增加趋势，持证社工数量稳步提升，为慈善组织发展提供了人才保障。截至 2023 年 12 月，全省持证社工 19689 人，其中助理社会工作师 16385 人，中级社会工作师 3290 人，高级社会工作师 14 人（见图 4）。

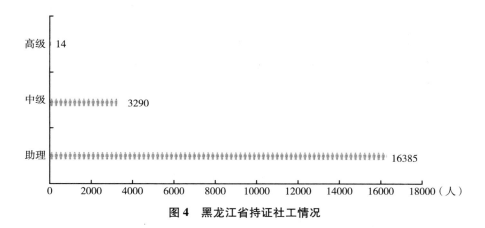

图 4　黑龙江省持证社工情况

从历年社会工作职业水平考试通过人数来看，2008~2015 年，全省通过社会工作职业水平考试的人数相对较少，共计 3456 人。2016 年以后，随着国家对慈善和社会工作人才的重视程度不断提高，通过考试的人数也快速增加，2016~2023 年全省共通过社会工作职业水平考试 16233 人。尤其是 2023 年通过考试的人数达 7728 人，是 2008 年通过人数的 18.6 倍（见图 5）。

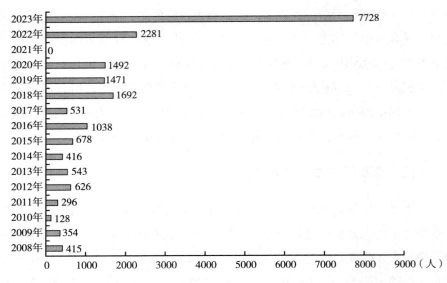

图5　2008~2023年黑龙江省社会工作职业水平考试通过人数

全社会对社会工作职业水平考试的认知度在不断提高，报考人数和参考人数也在大幅增加。2020年9397人报考，6992人参考，参考率为74%，考试通过率为21%；2021年因为疫情停考一年；2022年11198人报考，9733人参考，参考率为87%，考试通过率为23%；2023年35602人报考，31400人参考，参考率为88%，考试通过率为25%（见图6）。

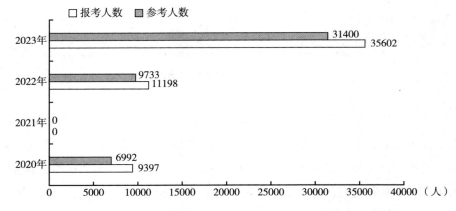

图6　2020~2023年黑龙江省社会工作职业水平考试报考和参考人数

二 慈善组织发展过程中存在的问题

由于黑龙江省公益慈善事业起步较晚、基础薄弱，加之缺乏完善的法律制度和政策保障，慈善组织发展状况与党中央的要求、省委省政府的部署和全社会参与慈善的期盼相比，还存在一定差距。

（一）慈善组织发展缺少完善的法律和制度保障

现代公益慈善事业比较发达的国家，相关法律制度也较为完善，比如遗产税政策可以抑制贫富分化和社会资源浪费，美国现行的遗产税税率从37%开始，最高达50%。而我国还没有完备的法律制度做保障，限制了社会公众投身公益慈善事业的热情。在2023年黑龙江省慈善工作情况调研中发现，有43.5%的受访者认为"当前该省促进慈善事业发展的制度措施"为"很健全"；56.5%受访者认为"基本健全"或"不够健全"（见图7）。

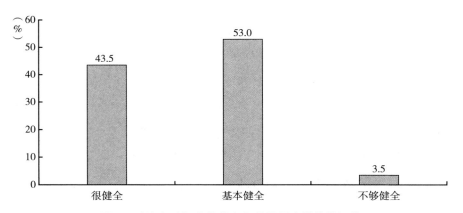

图7　受访者对促进慈善事业发展制度措施的评价

公益慈善具有"非营利性、组织性和非政府性"特征，需要有一套规范严密的法律法规和制度管理体系。当前以《慈善法》为遵循的慈善

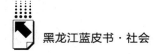

法规制度体系初具规模，但与慈善组织发展需要之间还存在一定差距，地方性慈善立法还未出台，配套政策仍不完备，法律和制度保障亟须进一步加强。

（二）政府部门协同激励机制尚未形成

调研中发现，大多数慈善组织从业者表示慈善组织最需要"政府的政策支持"。尽管《慈善法》明确民政部门主管慈善工作，但相关政策却并非可以由民政部门单独出台，还需要财政、税务、海关、银保监、网信、教育等多部门同步制定。如《慈善法》明确公益慈善事业依法可以享受税收优惠，但个人捐赠税收减免、受益人接受捐赠的税收优惠、开展扶贫济困慈善活动享受的特殊优惠等均需具体政策的出台；在鼓励企事业单位和其他组织为开展慈善活动提供便利条件方面，迄今仍缺乏可操作性指引；在激励促进措施的制定方面，也缺乏政府部门之间的协同联动。

（三）慈善组织分布不均、功能偏弱

当前，黑龙江省慈善组织呈现主体单一、功能偏弱、体量较小、分布不均等特征。从总量来看，全省登记认定慈善组织263家，仅占全国的2%，占全省社会组织的1.3%。从地域分布来看，省内慈善组织主要集中分布在哈尔滨、齐齐哈尔、大庆、佳木斯等地，这些地市慈善组织数量占全省慈善组织总数的64%。省内慈善组织办公场所设立在哈尔滨市的有105家，而设立在七台河的仅有5家，设立在鹤岗的仅有7家（见图8）。从行业辐射带动情况来看，缺少旗舰型慈善组织引领行业发展，全省尚未有一家经民政部认定的慈善组织互联网公开募捐信息平台，业内慈善组织的黏合度不高、联动性不强。

（四）慈善专业人才培养和储备不足

高校系统培养的公益慈善专业人才较少，难以满足慈善组织、慈善行业

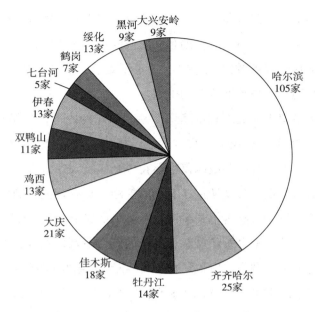

图8　黑龙江省慈善组织分布情况

对专业人才快速增长的需求。在这一背景下，《教育部关于公布2021年度普通高等学校本科专业备案和审批结果的通知》发布，其中"慈善管理"专业正式列入普通高等学校本科专业目录的新专业名单，但是黑龙江省各大高校还没有设置"慈善管理"专业，目前关联性最强的是"社会工作""社会保障"相关专业。同时，省内相关专业高校毕业生离省的较多，专业人才稀缺，职业评价体系不健全、社会认同度低、限薪政策等因素也影响了慈善组织吸引和留住高层次人才。

（五）社会救助功能发挥较为有限

一是慈善组织参与社会救助服务供给缺乏常态化机制。《民政部关于加强政府救助与慈善帮扶有效衔接的指导意见》（民发〔2023〕46号）于2023年9月施行，其中明确规定要"进一步畅通公益慈善力量参与社会救助渠道，健全分层分类的社会救助体系"。但目前，各地在建立政府救助和慈善帮扶衔接工作机制方面还处于探索阶段，双方互信和合作机制还有待健全完善，致使慈善救助与政府救助难以协调同步。调研中，许多慈善组织表达了提供社会救助服务的意愿，但苦于找不到合法合规的方式介入供给环节，易引发救助盲区与救助重叠的困境。

二是慈善组织服务能力有待增强。慈善组织的内部治理结构亟待优化，黑龙江省仅41家慈善组织通过官方网站或微博、微信公众号公开其资产和业务活动情况；大多数慈善组织仅停留在公开年度工作报告和财务报告的层面，慈善公信力建设与公众期待还有较大差距。具有较大影响力的本土慈善组织和慈善项目较少，慈善捐赠渠道单一保守，应用慈善众筹、慈善信托、小额公益贷款、社区基金等新型慈善方式的能力不足，慈善组织外部资源链接不充分问题突出。调研中发现，仅有6%的慈善组织近五年平均每年募集款物总额能达到1000万元及以上；9%的机构能达到500万~1000万元；20%的机构能达到100万~500万元；16%的机构达到50万~100万元；49%的机构不足50万元（见图9）。慈善组织结合时代特征，运用大数据、云计算、区域链技术确保慈善服务精准化和便利化的意识和能力严重不足。

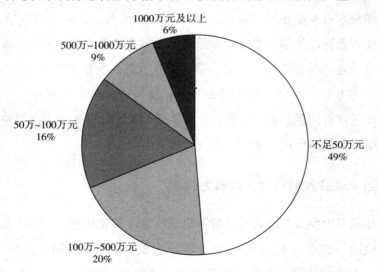

图9 黑龙江省慈善组织近五年平均每年募集款物总额

三　推动慈善组织高质量可持续发展

慈善组织是现代慈善制度的核心，是公益慈善事业发展的重要主体。为推动黑龙江省慈善组织高质量可持续发展，本报告提出以下建议。

（一）明确指导思想，走中国特色慈善组织发展之路

中国共产党的领导是中国特色社会主义最本质的特征，旗帜鲜明地以习近平新时代中国特色社会主义思想为指导，既是中国特色慈善事业最突出的基本特征，也是慈善组织健康可持续发展的根本保证。慈善组织的发展要始终坚持党建引领的政治导向，将党全心全意为人民服务的宗旨内化为慈善组织的最高价值取向，充分发挥党组织政治核心作用，全面加强慈善组织党建工作，确保慈善组织的发展方向与党和政府思想同心、目标同向、行动同行。

（二）坚持依法治善，持续优化慈善组织发展环境

促进慈善组织发展要在吸收借鉴国外有益成果的基础上，认真总结提炼符合本土实际的慈善组织发展道路和模式，运用法治思维和方式解决慈善组织发展所面临的困难和问题。尤其要以《慈善法》修订实施为契机，深刻把握国家所需、龙江所能、群众所盼、未来所向，加快推进地方立法进程，并尽快完善相关配套制度体系建设，加强普法学习和宣传，增强慈善组织懂法、依法的法治意识，提高慈善从业人员学法、用法的工作能力，培育社会捐赠主体知法、守法的从善行为，营造良好社会法治环境。

（三）贯彻新发展理念，完善政策激励和监管措施

伴随着社会治理体系和治理能力现代化的实践探索，慈善治理体系和监管方式要进一步优化，政社关系要进一步理顺，慈善组织治理能力要进一步提升。各级政府通过稳固工作领导体制，增进政社双方合作，给予慈善组织

更大的自主权和自治权，营造健康有序、平等协商的公益慈善发展生态，促进政社协同的治理模式成熟定型；加大政府购买服务和公益性捐赠税收优惠政策力度，通过公开招投标、公益创投等多种方式为慈善组织搭建参与公共服务供给的竞争性平台，为其提供资源、政策、场所、人员福利等方面支持，完善社会信用体系建设和捐赠回馈制度，建立省、市、县协调配套的表彰体系，鼓励、支持和促进慈善组织发展壮大；改进对慈善行业的监管理念和监管方式，落实"放管服"要求，提升慈善组织登记审批便利化服务水平，加快推进脱钩改革。

（四）加强孵化培育，促进慈善领域组织人才发展

积极布局全省慈善人才队伍建设，推动各类院校开设相关的公益慈善专业与课程，加强各院校与慈善组织的沟通协作，建立稳定的实习就业渠道，促进人才供需对接；引导慈善组织明确使命、愿景和价值观，根据社会需求和自身定位制定合理的发展战略和规划，明确人才需求和标准，建立健全人才激励、培养、评价和流动机制，提高在岗人员的能力素质和待遇水平，增强公益慈善事业发展后劲和行业吸引力。同时，培育一批社会声望良好、内部治理规范、专业能力较强、梯次分工合理的现代慈善组织，大力发展全省性慈善行业组织和服务型、资助型、枢纽型慈善组织；建立省、市、县（区）三级慈善组织体系架构，配备专职工作人员；鼓励发展社区基金会和村社基金，壮大直接服务基层群众的慈善力量。

（五）建立互嵌机制，促进政府与慈善组织平等合作

各级政府部门将慈善帮扶纳入全省"大救助"格局，建立健全社会救助管理部门与慈善组织之间的信息共享机制，通过低收入人口监测预警等多种信息化手段，实现社会救助和慈善资源的有效对接；积极引导慈善组织主动承接政府购买服务项目，联动慈善组织开展助急解难、赈灾救孤、扶老助残、助学助医等慈善帮扶行动，促进政府救助与社会帮扶有机结合，做到因情施救、各有侧重、互相补充。

（六）立足全面振兴，深入激发慈善组织内生动力

提升资金募集能力。目前黑龙江省慈善组织善款筹集渠道和方式还相对保守，慈善资源供给远远小于社会救助需求。要引导慈善组织继续把募集善款、做大善款规模作为慈善工作的重要一环，坚持"企业家慈善"与"大众慈善"并重，通过资金实物、股权产权等多种形式，积极适应互联网和全民慈善的发展趋势，稳步推动"互联网＋慈善"模式创新，探索网络众筹、运动众筹、消费捐、指尖捐赠、企业配捐等新型募捐渠道。

突出帮扶济困重点。引导慈善组织聚焦特殊困难群体、因疫因灾等突发事件导致生活陷入困境的低收入家庭以及困境妇女儿童等社会弱势群体，以扶贫济困为主阵地，广泛实施慈善救助活动，打造服务品牌，提升公益慈善的便捷性、普及性和可及性，让更多的人群享受到公益慈善事业发展的成果。

加强慈善理念宣传。引导慈善组织重视慈善文化培育和宣传普及。通过慈善宣传周、慈善颁奖、慈善讲堂、"一日捐"等多种形式，广泛宣传《慈善法》，推介慈善项目，展示慈善成就；引导媒体宣传正确的舆论导向，整合放大主流媒体、传统媒体、新媒体和融媒体的作用，集中宣传报道做出突出贡献的爱心企业、爱心人士、慈善组织、慈善项目、慈善工作者和志愿者，营造崇德向善的浓厚氛围。

提高慈善组织公信力。指导慈善组织严格执行法律法规和相关规章制度，健全慈善财务管理制度，按照项目计划及捐赠方意愿做到善款专款专用。认真执行慈善组织信息公开制度，加强对慈善项目实施情况和结果的跟踪反馈，接受行政监督、社会监督和舆论监督，确保捐赠合法、管理合规、使用合理，保障社会公众和捐赠者的知情权，建立起"透明、高效、规范"的管理体制和运行机制。

B.20
黑龙江省建立完善法规政策性别平等
评估机制研究[*]

闵杰 郑杨 于颖[**]

摘　要： 当前，黑龙江省在市县层面建立完善法规政策性别平等评估机制具有紧迫性，且各地评估机制工作进展不一，基于此，需系统推进政府主责、妇儿工委协调、多部门合作、全社会参与的评估机制的建立，探索建立适宜的评估指标体系、明确评估路径、强化反馈流程、推进评估能力建设，以法规政策性别平等评估推动保障妇女权益"人民至上"的价值理念和全过程人民民主重要原则贯穿于中国式现代化法治运行的全过程。

关键词： 性别平等评估　评估机制　评估指标体系

1995年第四次世界妇女大会在北京召开，标志着我国妇女发展事业迈上了全新的历史发展阶段，我国也成为世界关注的焦点地区之一。我国是联合国《消除对妇女一切形式歧视公约》最早的缔约国之一，党和政府在推进性别平等方面做出了大量有益尝试，取得了显著的成效。作为中国促进男女平等国家意志的体现，旨在提高妇女社会地位，推动男女两性平等享有改革发展成果的指导性文件，从1995年至今《中国妇女发展纲要》共实施了

---

　*　本报告系2022年度黑龙江省经济社会发展重点研究课题"黑龙江建立完善法规政策性别平等评估机制的调查研究"（22260）阶段性研究成果。

**　闵杰，黑龙江省妇女研究所（黑龙江省妇女干部学院）理论研究室副主任、研究员，研究方向为妇女发展与公共政策、妇女口述历史；郑杨，哈尔滨师范大学东语学院副院长、教授，研究方向为家庭社会学；于颖，大庆市妇联权益部副部长。

四轮。21 世纪以来，法规政策性别平等评估机制的建立完善成为妇女发展和性别平等的重要目标，并通过《中国妇女发展纲要》的实施加以明确和强调。另外，法规政策是发挥指引、规范、教育作用的行为规范，同时也是司法行为的依据。将性别平等理念和原则引入地方立法实践，对相关立法活动的制定、实施和监测进行性别平等评估，可以避免制度性歧视，从而在源头上保障女性的合法权益、促进男女平等。基于此，建立和完善法规政策性别平等评估机制是党和政府履行政治承诺、实践执政主张、回应社会需求的必然要求，对此开展相应的调查研究不仅十分必要而且十分紧迫。

为进一步了解黑龙江省地市层面达成《黑龙江省妇女发展规划（2021—2025 年）》"保障妇女合法权益的地方性法规政策体系进一步健全完善"目标要求的工作设想，了解地市层面建立完善法规政策性别平等评估机制的基本情况和存在的困难，推动男女平等基本国策纳入黑龙江省法规政策体系，推动全省法规政策性别平等评估工作专业化、规范化、制度化、程序化，课题组于 2022 年 12 月采用线上会议方式召开了大庆市、齐齐哈尔市和绥化市研讨座谈会，并在 3 个地市的党政系统、群团组织、党校/高校/科研院所等公共部门以"问卷星"形式发放"黑龙江省建立完善法规政策性别平等评估机制调查"电子问卷 1595 份，收回有效问卷 1570 份，问卷有效率 98.4%。

一　当前省级层面法规政策性别平等评估基本状况

通过对省级层面法规政策性别平等评估机制创建及运行情况的分析，发现各省性别平等评估机制牵头单位多元多样、评估主体不尽相同、评估范围各有侧重，地方性实践探索内蕴多样、形式丰富。

（一）机制名称在法律规范表述前提下，由性别平等视角拓展至儿童优先视角

在我国法律体系中，法规通常指行政法规和地方性法规。行政法规是依

据宪法和法律，按行政法规规定程序制定的、适用于全国的、针对现行法律的有益补充及具体化的主要形式，效力位阶仅次于法律。地方性法规是由地方最高权力机关，即各省级人大及其常委会依据本行政区域具体情况及现实需要制定的规范性文件。① 2015 年 3 月《中华人民共和国立法法》修订后，设区的市的人大及其常委会在与上位法不抵触的前提下，可依需要对城乡建设与管理、环境保护、历史文化保护等方面事项制定地方性法规。② 政策是党和国家为实现决策目标和意图而在一定历史时期制定的行动准则。在政策体系中，决策部门、执行部门、政策目标群体、利益相关方，以及新闻媒体、社会专业机构等都对政策执行效果具有重要影响。由此可见，在推进国家治理体系和治理能力现代化背景下，地方立法权扩容，地方性法规在我国的法律框架中比例越来越大，由此针对落实男女平等基本国策，维护妇女合法权益的新情况新常态，性别平等评估机制建立完善的重要性和紧迫性更加凸显。

在全国各省级层面评估机制名称确立方面，以"法规政策性别平等评估机制"命名的省份有 8 个，分别为山西、内蒙古、西藏、宁夏、贵州、甘肃、广西、新疆；以"政策法规性别平等评估机制"命名的省份有 8 个，分别为北京、天津、湖北、辽宁、吉林、重庆、河南、海南；以"法规政策性别平等咨询评估机制"命名的省份有 8 个，分别为安徽、广东、江西、山东、湖南、福建、黑龙江、上海；以"政策法规性别平等咨询评估机制"命名的省份有 4 个，分别为江苏、浙江、四川、河北。此外，云南强化审查工作，以"法规政策性别平等评估审查机制"命名，陕西和青海融入了儿童优先原则，分别命名为"陕西省政策法规性别平等及儿童优先评估咨询机制"和"青海省政策法规性别平等和儿童优先原则评估机制"。无论机制命名中是否着重强调决策咨询功能，客观上法规政策性别平等评估机制要实现有效运行，性别平等咨询与倡导都是其内在要求和必然路径之一。此外，

---

① 《中华人民共和国立法法》，http：//www.gov.cn/xinwen/2015 - 03/18/content_ 2835648_ 3. htm。
② 董高群：《关于设区的市制定地方性法规权限的把握》，《人大研究》2016 年第 8 期，第 25 页。

将"法规"置于前,还是将"政策"置于前,都标示了性别平等评估的指涉对象涵盖了全部的公共政策、现行法律及立法计划,即彰显了机制是以性别平等视角评价全部公共政策的目标及行动倡导方向。

(二)机制的建立完善过程强调政府责任、部门协同、社会联动

法规政策性别平等评估机制作为推动男女平等基本国策落实的一项策略,同样需要政府和社会协同履责,积极发挥政府部门、群团组织、专业研究机构等部门的互补优势,真正将性别平等意识贯穿法规政策制定、实施全过程,促进男女平等的法律法规不断完善。

从牵头部门来看,多数省份采取多部门联合牵头的方式,其中由立法部门主要牵头的有3个,分别为江苏、内蒙古、山东;由政府部门主要牵头的有18个,分别为浙江、北京、安徽、天津、四川、江西、陕西、贵州、吉林、重庆、福建、河南、青海、黑龙江、甘肃、上海、新疆、云南;由妇联组织主要牵头的有10个,分别为山西、湖北、辽宁、广东、西藏、宁夏、湖南、海南、广西、河北。

从各省份的机制文本看,法规政策性别平等评估机制的发文方式主要有三种:多部门联合发文;省(区、市)政府办公厅转发省(区、市)妇儿工委办公室文件;人大部门、妇儿工委等单独发文。多部门联合发文是主要的发文方式,但主办单位因重要程度、推动力度不同而存在差异。以广西、吉林为例,《关于建立广西壮族自治区法规政策性别平等评估机制的指导意见》(桂妇发〔2017〕29号)是由广西人大常委会法工委、自治区法制办、自治区妇联联合发文,但主办单位是自治区妇联;《关于建立吉林省政策法规性别平等评估机制的通知》(吉府法联〔2015〕3号)由吉林省政府法制办和省妇联联合发文,但主办单位是政府机构。省(区、市)政府办公厅转发省(区、市)妇儿工委办公室文件方式是多部门联合发文之外的另一种较为主流的发文方式。以天津、北京、青海为例,《天津市人民政府办公厅转发市人民政府妇女儿童工作委员会办公室关于建立我市政策法规性别平等评估机制意见的通知》(津政办发〔2014〕88号)、《北京市人民政府办

公厅关于转发〈市妇女儿童工作委员会办公室关于加强政策法规性别平等评估工作的意见（试行）〉的通知》（京政办发〔2014〕14号）、《青海省人民政府办公厅转发省妇女儿童工作委员会办公室关于加强政策法规性别平等和儿童优先原则评估工作意见（试行）的通知》（青政办〔2016〕101号），都是从妇儿工委作为政府序列负责妇女儿童工作的议事协调机构的身份和职能出发，而采取的相对高规格的发文方式。

采取单独发文的省份，具体发文单位也不尽相同。以山东、黑龙江为例，《关于建立山东省法规政策性别平等评估机制的通知》（鲁人办普发〔2020〕13号）是由山东省人大常委会办公厅下发，《关于建立黑龙江省法规政策性别平等咨询评估机制的通知》（黑妇儿工委字〔2016〕5号）是由黑龙江省政府妇儿工委下发。

由于发文方式不尽相同，发文单位的行政层级有所差异，机制的常态化规范运行和影响范围、组织协调力度也会有所不同。

（三）评估标准依合法、合理、可操作等共识性原则设立，采取不同评估方法评估流程

评估机构建制方面，主要有成立评估委员会、采取"联席会议+评估工作专家组"两种运行机制方式。第一种形式以较早建立机制的江苏和北京为典型，江苏省政策法规性别平等咨询评估委员会由指导委员、专业委员、特邀委员三部分构成，北京则是成立了由专家委员和常任委员构成的评估委员会，在评估委员会中均吸收了相关专家；"联席会议+评估工作专家组"则是采用在政府部门联席会议之外补充专家组的机构组织形式，以浙江、山东为典型，通过定期召开联席会议，分析研判涉及男女平等和妇女合法权益保障的相关问题，对涉及的地方性法规、政府规章、规范性文件等开展评估。

评估路径方面，主要有单向度"审查评估"和"自查评估"与"审查评估"相结合两种路径。"审查评估"又主要分为评估机构中的"专家评估"和评估机构委托的"第三方评估"两种，评估机构中的"专家评估"，以广东和安徽为例，采取由评估委员会或联席会议确定评估对象，再委托评

估专家组开展评估具体工作的方式。"第三方评估"因具有专业性、客观性和价值中立的显著优势,被越来越多的省份采用,以四川为例,2022年以购买服务的方式,在科研院所、高等院校、社会组织中公开招标4部以上四川省地方性法律法规政策的性别平等评估项目,并对评估方式、评估方负责人和专家团队成员的资质和能力等进行了限定,以实现高水平成果产出。"自查评估"则是文件起草部门按照一定评估标准,针对其出台的地方性法规、政府规章、规范性文件及有关政策自主进行性别平等审查的过程,以山东和江西为例,两省都在立法部门自查评估方面进行了规定,其优势是节约立法成本,提高立法效率,为此在近年来的地方实践中,越来越多被采用。

(四)评估范围依客观条件及现实需要,采取各有侧重的评估实践模式

由于学界和公共部门对"政策评估"的概念内涵存在广义和狭义的不同理解,法规政策性别平等评估存在偏重立法前评估、立法前评估与立法后评估相结合两种不同的评估探索性实践。

采取立法前评估的省份以天津和吉林为例,天津市法规政策性别平等评估机制确定的评估范围主要包括"涉及妇女权益的地方性法规、政府规章的立法项目计划,涉及妇女权益的地方性法规、政府规章草案和市人民政府行政规范性文件的征求意见稿"。[①] 吉林省法规政策性别平等评估范围包括"涉及妇女权益的立法计划,地方性法规草案、规章草案和规范性文件合法性审查送审稿"。[②]

采取立法前评估与立法后评估相结合的省份以广西和黑龙江为例。广西法规政策性别平等评估机制明确"对已经列入立法计划、涉及性别平等及

① 《天津市人民政府办公厅转发市人民政府妇女儿童工作委员会办公室关于建立我市政策法规性别平等评估机制意见的通知》,https://www.tj.gov.cn/zwgk/szfgb/qk/2014/21_3322/202005/t20200520_2475885.html。

② 《吉林省人民政府法制办公室、吉林省妇女联合会〈关于建立吉林省政策法规性别平等评估机制的通知〉》(吉府法联〔2015〕3号),2015,内部文件。

妇女权益保障的地方性法规、规章草案送审稿进行评估；对已实施的、涉及性别平等及妇女权益保障的地方性法规、规章和规范性文件进行评估，对存在歧视或保障不力的条款提出修改建议"。① 黑龙江省法规政策性别平等评估机制明确"审查地方性法规、政府规章、规范性文件草案"，"执行地方性法规、政府规章、规范性文件过程中社会普遍关注、妇女群众反响强烈、发生投诉较多的相关内容，提交'评估委员会'进行性别平等咨询评估"②。

二 黑龙江省建立完善法规政策性别平等评估机制的状况分析

（一）法规政策性别平等评估机制建立完善的内部优势

1. 省级层面法规政策性别平等评估机制起步早，具有相对完善的工作制度和评估流程

2016 年，由黑龙江省政府妇儿工委牵头，会同省人大法工委、省政府法制办、省妇联等部门组成了黑龙江省法规政策性别平等咨询评估工作委员会，下发《关于建立黑龙江省法规政策性别平等咨询评估机制的通知》（黑妇儿工委字〔2016〕5 号），形成了《关于建立黑龙江省地方性法规政策性别平等咨询评估机制的意见》和《黑龙江省地方性法规政策性别平等咨询评估工作规程》，明确了咨询评估机构及其职责，建立了规范性文件备案制度、委员会商制度、业务学习培训制度三项制度，确定了"明确评估项目—组建专家团队—开展专业化评估—形成评估报告—反馈答复意见"的评估流程，并依照《黑龙江省妇女发展规划（2016—2020 年）》中法规政策性别平等咨询评估工作要求，省劳动保障监察局、省人社厅仲裁管理处、省妇儿办、省总工会女工部、省妇联权益部等多部门共同参与，对 2016 年

---

① 《广西壮族自治区妇女联合会〈关于建立广西壮族自治区法规政策性别平等评估机制的指导意见〉》（桂妇发〔2017〕29 号），2017，内部文件。
② 《黑龙江省人民政府妇女儿童工作委员会〈关于建立黑龙江省法规政策性别平等咨询评估机制的通知〉》（黑妇儿工委字〔2016〕5 号），2016，内部文件。

制定实施的《关于促进女性公平就业工作的意见》进行了首次专项评估，为全省建立完善法规政策性别平等评估机制奠定了坚实的工作基础。

2. 各地市均将法规政策性别平等评估机制建立完善纳入新一轮妇女发展规划目标

《中国妇女发展纲要（2021—2030年）》在"基本原则"中明确指出，"贯彻落实男女平等基本国策，在出台法律、制定政策、编制规划、部署工作时充分考虑两性的现实差异和妇女的特殊利益，营造更加平等、包容、可持续的发展环境，缩小男女两性发展差距"[①]，将"促进法规政策性别平等评估机制规范化建设和有效运行"列为"妇女与法律"发展领域的九项主要目标之一，同时强化了"明确评估范围，规范评估流程，细化评估指标。加强法规政策制定前研判、决策中贯彻、实施后评估的制度化建设。开展性别平等评估相关培训，加强专业化队伍建设，将男女平等基本国策落实到法规、规章、政策制定实施全过程各环节"等策略措施。

2021年12月27日，黑龙江省人民政府发布《黑龙江省妇女发展规划（2021—2025年）》，明确要求加强法规政策性别平等评估工作。2022年4月至7月，全省13个地市新一轮妇女发展规划陆续发布，其中均将法规政策性别平等评估机制建立完善纳入"妇女与法律"领域的主要目标，并提出"重点县（市、区）建立政策性别平等评估机制，地方性法规政策性别平等评估机制得到有效运行"的具体目标。截至2022年10月，全省125个县（市、区）政府全部颁布实施新一轮妇女发展规划，相当比例县（市、区）列入此项内容。

3. 各地市妇儿工委工作基础扎实，成员单位对建立完善法规政策性别平等评估机制配合度较高

自1995年全省各级妇儿工委成立以来，作为政府负责妇女儿童工作的议事协调机构，各级妇儿工委成员单位在每一轮"两个规划"的实施过程中都紧密联动、合力攻坚，建立了制度化、规范化、高效率的协调运行机

[①] 《国务院关于印发中国妇女发展纲要和中国儿童发展纲要的通知》，http://www.gov.cn/zhengce/content/2021-09/27/content_5639412.htm。

制，形成了以政府部门为主体，组织、宣传、统战、法院、检察院及群团组织参与的覆盖各领域的组织体系。定期召开的妇女儿童、妇儿工委、联络员、婚检、反家暴工作等会议，也为各地市政策法规性别平等评估常态化工作机制奠定了基础，积累了经验。从本次调查的三场线上焦点组座谈会的召集情况看，大庆市人大、司法局等 17 家妇儿工委成员单位共 23 人参加座谈；齐齐哈尔市法院、检察院、司法局等 12 家妇儿工委成员单位共 14 人参加座谈；绥化市民政局、卫健委等 12 家妇儿工委成员单位共 13 人参加座谈。可见黑龙江省各地市妇儿工委工作基础较好，日常工作中形成和维系的工作黏度有利于法规政策性别平等评估机制的建立和完善。

4. 各地市依据自身优势和实际需要，采取多样实践探索模式

截至 2022 年 12 月底，从全省各地市上报的"黑龙江省建立完善法规政策性别平等评估机制调查表"反馈情况看，拟定于 2023 年建立机制的有哈尔滨、齐齐哈尔、大庆和伊春，其中哈尔滨、齐齐哈尔、大庆拟由市政府妇儿工委办牵头，伊春拟由市人大牵头。在委员会单位构成和评估专家构成方面，哈尔滨作为省会城市，一方面拥有相对丰富的地方立法实践经验，另一方面可充分发挥高校及研究机构富集的优势，拟定委员会由人大相关部门、司法局、妇联等部门组成，同时邀请从事法学、统计学、社会学、妇女理论研究和相关工作的专家，妇女工作者，妇女代表及律师等作为评估专家，共同推动哈尔滨法规政策性别平等评估机制的建立完善。此外，哈尔滨明确表示可以将评估工作列入市政府妇儿办常规性工作，所需经费可列入年度预算，并将道里区、尚志市确定为建立完善法规政策性别平等评估机制的重点地区。

齐齐哈尔拟参照黑龙江省及北京的经验做法①，2023 年重点评估与性别平等或与妇女权益相关的地方性法规、政府规章、规范性文件。如在地方性法规、政府规章、规范性文件的执行过程中，对社会普遍关注、群众反响强烈及发生投诉的相关内容，市妇联主动提请委员会进行评估，并将委员会意

---

① 《（失效）北京市人民政府办公厅〈关于转发市妇女儿童工作委员会办公室关于加强政策法规性别平等评估工作的意见（试行）〉的通知》，https：//www.beijing.gov.cn/zhengce/zfwj/zfwj/bgtwj/201905/t20190523_75368.html？eqid=848d7d5f00066b7b0000000036 43e8153。

见和建议进行归纳、整理，向制定机关及相关部门反馈，同时对于年初未确定的项目如涉及性别平等或妇女权益，依据需要随时增列评估项目等。

大庆将法规政策性别平等评估列入 2023 年市政府妇儿办常规工作，包括成立政策法规性别平等评估工作联席会议、组建评估工作专家组（由市政府妇儿工委成员单位组成人员及从事法学、妇女理论研究和相关工作的领导和专家 15 人）、明确评估工作办法等。计划通过各成员单位和各相关专家的合力，对涉及妇女儿童合法权益的地方立法计划、法规及规章草案，以及规范性文件合法性审查送审稿，① 对涉及性别平等及妇女权益保障的有关内容和情况进行调研论证、收集舆情、分析评价，通过成员单位自评和专家组评估及时评估其合法性、合理性、科学性和实效性，对实施情况进行跟踪调研等。

（二）法规政策性别平等评估机制建立完善的内部劣势

1. 成员单位责任主体认知不明确，对评估机制必要性和重要性的认知仍有待加强

2020 年国务院妇儿工委《关于建立健全法规政策性别平等评估机制的意见》确定国务院妇儿工委负责组织、协调、指导督促法规政策性别平等评估工作，"国务院妇儿工委各成员单位履行开展法规政策性别平等评估工作的主体责任"②，要求对涉及妇女合法权益的教育、就业、医疗、养老、住房、土地、家庭等领域的法规、规章、政策进行"重点评估"，同时坚持将性别平等评估贯穿于法规、规章、政策制定、实施的全过程、各环节的评估。

从齐齐哈尔、大庆和绥化三个市公共部门工作人员填答的电子问卷来看，政府系统受访者中认为自己的工作与推进性别平等"没有直接关系"和"没有任何关系"的比例分别为 29.6% 和 9.9%，认同"推进男女平等主要是政府的责任"的比例仅为 53.1%。座谈中发现，妇儿工委成员单位对于性别平等评估工作的主体责任同样尚不明确。对于建立性别平等评估机制

---

① 大庆市政府妇儿工委：《关于征求〈大庆市法规政策性别平等评估办法（试行）〉意见的通知》，2023，内部资料。

② 但淑华：《新〈妇女权益保障法〉的制度机制创新》，《群言》2023 年第 1 期，第 21~22 页。

可以从立法和司法层面进一步改变事实上的男女不平等现象，更深层面保护女性平等权利的重要意义的认知度和认同度仍有待加强，对于妇女问题妇联化的认知仍需进一步破除。

2. 公共部门对法规政策制定缺乏性别敏感，对性别角色定型的认同度仍较高

建立法律政策性别平等评估机制，是科学立法、民主立法、以良法促善治的题中应有之义。座谈中，人大部门和政府法制机构认为当前的立法程序不具有造成性别不平等的潜在风险，且认为设区的市仅在城乡建设与管理、环境保护、历史文化保护三方面有立法权限，制定出台的地方性法规涉及的主要是行政管理事项，与妇女权益相关性不大，据此认为地方性法规制定过程中不需要专门进行性别评估和审查。此外，立法和司法部门认为在地方立法工作中，实行三级审查、两级备案，已经对法规的合法性、合理性、适用性进行了严格审查，并报省人大常委会和全国人大常委会进行审查和备案，认为没有必要再进行性别平等评估。可见，成员单位对于法律上的平等和事实上的平等之间的现实落差不敏感，对于除妇女儿童专项法规政策外，更多性别中立的法律政策在实际执行中可能导致的男女不平等结果缺少性别敏感性。对于法规政策性别平等评估作为节约行政成本和司法成本的预防性纠偏制度，具有检视相关政策是否已充分考虑妇女特殊权益的意义缺乏认识。

本次调查问卷数据显示，党委系统受访者和政府系统受访者对传统性别角色定型的认同度仍比较高，其中认同"男人应该以社会为主，女人应该以家庭为主"的比例分别为 25.9% 和 18.0%，认同"男性比女性更适合当领导"的比例分别为 37.7% 和 33.0%，认同"男女平等就是男女平等地参与竞争，不应给予女性特殊的倾斜政策"的比例分别为 54.9% 和 58.6%。

（三）法规政策性别平等评估机制建立完善的外部机遇

1. 法规政策性别平等评估日益成为我国推进男女平等纳入决策主流的重要举措

《中国妇女发展纲要（2011—2020 年）》在总目标中明确提出，要"将社会性别意识纳入法律体系和公共政策，促进妇女全面发展，促进两性

和谐发展，促进妇女与经济社会同步发展"，在法律与政策领域的具体表述是"促进男女平等的法律法规不断完善，加强对法规政策的性别平等审查"。2011 年起，全国各地就开始了关于法规政策性别平等评估机制的探索与实践。2012 年 3 月，在全国妇联的大力支持下，江苏省率先下发了《关于建立江苏省地方政策法规性别平等咨询评估机制的指导意见》。2012 年 6 月，深圳出台国内首部性别平等促进条例——《深圳经济特区性别平等促进条例》，规定设立专门的性别平等促进机构，对性别预算和性别影响评估、分性别统计报告、媒体责任等作出了开创性的规定。随后北京、上海等地也较早建立了机制。十余年来，各地均已建立省级层面的法规政策性别平等评估机制，这些地方性实践在形成部门联动机制、传播性别平等工作理念、实现源头推动性别平等纳入决策主流方面积累了经验，也取得了成效。

2. 法规政策性别平等评估是落实治国理政新理念新思想新战略的制度创新

党的十八大以来，以习近平同志为核心的党中央高度重视妇女发展，要求"在出台法律、制定政策、编制规划、部署工作时，充分考虑两性身心的差异和女性的特殊需求"[1]，这一指示成为贯彻落实男女平等基本国策的根本指针和时代要求[2]。从《中国妇女发展纲要（2011—2020 年）》引导各地积极探索建立法规政策性别平等评估机制，到 2020 年国务院妇儿工委下发《关于建立健全法规政策性别平等评估机制的意见》（国妇儿工委字〔2020〕1 号），从国家层面就总体要求、评估原则、评估内容和评估职责提出意见，再到 2022 年《中华人民共和国妇女权益保障法》修订，增设"有关机关制定或者修改涉及妇女权益的法律、法规、规章和其他规范性文件，应当听取妇女联合会的意见，充分考虑妇女的特殊权益，必要时开展男女平等评估"[3] 条款，法规政策性别平等评估机制已成为新时代中国妇女人权保障的新机制，

---

[1] 国务院妇女儿童工作委员会办公室编《男女平等基本国策的贯彻与落实》，人民出版社，2016，第 20 页。

[2] 国务院妇女儿童工作委员会办公室编《男女平等基本国策的贯彻与落实》，人民出版社，2016，第 24 页。

[3] 《中华人民共和国妇女权益保障法》，http://www.npc.gov.cn/c2/c30834/202210/t20221030_320091.html。

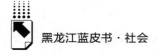
由地方性探索上升为国家意志和国家法律加以确认强调。

3. 法规政策性别平等评估是新时代提高立法质量和效率、考察政策效能的客观要求

在我国，随着依法治国基本方略和法治政府建设的提出和贯彻落实，立法评估制度也日益被重视和强化。法规政策性别平等评估作为推动性别平等纳入决策主流的行动策略，目的是使立法者、利益相关方等在检视法律政策时，将性别作为必要和重要分析视角一并纳入测量工具和分析框架中加以考量，从源头打造更加有利于性别平等的政策环境和制度环境，更好保障妇女平等依法行使民主权利、平等参与经济社会发展、平等享有改革发展成果和实现自身全面发展。性别平等评估和其他领域政策评估一样，已日益成为考察政策效能、检验政府工作的重要依据，成为衡量一个地区推进国家治理体系和治理能力现代化程度的重要尺度。尤其是《中华人民共和国立法法》修订后，设区的市具有了相应的立法权，地方性法规在法律体系中所占比例越来越大，政策评估的公众需求大，社会呼声高，通过性别平等评估机制实现"在出台法律、制定政策、编制规划、部署工作时充分考虑两性的现实差异和妇女的特殊利益"的要求日益紧迫。

（四）法规政策性别平等评估机制建立完善的外部挑战

1. 囿于客观因素，市县两级机制建立仍需进一步探索与之匹配的评估指标和流程框架

目前在地市层面，对于如何组织、开展、反馈等评估工作流程仍存在困惑。主要原因是国家及省级层面建立的法规政策性别平等评估机制尚未有细化的工作指引，市县层面由于立法权限、人力物力财力等条件的差异，难以对国家及省级层面机制的探索经验进行全面借鉴。

2. 法规政策性别平等评估机制运行技术要求高、工作体量大，立法评估专业队伍建设和经费保障亟待加强

座谈中，各成员单位在对立法前自评估和立法后审查评估的优势和劣势、难点和重点进行讨论时提出，无论是在立法调研、征求意见、专家论证等程序中嵌入性别平等评估，还是在立法后从制度规范性、实施有效性方面对规章实施情况进行全面评估，立法及评估过程都存在性别平等评估相关知识储备不足、经验不足、经费不足等问题，如何真正做到在出台法律、制定政策、编制规划、部署工作时充分考虑两性的现实差异和妇女的特殊利益，[①] 仍需要各部门强化分性别数据统计机制，以及加强性别视角的法规政策性别平等评估理论和妇女法领域的基础性培训。此外，目前除哈尔滨市表示可以将建立完善法规政策性别平等评估机制所需经费列入年度预算外，黑龙江省其他各地市妇儿办经费仍和妇联经费共同使用，缺乏明确财政文件支持，单独申请经费的难度较大。

三　对策及建议

为贯彻落实党的二十大"坚持男女平等基本国策，保障妇女儿童合法权益"，"深化工会、共青团、妇联等群团组织改革和建设，有效发挥桥梁纽带作用"的重要精神，[②] 建议黑龙江省以"五细"要求为指针，系统推进政府主责、妇儿工委协调、多部门合作、全社会参与的法规政策性别平等评估机制，坚持全局观念、系统思维，夯实已有工作基础，高水平、高质量、高标准、高效能地规范、指导、支持地市评估机制建设，同时为县区机制建立做好示范引领。

（一）增强新时代新征程贯彻落实男女平等基本国策的政治责任意识，将法规政策性别平等评估写入地方立法

鉴于法规政策性别平等评估工作的重要性，以及评估过程的专业性和规范性要求，建议一是省级层面在修订《黑龙江省实施〈中华人民共和国妇

---

① 《关于印发〈关于建立健全法规政策性别平等评估机制的意见〉的通知》（国妇儿工委字〔2020〕1号），2020，内部文件。

② 习近平：《高举中国特色社会主义伟大旗帜　为全面建设社会主义现代化国家而团结奋斗——在中国共产党第二十次全国代表大会上的报告》，人民出版社，2022，第38、48页。

女权益保障法〉办法》和《黑龙江省政府规章制定办法》时，依据《中华人民共和国妇女权益保障法》（2022 年修订）第八条"有关机关制定或者修改涉及妇女权益的法律、法规、规章和其他规范性文件，应当听取妇女联合会的意见，充分考虑妇女的特殊权益，必要时开展男女平等评估"，明确将"性别平等"纳入法律、行政法规和规章制定与实施效果的评估范围，为市、县两级落实和开展法规政策性别平等评估工作提供政策依据；二是地市层面把握旧规章制定办法废止、新政府立法工作规定制定的契机，参照《黑龙江省政府立法工作规定》第三章第二十条，纳入"立法草案涉及性别平等、公平竞争、安全生产等内容的，起草责任单位应当按照国家和省有关规定，履行相关审查程序"① 表述。

（二）建立完善政府主责、妇儿工委协调、多部门合作、全社会参与②的法规政策性别平等评估工作机制

一是确定评估主体。设立专门评估机构，建议市县由人大常委会法工委、司法局、妇儿工委办联合牵头建立机制，成立评估领导机构及下设日常工作机构，增强和现有立法评估工作程序的衔接或嵌套。条件成熟的，可设常任委员和专家委员，以发挥专家学者的智囊作用。

二是建立各项工作制度。第一，评估机构会议制度或会商研判制度。确定召集部门、会议频率，定期研究评估工作中的重大事项。第二，贯彻文件备案制度。贯彻《中华人民共和国立法法》中备案审查制度和程序的规定，评估机构将相关调研情况、论证结果、评估报告等材料报送同级人大常委会法工委、司法局，由其对涉及妇女权益保障的法规、规章和规范性文件进行备案。第三，建立评价制度。将性别平等评估工作纳入当地妇女儿童工作的考评与表彰机制，如对评估工作中贡献度高、推进力度大的同级相关部门授予"法规政策性别平等评估机制建设示范单位"荣誉等予以激励。

---

① 《黑龙江省政府立法工作规定》，《黑龙江省人民政府公报》2021 年第 6 期，第 4~5 页。
② 孙钱斌：《二十大报告强调"坚持男女平等基本国策，保障妇女儿童合法权益"》，《中国妇女报》2023 年 2 月 21 日，第 5 版。

（三）建立包含现状分析、政策文本分析、影响分析三个维度的评估指标体系

一是运用分性别统计数据和调查数据，对政策目标群体的问题需求、参与机制进行分析，设置"现状分析"维度指标。二是以是否贯彻宪法男女平等规定，是否贯彻男女平等基本国策，是否符合妇女权益保障法等相关规定，是否符合妇女发展纲要确定的目标要求，是否充分考虑男女两性的现实差异和妇女特殊利益以及是否关切贫困、残疾、留守等困难妇女群体等为"政策文本分析"维度指标。三是依据实施对男女两性可能带来的资源或效益方面的积极影响、消极影响及受益程度等设置"影响分析"维度指标。在此基础上设置权重，细化二级、三级指标。通过建立完善覆盖立法全过程的多维指标体系，保障评估机制"立得住"。四是设立简洁明晰的评估体系格式。建议借鉴"公平竞争审查表"模式，进行简洁明了的"是/否"勾选，专家意见等以开放式问题形式列入，形成明确评估结论，便于后续工作开展，保障评估机制"行得通"。

（四）确定全覆盖评估和重点评估相结合的评估范围，完善评估方法

明确评估范围。一是全覆盖评估。明确评估范围包括涉及妇女权益的立法规划、法规草案、政府规章草案、规范性文件[①]合法性审查送审稿及有关政策文件草案。二是重点评估。重点关切教育就业、社会保障、卫生医疗、婚姻家庭等妇女最关心，关涉其最直接、最现实的根本利益领域的政策评估。

完善评估方法。一是价值分析与比较分析相结合。注重依据我国人权保障理念、性别平等价值理念，注重比较和借鉴先进地区实践经验，对评估过程中发现的有悖上位法规定、有违男女平等基本国策等内容的，从源头加以

---

① 周应江、李明舜、蒋永萍：《法律政策性别平等评估基本问题研究》，《中华女子学院学报》2018 年第 6 期，第 32~38 页。

阻却。二是定性评估与定量评估相结合。在信息收集、整理、分析等前期准备阶段，采用数据统计、问卷调查、召开研讨会等方法，在评估过程中采用专题调研、焦点组座谈、网络征询等方法，保障评估过程公开公正。

（五）明确自查评估和审查评估相结合的评估路径，强化反馈

明确评估发起—信息收集—评估实施—反馈答复等流程及各成员单位主体责任。

一是起草部门自查评估。采用将性别平等评估列入地方性法规立法项目必备前置条件的方式，明确要求起草部门在制定地方性法规、规章、规范性文件时，按照评估指标进行自查评估，形成书面自评报告，与送审稿以及起草说明①等同时上报。

二是评估机构审查评估。由市人大常委会主任会议或市人大专门委员会提请审议的地方性法规草案，需进行性别平等评估的，由市人大常委会内司委、市人大常委会法工委组织评估或交法规政策性别平等评估机构组织评估；由市政府提请审议的地方性法规草案、市政府规章草案，需进行性别平等评估的，由市司法局组织评估或交法规政策性别平等评估机构组织评估；为实现全过程评估，评估机构可就所在地区妇女权益保障的热点难点问题，对已实施的、涉及性别平等及妇女权益的地方性法规、规章和规范性文件②进行评估，对存在歧视或保障不力的条款及时形成修改建议。

三是书面反馈与回复。由立法评估责任单位或评估机构将性别平等评估意见以书面形式反馈至起草单位③并完成相应备案工作，形成评估链条闭环，保障建议可落实、可执行。

---

① 卢杰锋：《完善我国立法性别平等评估机制研究》，《山东女子学院学报》2022年第5期，第3~11页。

② 谢飞君：《新妇女权益保障法新在哪儿?》，《解放日报》2022年11月1日，第7版。

③ 周应江、李明舜、蒋永萍：《法律政策性别平等评估基本问题研究》，《中华女子学院学报》2018年第6期，第32~38页。

（六）以组建专家库、组织专题培训、倡导公众参与等方式推进评估能力建设

一是组建专家库。依托妇女发展研究专家库建设，吸纳高等院校、科研机构、法律服务机构等部门的专家学者，为性别平等评估提供相应专业化技术支持。条件成熟的，可探索第三方评估。

二是组织专题培训。由妇联组织开展培训，课程内容应包括立法评估理论与实务、男女平等基本国策、《中华人民共和国妇女权益保障法》（2022 年修订）、《消除对妇女一切形式歧视公约》等内容，可编写法规政策性别平等评估案例作为补充，以此提升政策制定者、实施者的性别平等意识和对评估工作的认同度。

三是倡导公众参与。妇儿工委、妇联组织应建好用好信息化工作平台，借助信息技术和大数据助推评估工作提质增效。探索建立以知晓度、参与度、满意度、受益度为主要维度的评价机制，开展法规政策性别平等评估工作的群众性评价。

后　记

　　《黑龙江社会发展报告（2024）》是黑龙江省社会科学院关于"黑龙江社会形势分析与预测"的第 26 个年度报告。报告的主要撰写者是来自黑龙江省社会科学院社会学研究所的科研人员，同时邀请了来自哈尔滨师范大学、国家统计局黑龙江调查总队、黑龙江省妇女研究所、黑龙江省卫生健康委员会、大庆市妇联以及省内有关厅局和地市的专家学者参加。

　　本报告基于对黑龙江省常驻居民、社会科学研究领域专家及党政干部问卷调查数据撰写，问卷调查数据来自黑龙江省社科院"2023～2024 年黑龙江省省情调查"。该调查采用多阶段分层抽样原则，面向全省 13 个市（地）发放网络调查问卷，共获得有效问卷 1191 份。课题组同时还对黑龙江省社会科学院、黑龙江大学、黑龙江省委党校、哈尔滨工业大学等单位的专家学者以及部分党政干部进行了问卷调查，获得了大量社情民意的第一手资料，丰富研究素材，充实报告内容。

　　本书由主编王爱丽、黄红审定，执行主编王建武负责全书统稿和终审，副主编王欣剑、张斐男、刘明明负责分编审阅，张友全进行了文字统稿和排版。编撰团队的辛勤努力和付出，为本书的顺利出版提供了保障。

　　社会科学文献出版社社长冀祥德、生态文明分社社长任文武给予了本书高度的重视和热情的支持；本书的责任编辑丁凡老师以认真负责的工作态度，在时间紧、任务重、要求高的情况下，为本书的出版投入了大量精力，多次耐心细致地与作者进行沟通，以专业的编辑水准和严谨的学术态度保障了书稿的质量，在此一并表示衷心的感谢！

　　《黑龙江社会发展报告（2024）》致力于对黑龙江社情民意进行深入研究，为政府各级部门决策提供科学参考，欢迎社会各界人士给予关注和指正！

社会科学文献出版社

皮 书

智库成果出版与传播平台

❖ 皮书定义 ❖

皮书是对中国与世界发展状况和热点问题进行年度监测，以专业的角度、专家的视野和实证研究方法，针对某一领域或区域现状与发展态势展开分析和预测，具备前沿性、原创性、实证性、连续性、时效性等特点的公开出版物，由一系列权威研究报告组成。

❖ 皮书作者 ❖

皮书系列报告作者以国内外一流研究机构、知名高校等重点智库的研究人员为主，多为相关领域一流专家学者，他们的观点代表了当下学界对中国与世界的现实和未来最高水平的解读与分析。

❖ 皮书荣誉 ❖

皮书作为中国社会科学院基础理论研究与应用对策研究融合发展的代表性成果，不仅是哲学社会科学工作者服务中国特色社会主义现代化建设的重要成果，更是助力中国特色新型智库建设、构建中国特色哲学社会科学"三大体系"的重要平台。皮书系列先后被列入"十二五""十三五""十四五"时期国家重点出版物出版专项规划项目；自2013年起，重点皮书被列入中国社会科学院国家哲学社会科学创新工程项目。

皮书网

（网址：www.pishu.cn）

发布皮书研创资讯，传播皮书精彩内容
引领皮书出版潮流，打造皮书服务平台

栏目设置

◆关于皮书

何谓皮书、皮书分类、皮书大事记、
皮书荣誉、皮书出版第一人、皮书编辑部

◆最新资讯

通知公告、新闻动态、媒体聚焦、
网站专题、视频直播、下载专区

◆皮书研创

皮书规范、皮书出版、
皮书研究、研创团队

◆皮书评奖评价

指标体系、皮书评价、皮书评奖

所获荣誉

◆2008年、2011年、2014年，皮书网均
在全国新闻出版业网站荣誉评选中获得
"最具商业价值网站"称号；
◆2012年，获得"出版业网站百强"称号。

网库合一

2014年，皮书网与皮书数据库端口合
一，实现资源共享，搭建智库成果融合创
新平台。

皮书网

"皮书说"
微信公众号

权威报告·连续出版·独家资源

皮书数据库
ANNUAL REPORT(YEARBOOK)
DATABASE

分析解读当下中国发展变迁的高端智库平台

所获荣誉

- 2022年，入选技术赋能"新闻+"推荐案例
- 2020年，入选全国新闻出版深度融合发展创新案例
- 2019年，入选国家新闻出版署数字出版精品遴选推荐计划
- 2016年，入选"十三五"国家重点电子出版物出版规划骨干工程
- 2013年，荣获"中国出版政府奖·网络出版物奖"提名奖

皮书数据库

"社科数托邦"
微信公众号

成为用户

登录网址www.pishu.com.cn访问皮书数据库网站或下载皮书数据库APP，通过手机号码验证或邮箱验证即可成为皮书数据库用户。

用户福利

- 已注册用户购书后可免费获赠100元皮书数据库充值卡。刮开充值卡涂层获取充值密码，登录并进入"会员中心"—"在线充值"—"充值卡充值"，充值成功即可购买和查看数据库内容。
- 用户福利最终解释权归社会科学文献出版社所有。

社会科学文献出版社 皮书系列
SOCIAL SCIENCES ACADEMIC PRESS (CHINA)

卡号：581477928617
密码：

数据库服务热线：010-59367265
数据库服务QQ：2475522410
数据库服务邮箱：database@ssap.cn
图书销售热线：010-59367070/7028
图书服务QQ：1265056568
图书服务邮箱：duzhe@ssap.cn

S 基本子库
SUB DATABASE

中国社会发展数据库（下设 12 个专题子库）

紧扣人口、政治、外交、法律、教育、医疗卫生、资源环境等 12 个社会发展领域的前沿和热点，全面整合专业著作、智库报告、学术资讯、调研数据等类型资源，帮助用户追踪中国社会发展动态、研究社会发展战略与政策、了解社会热点问题、分析社会发展趋势。

中国经济发展数据库（下设 12 专题子库）

内容涵盖宏观经济、产业经济、工业经济、农业经济、财政金融、房地产经济、城市经济、商业贸易等 12 个重点经济领域，为把握经济运行态势、洞察经济发展规律、研判经济发展趋势、进行经济调控决策提供参考和依据。

中国行业发展数据库（下设 17 个专题子库）

以中国国民经济行业分类为依据，覆盖金融业、旅游业、交通运输业、能源矿产业、制造业等 100 多个行业，跟踪分析国民经济相关行业市场运行状况和政策导向，汇集行业发展前沿资讯，为投资、从业及各种经济决策提供理论支撑和实践指导。

中国区域发展数据库（下设 4 个专题子库）

对中国特定区域内的经济、社会、文化等领域现状与发展情况进行深度分析和预测，涉及省级行政区、城市群、城市、农村等不同维度，研究层级至县及县以下行政区，为学者研究地方经济社会宏观态势、经验模式、发展案例提供支撑，为地方政府决策提供参考。

中国文化传媒数据库（下设 18 个专题子库）

内容覆盖文化产业、新闻传播、电影娱乐、文学艺术、群众文化、图书情报等 18 个重点研究领域，聚焦文化传媒领域发展前沿、热点话题、行业实践，服务用户的教学科研、文化投资、企业规划等需要。

世界经济与国际关系数据库（下设 6 个专题子库）

整合世界经济、国际政治、世界文化与科技、全球性问题、国际组织与国际法、区域研究 6 大领域研究成果，对世界经济形势、国际形势进行连续性深度分析，对年度热点问题进行专题解读，为研判全球发展趋势提供事实和数据支持。

法律声明